Urban Sustainable Development Index
under the Background of SDGs

# SDGs 背景下的
# 城市可持续发展指数研究

诸大建 陈海云 著

同济大学 出版社
TONGJI UNIVERSITY PRESS

图书在版编目（CIP）数据

SDGs背景下的城市可持续发展指数研究/诸大建，陈海云著.--上海：同济大学出版社，2021.10
ISBN 978-7-5608-9944-2

Ⅰ.①S… Ⅱ.①诸… ②陈… Ⅲ.①城市经济－经济可持续发展－研究－世界 Ⅳ.①F299.1

中国版本图书馆CIP数据核字(2021)第206266号

# SDGs背景下的城市可持续发展指数研究

诸大建 陈海云 著

责任编辑　翁　晗
责任校对　徐逢乔
装帧排版　唐思雯
封面图片　郑宪章

出版发行　同济大学出版社 www.tongjipress.com
　　　　　（地址：上海市四平路1239号　邮编：200092　电话：021-65985622）
经　　销　全国各地新华书店、网络书店
印　　刷　上海安枫印务有限公司
开　　本　889mm×1194mm　1/16
印　　张　9.5
字　　数　304 000
版　　次　2021年10月第1版　2021年10月第1次印刷
书　　号　ISBN 978-7-5608-9944-2
定　　价　128.00元

本书若有印装问题，请向本社发行部联系调换
版权所有　侵权必究

# 作者信息
## Author Information

**诸大建**

管理学博士,同济大学特聘教授,可持续发展与管理研究所所长,同济大学学术委员会副主任,国家哲学社会科学规划管理学组专家,教育部哲学社会科学委员会管理学部委员,上海市委决策咨询委员会委员,上海市政府决策咨询特聘专家,上海2035城市总体规划核心专家,上海市可持续发展研究会会长,达沃斯世界经济论坛全球议程理事会理事,国际生态经济学会主席团成员。主要研究领域为可持续性科学、城市发展与管理、公共服务与公私合作等。"城市可持续发展指数研究与应用"与"上海指数"研究课题组领衔负责人。

**陈海云**

管理学博士,德国哥廷根大学博士后,加拿大英属哥伦比亚大学高级访问学者,同济大学可持续发展与管理研究所研究员。上海市可持续发展研究会副会长,德稻环境金融研究院首席研究员,德国艾希施塔特-英戈施塔特大学客座教授,中国商务部国际商务官员研修基地(上海)客座教授,联合国《上海手册:21世纪城市可持续发展指南》国际编委会成员,联合国人居署全球城市监测框架(GUMF)专家组成员。主要研究领域为可持续发展与管理、公共资源治理、自然资本新经济等。"城市可持续发展指数研究与应用"与"上海指数"研究课题组执行负责人。

**"城市可持续发展指数研究与应用"课题组**

领衔负责人：诸大建

执行负责人：陈海云

中方主要成员：许　洁、杜　娟
　　　　　　　张　帅、孙贝芸
　　　　　　　孙秀丽、王　熠 等

国际主要参与者：Andre Habisch（德国）
　　　　　　　　Runjie Duan（加拿大）
　　　　　　　　Chong Yuhyun（韩国）
　　　　　　　　Adit Rastogi（印度）
　　　　　　　　Yuji Kakeya（日本）
　　　　　　　　Yishu Pang（美国）
　　　　　　　　Béatrice Tissié（法国）
　　　　　　　　Isaeva Alisa（俄罗斯）
　　　　　　　　Konstantin Kotek（奥地利）
　　　　　　　　Rossa Ipaenin（印度尼西亚）等

# 执行摘要

## Executive Summary

2015 年，联合国通过了《变革我们的世界：2030 年可持续发展议程》纲领性国际文件，提出了 17 项全球可持续发展目标（Sustainable Development Goals, SDGs），为世界各国可持续发展事业明确了方向。2016 年第三届联合国住房和城市可持续发展会议正式审议通过《新城市议程》（New Urban Agenda, NUA），强调城市落实 SDGs 的重要性。2020 年，联合国在 SDGs 和 NUA 的基础上提出了全球城市监测框架（Global Urban Monitoring Framework, GUMF）。SDGs 是 NUA 和 GUMF 的本源，而 NUA 和 GUMF 是 SDGs 在城市层面的方向性探索，这就解释了我们为何以 SDGs 为背景进行城市可持续发展指数研究。然而，以 SDGs 为背景并不是意味着完全照搬相应的目标、任务及指标来机械地评估城市可持续发展水平，主要原因在于：其一，SDGs 的 17 个目标、169 个任务和 230 多个指标是在国家或区域层面提出的，这些宏观尺度的目标、任务和指标绝大多数无法直接套用在城市层面；其二，NUA 和 GUMF 作为联合国层面对 SDGs 在城市层面的积极探索，其主要价值仍停留在框架层面，其方向性和原则性远超其实操性和应用性。因此，在对标 SDGs 的同时，如何对其进行适应性调整来开展全球城市可持续发展绩效水平的科学评估成为国际社会面临的重大挑战，而构建一套具有权威性、客观性和科学性的绩效评估指数成为解决这一重大挑战的突破口。

正是对以上背景和相关问题的系统性分析与思考，我们开启了对"SDGs 背景下的城市可持续发展指数"（简称 SDGs - 城市指数）的研究工作。该指数的战略定位是"以人为本、五位一体和对标国际"：其一，核心是"以人为本"（人民城市），指数的所有指标都应当体现城市发展过程中"以人为本"的核心要义；其二，用"五位一体"（经济、社会、环境、文化和治理协同发展）的思想来构筑指数的理论基础，将中国智慧用国际话语体系来客观地表述和分享；其三，SDGs 及 NUA 和 GUMF 是指数体现"对标国际"的重要基础，也是其权威性的重要依据。

整体架构是"1+5+N"。其中，"1"代表综合指数，"5"代表五大子指数（"五位一体"），"N"代表主题性指数，可根据不同主题和各城市不同发展重点和亮点来设立主题性指数。基本架构的底层支撑由指标构成，指标分为核心指标和适应性指标，即以核心指标为主，根据城市发展水平和人口规模选择相应的适应性指标。

指标遴选标准：① 权威性，对标 SDGs、NUA、GUMF 和其他相关国际机构（部门）的主要目标，入选指标应是全球城市可持续评估的国际主流指标；② 客观性，指标应能够客观反映城市可持续发展进程中经济、社会、环境、文化和治理五大维度的主要方向及内涵；③ 科学性，指标遴选及体系设计过程必须遵循科学精神和方法，严格按照科学流程来进行；④ 可获取性，指标对应的数据应当易获取，或者通过大数据、人工智能等其他辅助工具能较为快速实现；⑤ 适应性，指标体系要留一个接口，每年根据实际情况进行适应性调整和动态优化，从而实现其最优表达。指标遴选机制的思路是在遴选标准基础上，聚焦重点，从全球权威机构的海量指标中科学遴选出具有代表性和可操作性的指标。其中，与国际权威机构的强关联性是重要遴选依据。此外，指标是否体现"以人为本"理念，是否与国家或区域政策匹配，指标边界的一致性，以及数据的可获取性和适应性等都是重要考虑因素，最终按照权重进行赋权加总，从高到低排序后得到第一轮指标库。在此基础上，根据研究目标和重点进一步细化和优化指标，进而得到"SDGs - 城市指数"的指标体系。

评估方法主要采取以数据驱动为主的城市可持续发展绩效评估模型。其特点和创新之处有三：① 核心是评估一个城市"单位投入"之后的可持续发展绩效水平，将所有城市放在一个标准下进行评估，可实现一个城市历史维度的纵向绩效变化分析和多个城市间横向绩效变化分析；② 尽可能削弱人为赋权的主观干扰。现有的大多数评估模型中，支撑指数的指标间关系主要以主观（专家）赋权为主，优点在于简单易操作，但缺点是人为主观因素过多，权重的变化将直接导致评估结果出现很大的差异，赋权比例的科学性和结果的稳定性都难以保障；③ 确保城市间可持续发展绩效评估的公平性和接受度。通过优化的博弈 DEA（Data Envelopment Analysis）模型，每次的博弈迭代基础都尽可能确保公平性，即下一轮的博弈都是在上一轮博弈过程中大家的平均水平基础之上，通过反复博弈最终实现大家的整体期望和个体期望之间的距离越来越小，进入一定范围之内后结束博弈，从而最大化大家的接受度和评估的公平性。

评估结果呈现方式将采取分档分级的思路。为更好地反映"全球城市可持续发展指数"的适应性特点，将采取分档分级的思路对各城市的可持续发展综合水平及各维度的绩效水平进行科学评估。将各城市的可持续发展绩效值大致以 0.05 档间距为标准进行等级区分，从而对应相应的等级，总体形成"四档十级"的基本架构。第一梯队聚焦绩效值在 [0.95,1]，定位为 A 档；第二梯队在 [0.8,0.95)，将其细分为 B+、B 和 B- 三个等级；第三梯队在 [0.65,0.8)，将其细分为 C+、C 和 C- 三个等级；第四梯队也分三个等级，但各等级之间的绩效值区间稍有差异，D+ 代表 [0.6,0.65) 的水平，D 代表 [0.5,0.6) 的水平，D- 则代表 0.5 以下的绩效水平。相对而言，分档分级的定位和分析更具有实操性，一方面，让每个城市对自己的可持续发展水平有一个清晰的判断和基本定位，并且从纵向可以看到其变化的总体特征；另一方面，在进行城市间的横向比较时，能够更好地找到参照系，从而让城市可持续发展评估能够更好地服务于城市可持续管理。

实证验算对象选择了十大试点城市,即上海、北京、香港、新加坡、东京、首尔、纽约、伦敦、巴黎、柏林,系统分析了 2015—2020 年十大试点城市的可持续发展水平的变化。选择从 2015 年开始的主要原因是 SDGs 2015 年在全球正式确立。选择十大城市的主要考量有几点:其一,研究初始阶段,大城市的数据相对较为完整且易获取,指数研究的关键性技术突破需要高质量的数据支撑;其二,选择上海对标的部分国际城市进行先行试点,有较为充足的前期研究积累,也能更好地先行为上海及全球一线城市的可持续发展研究提供重要的决策支撑;其三,本着实事求是的研究态度,希望通过实证验算,在指标体系和方法模型不断优化且稳定之后,下一步将对不同发展水平和人口规模的全球主要城市进行分档分级的科学评估。

实证验算结果显示:① 十大试点城市的综合指数变化情况相对稳定,2015 年排在前三位的是伦敦、新加坡和东京,后三位的是北京、柏林和首尔;2020 年排在前三位的是伦敦、新加坡和上海,后三位的是柏林、香港和首尔。从分档分级来看,2015 年,伦敦处于 A 档,首尔处于 B 档,其他八个城市处于 B+ 档;2020 年,伦敦、新加坡、上海、巴黎、东京和纽约处于 A 档,其他城市处于 B+ 档。② 在经济子指数中,2015 年排在前三位的是纽约、伦敦和上海,2020 年排在前三位的是上海、纽约和新加坡,伦敦下滑到了第六位;柏林、首尔和巴黎总体上来看经济发展后劲相对较弱。从分档分级来看,2015—2020 年,柏林在 B+ 到 A 档之间浮动,首尔在 B 到 A 档间较大浮动,巴黎在 B 到 B+ 档间浮动,其他城市基本都处于 A 档。③ 在社会子指数中,2015 年东京、伦敦和上海排在前三位,2020 年排在前三位的是伦敦、新加坡和东京。香港、首尔和柏林的社会可持续发展绩效水平相对较低。从分档分级来看,2015 年,北京、香港、首尔和柏林处于 B+ 档,其他城市处于 A 档;2020 年除柏林和首尔处于 B+ 档之外,其他城市都处于 A 档。④ 在环境子指数中,2015—2020 年巴黎、伦敦和新加坡一直处于前三位,纽约、首尔和北京在环境可持续发展绩效方面相对较弱。从分档分级来看,各城市的环境可持续发展绩效水平差异化较为显著。2015 年,处于 A 档的只有巴黎,伦敦、新加坡和香港处于 B+ 档,东京、纽约、柏林和上海处于 B 档,北京和首尔处于 B- 档;到了 2020 年,大部分城市环境可持续发展绩效水平都有所提升,伦敦、新加坡和巴黎都处于 A 档,东京、纽约、柏林、香港和上海处于 B+ 档,北京上升到了 B 档,首尔虽然在 2017 年左右上升到了 B 档,但随后又处于 B- 档。⑤ 文化子指数中,巴黎、伦敦、北京和纽约一直处于靠前的位置,新加坡、首尔和香港的文化可持续发展绩效水平相对较低。从分档分级来看,2015 年,只有巴黎处于 A 档,香港处于 B 档,其他大部分城市处于 B+ 档;到了 2020 年,除了香港和新加坡处于 B+ 档外,其他城市的文化可持续发展绩效水平提升显著,基本都处于 A 档。⑥ 在治理子指数中,2015—2020 年伦敦、新加坡、上海和东京的治理绩效水平处于靠前位置，上海提升尤为明显，近几年基本处于第一的位置。从分档分级来看，各城市的治理绩效水平差异非常明显，2015年伦敦处于A档，新加坡、上海、东京处于B+档，北京和巴黎处于B档，香港和柏林处于B-档，而首尔处于C+档；到了2020年，各城市治理水平都有所提升，其中香港和首尔提升了B档，纽约、柏林和巴黎处于B+档，上海、新加坡、东京、伦敦、北京处于A档。

上海专题分析结果显示：横向来看，2015—2020年，上海可持续发展综合指数稳中有升，从B+档上升到了A档，从第四位上升到了第三位，2020年排在伦敦和新加坡之后，超过了巴黎和东京。五大子指数中：① 在经济子指数中，上海处于A档水平，自2015年的第三位跃居至2019年和2020年的第一位。主要原因在于相比其他试点城市而言，上海具有高年均GDP增速和高人均可支配收入增长率，固定资产投资、外商直接投资、金融竞争力和进出口贸易等都表现突出。② 在社会子指数中，上海相对比较稳定，处于A档水平，处于第三至第五的位置，住房、医疗、教育、公共交通等都有显著的提升。③ 在环境子指数中，上海还有待进一步提升，这些年从B档提升到了B+档，目前处在第七至第八的位置。自2015年以来在能耗强度、人均碳排放等方面都有了很大的改善，但相比其他环境指数处于A档的城市还有较大的优化空间。④ 在文化子指数中，上海从B+档提升到了A档，在这十个试点城市中处于中等位置，其中文化设施覆盖率、历史文物关注度等指标相比于巴黎、伦敦等国际文化大都市还有待进一步提升。⑤ 在治理子指数中，上海表现尤为突出，处于A档领先地位。财政依存度逐年增加，低负债率、低刑事犯罪率、高效的数字化治理水平等都是上海城市治理水平快速提升的重要支撑，城市综合治理的公众满意度提升非常明显。

总体而言，本书是对"SDGs-城市指数"相关研究工作的阶段性和系统性总结与思考，重点聚焦研究背景和问题、指数战略定位和整体架构、指标遴选标准和机制、评估方法设计、十大试点城市的验算及上海专题分析，包括对各指标的详细诠释和数据溯源分析报告等重要环节和工作。接下来，我们将在此基础上不断跟进和优化，根据不同发展水平和城市人口规模等特征，持续对全球主要城市进行权威、科学、客观的可持续发展绩效评估，为SDGs、NUA和GUMF的落地实践提供重要的应用指数支撑，也为上海建设具有世界影响力的社会主义现代化国际化大都市和中国实施可持续发展战略举措提供重要的决策支撑。

# 致 谢

**Express Thanks**

《SDGs 背景下的城市可持续发展指数研究》是我们承担的上海市"科技创新行动计划"社会发展科技攻关项目"城市可持续发展指数研究与应用"（20dz1201500）的主要成果之一，研究得到了上海市科学技术委员会、上海市住房与建设管理委员会、上海世界城市日事务协调中心、中国城市规划设计研究院、中国社会科学院、上海市可持续发展研究会、上海市政工程设计研究总院、同济大学等多个组织和机构的大力支持，在此一并感谢。

课题研究过程中，诸大建和陈海云作为核心专家主持了由联合国人居署、中华人民共和国住房和城乡建设部、上海市政府共同支持的"全球城市监测框架——上海应用指数"（简称"上海指数"）的设计研究工作，本课题的部分研究成果转化成为"上海指数"的核心架构和支撑"上海奖""上海手册"等应用场景的重要依据，在此感谢推动"上海指数"研究工作的各级领导和专家。

在"城市可持续发展指数研究与应用"和"上海指数"的课题研究过程中也得到了多位专家学者的参与和支持，在此一并感谢，他们是：许洁、杜娟、张帅、孙贝芸、孙秀丽、王熠、王婵雅、郑宇洁、周凌聪、喻章徽、胡彩文、Ksenia Kashkarova（俄罗斯）、Isaeva Alisa（俄罗斯）、Yishu Pang（美国）、Huizi Li（加拿大）、Runjie Duan（加拿大）、Janny Tieu（德国）、Matthias Zschätzsch（德国）、Konstantin Kotek（奥地利）、Qilin Zhan（奥地利）、Alex Haavik（挪威）、Pedro Jesus Gutierrez Fernandez（西班牙）、Valentina Marchesi（意大利）、Davide Capponi（意大利）、Béatrice Tissié（法国）、Auriane Bonnet（法国）、Joanny Hervé（法国）、Juliette Gasecki（法国）、Marina Burcelin（法国）、Alice Zhang（新西兰）、Tianqi Cui（新西兰）、Anthony Davodovics（南非）、Chong Yuhyun（韩国）、Kim Mingu（韩国）、Yuji Kakeya（日本）、Adit Rastogi（印度）、Rossa Ipaenin（印度尼西亚）、Pajareewan Thitivanichakul（泰国）、Pichaphas Sriubonmas（泰国）、Sopheara Hout（柬埔寨）、Malika Usuballeva（吉尔吉斯斯坦）、Tinotenda Lisa Matarutse（津巴布韦）等。

此外，本书引用的各位专家学者的一系列研究文献，为本研究的顺利开展提供了重要思想启发和素材支持，谨此感谢。最后要特别感谢同济大学，各类软硬件支持和老师、学生们的时间与智慧贡献，都是本研究成果得以呈现的重要保障。

# 目 录
## Contents

005　　执行摘要

009　　致谢

## 012　第 1 章
## 可持续性科学

015　　1.1 对象视角：可持续性科学追求地球物理极限内的经济社会繁荣
018　　1.2 过程视角：可持续性科学是基于 PSR 方法的巴斯德型研究
021　　1.3 主体视角：可持续性科学要求利益相关者的合作治理
024　　1.4 总结与思考

## 026　第 2 章
## 联合国 2030 年可持续发展目标及《新城市议程》

028　　2.1 联合国《2030 年可持续发展议程》
032　　2.2 《新城市议程》
035　　2.3 全球城市监测框架

## 036　第 3 章
## 城市可持续发展相关指数动态及综述

038　　3.1 综合性指数分析
042　　3.2 主题性指数分析
044　　3.3 总结与思考

## 046 第 4 章
## "SDGs - 城市指数"整体设计方案

- 048　4.1 战略定位
- 048　4.2 整体架构
- 049　4.3 指标体系基本框架
- 050　4.4 指标遴选标准及机制
- 051　4.5 指标的界定和诠释
- 052　4.6 数据收集及标准化
- 053　4.7 评估模型的设计
- 056　4.8 评估结果分档分级思路

## 058 第 5 章
## "SDGs - 城市指数"实证评估

- 060　5.1 十大试点城市基本情况
- 062　5.2 十大试点城市指数变化的宏观分析
- 065　5.3 十大试点城市指数变化的微观解释

## 084 第 6 章
## 上海专题篇

- 086　6.1 横向总体分析
- 087　6.2 纵向维度分析

## 102 附录

- 104　附表 1："SDGs - 城市指数"指标诠释
- 120　附表 2：十大试点城市分档分级验算结果
- 128　附表 3："SDGs - 城市指数"试点城市数据溯源报告
- 146　主要参考文献
- 151　图例、表格和专栏

# 01
CHAPTER

# Science of Sustainability

Urban Sustainable Development Index under the Background of SDGs

# 第 1 章
# 可持续性科学

1.1 对象视角：可持续性科学追求地球物理极限内的经济社会繁荣

1.2 过程视角：可持续性科学是基于 PSR 方法的巴斯德型研究

1.3 主体视角：可持续性科学要求利益相关者的合作治理

1.4 总结与思考

从 1962 年 Carson 的《寂静的春天》[1]问世，1972 年在瑞典斯德哥尔摩召开的联合国人类环境大会提出"只有一个地球"[2]及 1974 年罗马俱乐部 Meadows 等人出版《增长的极限》[3]，到 1987 年由 Harlem Brundtland 主持的联合国世界环境与发展委员会发布《我们共同的未来》[4]，可持续发展的概念在联合国正式确立。1992 年在巴西里约热内卢召开的联合国可持续发展大会发布了《21 世纪议程》[5]，即全球范围内的可持续发展行动计划，到 2012 年巴西"里约 +20"的联合国可持续发展会议召开，再到 2015 年联合国 2030 年可持续发展目标的提出，直至今天，可持续发展逐渐演变成为全球性重要议题。过去几十年的探索和讨论为可持续发展的全球共识奠定了非常重要的基础，然而到目前为止，可持续发展仍然被许多学者看成是政策层面和战略层面的东西，相对缺少学理上的深究和探讨。如何建立系统性的可持续发展理论与方法或者可持续性科学，对学术研究是重大的挑战。

从可持续发展被提出以来，国外有关可持续性的理论思考和整合有两个值得注意的研究。一个是马里兰大学稳态经济学家 Daly 提出的可持续发展经济学 (Economics of Sustainable Development)[6]。学界对可持续发展一直存在着弱可持续性与强可持续性的分歧，弱可持续性是新古典经济学对可持续发展的解释，他们不认为可持续发展概念对传统的经济增长有根本性的冲突。但是 Daly 认为，可持续发展需要建立新的经济学概念，指出可持续发展不同于传统的经济增长，是要将关键自然资本纳入生产函数，追求地球生物物理极限内的稳态发展和繁荣。Daly 指出北方发达国家相对于南方发展中国家更需要进入稳态发展，以便为发展中国家的增量发展提供发展空间。另一个是哈佛大学肯尼迪学院 Clark 团队倡导的可持续性科学 ( Sustaina- bility Science)[7]。此前有学者提出过整合经济、社会、环境三个维度的可持续性科学概念即 Sustainomics[8]，哈佛大学团队的可持续性科学概念更系统地讨论了四大资本即物质资本、自然资本、人力资本、社会资本，特别强调可持续性科学不同于传统的普朗克式的理论研究和传统的爱迪生式的应用研究，而是把应用与理论整合起来的巴斯德型研究[9]。如果 Daly 的可持续发展经济学对可持续发展研究的对象问题有深入的讨论，那么哈佛大学团队的可持续性科学对可持续发展研究的过程问题提出了与众不同的看法。

---

1. Carson R. Silent Spring[M]. London：Penguin Classics, 1962.
2. Ward B, Dubos R. Only one earth: The case and maintenance of a small planet[R]. 1972.
3. Meadows D H, et al. The limits to growth[M]. New York：Universe Books, 1974.
4. UN. Our common future[R]. 1987.
5. UN. 21st Century agenda[R]. 1992.
6. Daly H E. Beyond growth: The economics of sustainable development[M]. Boston: Beacon Press, 1996.
7. Kates R W, et al. Environment and development, sustainability science[J]. Science, 2001, 292 (5517):641-642.
8. Munasinghe, M. Sustainable development in practice: Sustainomics methodology and applications[M]. Cambridge: Cambridge University Press, 2009.
9. Clark W C, Dickson N M. Sustainability science: The emerging research paradigm[J]. Proceedings of the National Academy of Science, 2003, 100 (14) : 8059-8061.

还有一个值得注意的问题是，当前有关可持续发展的研究与有关治理问题的研究是分裂的时，需要进行整合[1]。一方面，对可持续发展的研究存在着如何使目标实现的问题，即可持续发展虽然整合了经济、社会、环境三个维度，但不能把这样的思考与治理研究的主体结合起来，结果影响了可持续发展的实施绩效。另一方面，有关利益相关者的主体研究，常常缺少明显的对象思考，因此有用的管理手段却没有用来解决"为什么而管理"或"为什么而治理"的问题。如何把可持续发展的对象问题与可持续发展的治理问题整合起来，也对可持续性科学的研究提出了挑战。

因此，在现有研究成果基础上，我们整合过去多年有关可持续发展与治理研究的思考[2]，提出基于对象－主体－过程的可持续性科学的概念模型，希望对未来的可持续发展理论和实践提供分析框架。

## 1.1 对象视角：可持续性科学追求 地球物理极限内的经济社会繁荣

当前，大多数人同意可持续发展涉及经济、社会、环境三个系统，即所谓可持续发展有三个支柱，但是在理论研究和政策分析中对于三者之间的关系，特别是对于环境与发展即资源环境系统与经济社会系统的关系，常常概念模糊，有理解分歧。结果是各种场合大家都在讲可持续发展，内涵所指却大相径庭。讨论可持续性科学的对象问题，可以明确对象关系的精准含义和历史变迁，以及由此决定的测量方法和政策意义。

### 1.1.1 从弱可持续性到强可持续性

**（1）三种不同的可持续性。** 对可持续发展的理论内涵，学术上存在着三种不同的解读。

第一种是新古典经济学的弱可持续性的解读，强调经济、社会、环境三个方面在可持续发展模型中是并列的，只要三者加和意义上的综合财富是增长的，就是对当代人和后代人有利的，因此就是可持续发展的。按照这种理解，只要物质资本增加可以抵消用货币形式表示的自然资本的减少，即使自然资本退化超过了生态门槛，也仍然属于可持续发展。

第二种是传统环境主义的绝对可持续性的解读，强调自然资本具有绝对的独立意义和不可或缺性。按照这种理解会导出，任何意义上的经济增长都是以自然资本的减少为代价，因此是不可持续的。这样的理解容易产生反发展的思想倾向，

---

1. 诸大建. 政策分析新模式 [M]. 上海：同济大学出版社，2007.
2. 诸大建，陈海云，等. 可持续发展与治理研究 [M]. 上海：同济大学出版社，2015.

抑制满足人类基本需求的从自然资本到物质资本的转化和积累。

第三种理解认为以上两种看法属于思想光谱中的两个极端，认为环境、社会、经济三者具有依次包容的关系，经济社会在环境系统之中，而不是环境系统被经济社会消解，只有在不减少自然资本前提下的综合资本增长即强可持续性发展，才是对当代人和后代人有利的，因此才是可持续发展的。这里，强可持续性意味着比弱可持续性有更多的约束条件，不仅要求整合资本之后有非零增长，同时也要求各项资本的结构是合理的，特别是要求关键自然资本是不可减少的。2009年以来，国际学术界提出"地球行星边界"概念以及全球发展要求大幅度减少二氧化碳排放，表明有关强可持续性的解读是我们应该接受的可持续发展概念。

**（2）强可持续性的理论解释。**为什么强可持续性应该作为可持续发展的科学概念被接受？关键问题涉及自然资本是可替代的还是互补的。弱可持续性模型相信自然资本具有完全的可替代性，例如化石能源没有了，可以寻找新的能源，环境能力退化了可以建设人工替代物，替代的途径就是技术创新，技术可以解决自然资本的绝对稀缺，技术的能力也是无限的。强可持续性模型合理地指出关键自然资本的可替代能力是有限的，本质上是互补的。如果可再生能源的开采规模超过了再生能力，不可再生资源使用规模超过了替代速度，环境容量使用规模超过了地球承载能力，那么自然资本的稀缺就会成为制约世界发展的关键性制约。强可持续性强调，许多自然资源减少到一定程度最终将具有不可替代性，而环境服务等关键自然资本一开始就具有重要的不可替代性，人类的技术创新应该遵循自然规律而不是相反。

## 1.1.2 可持续性的性质变迁

可持续性的性质是随人类开发自然的程度变深而变迁的，强可持续性概念正是对当代环境与发展问题进行动态思考的成果。历史上的发展很长一段时期确实是以弱可持续性为主导，因为当时制约发展的主要因素是劳动力、资本，而自然资本是丰富的。所以在生产函数中只有劳动力和资本，虽然早期也纳入了土地，但是随着技术的进步，认为土地不再是约束因素。但是从1980年代以来，随着经济社会发展的生态足迹超过了地球承载能力，自然资本成为制约性的因素，即所谓从劳动力、资本的稀缺到自然资本的稀缺。气候问题的讨论要求减少二氧化碳排放，就是证明地球生态极限限制了经济社会发展。Daly倡导的可持续发展经济学指出，人类当前面临着一个历史性的关头：限制人类继续繁荣的不再是人造资本的缺乏，而是自然资本的缺乏。18世纪工业化运动开始的时候，世界上的稀缺资源主要是人以及人造资本，不稀缺的则是自然资本。因此，工业化运动的目的是要以机器替代人，从而大幅度地提高劳动生产率和资本生产率。但是工业化运动开始200年后的今天，人和人造资本已不再是稀缺资源，稀缺的对象变成自然资本，包括资源供给、污染吸纳、生命支持和休闲娱乐等生态服务功能，这就颠倒了以前的稀缺性模式。所以，经济学的原理仍是正确的，但是稀缺资源的主要矛盾变了。当自然资本成为经济发展的限制变量时，持续的经济增长就开始受到自然资本的约束：例如捕鱼受到水产资源的约束，城市增长受到土地资源的约束，经济增长受到行星边界的约束，等等。如果说原来只要机器水平提高，捕鱼量就会提高，GDP 也随之提高，那么现在的情况是鱼资源日趋耗竭，机器水平再高也无济于事了。今天我们讨论可持续发展，就是要解决这样的自然资本制约经济发展的情形。

### 1.1.3 可持续性的政策意义

如果弱可持续性是对的，那么人类就可以追求没有地球生物物理极限的发展，可持续性就是经济、社会、环境的适当平衡，包括先污染后治理的环境库茨尼茨曲线。如果强可持续性是对的，那么人类就需要在地球生物物理极限内追求经济社会繁荣，可持续性要求经济社会发展与资源环境消耗脱钩，其政策意义在于：首先需要确定资源环境中可以消耗的生态规模问题（即经济可以有多大、经济现在有多大、经济应该有多大的问题）；其次确定人均意义的资源环境拥有量，这涉及发达地区和发展中地区的生态公平问题；然后才是市场意义上通过价格机制提高效率的问题。而弱可持续性只关注市场意义上的价格政策（相对稀缺问题），不关注具有生态公平意义的初始分配问题，也不关注由生态规模表示的总量控制问题。现在讨论气候问题，基于总量和交易的模式（不是碳税模式）最充分地表现了强可持续性的思想。在自然资本成为限制因素的情况下，我们需要重新思考经济发展的规模、效率以及公平等基本的政策问题。在规模问题上，与主流经济学主张经济增长的物质规模可以无限扩张不同，可持续性科学的主张是经济增长的物质规模是有极限的，好的发展应该是物质规模一定的情况下的社会福利的持续增加；在公平问题上，与主流经济学忽视自然资本的社会分布状况不同，可持续性科学强调在物质规模一定的情况下，物质分布需要从占有过多的部分流向占有不足的部分，这样才能增加社会总福利的水平；在效率问题上，与主流经济学强调提高劳动生产率和资本生产率等传统要素不同，可持续性科学强调要同时注意提高土地、能源、水、稀缺自然资源等的资源生产率。这意味着，发达国家或发达地区需要降低自己的过度消费模式，为发展中国家腾出满足基本需求的物质空间，后者需要在生态门槛之内实现经济社会发展，二者需要通过不同的方式实现可持续发展。有学者把前者的回到极限中的绿色转型称为 B 模式，与其对照，我们把后者的在极限范围内的聪明增长称为 C 模式[1]。

---

1. Zhu D J, Wu Y. Plan C: China's development under the scarcity of natural capital[J]. Chinese Journal of Population Resources and Environment, 2007, 5(3): 3-8.

## 1.2 过程视角：可持续性科学是基于 PSR 方法的巴斯德型研究

在理论研究和政策分析中，许多人常常把可持续发展归结为环境问题，单纯地强调在经济方式不变的情况下加强末端环境污染治理。从可持续发展的角度看，这不仅没有从物质流和价值流的因果关系看资源环境问题产生的根源，也不能从标本结合的角度解决问题。事实上，可持续发展源于环境问题，但是给出的解决方案高于传统的环境主义思考，要求发展模式的变革。了解可持续发展研究的过程视角，可以从理论探讨与政策变革的结合上推动发展转型与政策创新。

### 1.2.1 过程研究的 PSR 模式

与就事论事的研究不同，可持续发展的过程研究运用 PSR 方法分析问题管理问题，强调从可持续发展的三重底线中识别出因果关系，要求标本结合、有系统性地解决问题。可以指出三个思想要点：

**（1）PSR 的研究流程**。可持续性科学运用 PSR 模式和方法，是要对"问题在哪里""原因是什么""如何去解决"这三个基本问题，给出系统性的诊断和分析。其中，P（Pressure）表示问题产生的原因，S（State）表示问题的当前状态和情形，R（Response）表示解决问题的对策。对策包括两个方面，一是针对状态的对策（SR），另一是针对原因的对策（PR）。类似于到医院看病，用 PSR 模式分析问题可以发现：医生首先问哪里不舒服，这是了解状态是什么；然后用各种方式进行检查，如血液化验、做 B 超甚至 CT 等，寻找原因是什么；最后是根据对病因的判断开出药方。从以上类比，可以理解可持续性科学研究发展的理论与政策是怎样展开的。

**（2）三重底线的因果关系**。运用 PSR 模型可以发现可持续发展中经济、社会、环境三个方面的因果关系，而不是简单的并列，从而给出有效解决方案。其中，资源环境恶化的状态是要解决的问题，经济社会发展模式是资源环境问题产生的驱动因素，治理结构和应对政策的冲突是问题常常得不到解决的体制因素。从中可以看出，可持续发展不同于传统的环境保护，在于强调发展模式和治理模式的绿色化，是有根本性意义的资源环境问题解套之路。这说明了可持续发展为什么源于资源环境问题但是高于资源环境问题，否则就与传统的环境保护没有差别。

**（3）末端与源头的整合**。从可持续发展角度，研究问题要强调全过程思考，解决问题要强调标本兼治。一方面，不能只关注末端治理，不注意源头预防，将可持续发展停留在环境治理的水平，结果总是进行救火式和事后补救式的工作，先污染后治理的传统思路属于此类；另一方面，不能有了源头关注，就放弃末端治理，任何情况下末端工作总是管理上的第一步，即先是治标抑制不良事态的扩大，然后是治本消除源头的驱动因素。这是可持续性科学可以带来的思维方式的启示和变革。

### 1.2.2 从浅绿色到深绿色

前面讨论对象关系，已经指出对可持续性的理解，需要从弱可持续性进入强可持续性；现在分析因果关系，指出从可持续性科学讨论环境问题，需要从传统的浅绿色水平进入到深绿色水平。需要看到，可持续发展是国际上三次绿色思潮和三个里程碑事件的升华和深化。

**（1）浅绿色思潮及其问题。** 世界绿色思潮的第一个里程碑是 1972 年在斯德哥尔摩召开的联合国世界环境会议，当时第一次提出了环境问题，全世界由此开始了有关环境保护的体制性发展和轰轰烈烈的末端环境治理。虽然 20 世纪 60 — 70 年代标志着绿色运动的开始，但是当时思考问题的倾向是浅绿色的，属于传统的环境主义。浅绿色趋向于在发展模式之外治理环境问题，其实际绩效常常是"局部有所改善、总体趋向恶化"。美国环境运动的亲历者 Speth 曾经指出末端治理的失败源于传统环境主义思路上的先天不足，他特别提到政府环境规制的所谓"3 个 80%"导致最终只能处理产生污染的 50%，即：政府规制只能覆盖 80% 的问题，这些规制只有 80% 得到实施，最后只有 80% 的努力是成功的，于是 3 个 80% 相乘就只有 50% 左右的结果[1]。

**（2）深绿色思潮的崛起。** 世界绿色思潮的第二个里程碑是 1992 年在里约热内卢召开的联合国环境与发展会议，当时确立了可持续发展战略，思考问题的焦点从传统环境问题的浅绿色进入有关整个发展系统变革的深绿色，强调不可持续的经济社会发展模式是资源环境问题产生的主要来源。世界绿色思潮的第三个里程碑是 2012 年的里约热内卢联合国可持续发展大会即"里约 +20"峰会，深绿色的思考进一步进入改变经济增长模式和倡导绿色经济，以及加强面向可持续发展的合作治理的阶段。

对浅绿色环境观念与深绿色环境观念进行详细鉴别，我们大概可以粗线条地勾勒出二者间的差异：浅绿色的环境观念，较多地关注对各种环境问题的描述和渲染它们的严重影响，而深绿色的环境观念重在探究环境问题产生的经济社会原因及在此基础上的解决途径；浅绿色的环境观念，常常散发对人类未来的悲观情绪甚至反发展的消极意识，而深绿色的环境观念张扬环境与发展双赢的积极态度；浅绿色的环境观念偏重从技术层面讨论问题，而深绿色的环境观念强调从技术到

---

1. Speth J G. The bridge at the edge of the world[M]. New Haven: Yale University Press, 2008: 82-86.

体制和文化的全方位透视和多学科的研究。概言之，浅绿色的环境观念就环境论环境，较少涉及工业化运动以来的人类发展方式是否存在问题，其结果是对旧的工业文明方式的调整或补充；而深绿色的环境观念，洞察到环境问题的根因藏匿于工业文明的发展理念和生活方式之中，要求从发展的机制上堵截环境问题的发生，因此它更崇尚人类文明的创新与变革。如果我们的思想界和舆论界不能引导社会去认识环境问题的本质是发展方式，总是停留在不触及旧的经济社会发展方式的基础上号召人们去被动地应对环境问题，那环境问题不但不可能从根源上得到防治和解决，而且会在整个发展进程中不时重现甚至持续恶化。

### 1.2.3 巴斯德型的研究特色

学者经常强调纯理论研究和纯应用研究的区别，但是可持续性科学的 PSR 模式与这两种研究传统形成区别，提出了新的巴斯德型的混合研究类型，这有助于我们理解可持续性科学研究问题的上天入地属性。对于客观存在的问题 (what)，传统的纯理论研究或所谓普朗克型研究，主要是给出理论上的解释（why），不关心有没有用处，是从理论到理论、从模型到模型的研究；传统的纯应用研究或所谓爱迪生型研究，主要是给出实用的解法 (how)，不关心机理性的解释，是从技术到技术、从实践到实践的研究。基于 PSR 思考的可持续发展研究，却把理论性的机制解释和应用性的解决方案整合起来：既要解释为什么的问题，说明可持续发展的关键是发展模式；又要提供怎么做的措施，说明可持续发展的操作程序是什么。因此，哈佛大学的可持续性科学专家 Clark 强调，可持续性科学是用户导向和基础研究合为一体的巴斯德型研究[1]，它包含了两个研究方向：

**（1）由已有的解法给出解释性的理论**。巴斯德型研究的路径之一，是从问题出发探索解释性的机制理论。例如在循环经济中，对污染物的总量控制以及资源消耗的总量控制政策，用生态经济学中的生态规模概念给出需要采取这种政策的理由；又如在创新城市中，对大学校区、企业园区、政府社区之所以要采取三区联动的政策，从大学的技术－人才－包容即 3T 功能给出理论上的解释与支持；又如在城市管理中，对通过提高城市综合质量而不是降低商务成本来提高城市竞争力的政策，从城市质量可以提高可居住性、可投资性、可旅游性的角度给出理论上的解释；再如在网络治理中，对政府为什么需要在公共服务的生产上与私人部门合作，从公共物品的制度安排（提供者与生产者的区别）的角度给出理论上的解释与支持。

**（2）由已有的理论给出操作性的解法**。巴斯德型研究的路径之二，是从理论出发引出操作性的实用方法。例如在循环经济中，从生态系统与经济系统的包

---

1. Clark W C. Sustainability science: a room of its own [J]. PNAS, 2007, 204: 1737-1738.

含关系，引申出资源生产率的概念以及减物质化的相关政策；在大学城市中，从大学城市或者创新城市的 3T 理论推导出城市发展不仅需要有科教兴市战略、人才兴市战略，而且需要有包容强市战略；在城市管理中，从生活质量涉及制度与管理上的参与等理论，可以得出城市管理通过引入利益相关者以及全过程参与可以提高城市生活质量的政策建议；在网络治理中，从公共物品的安排者与生产者的区分，可以提出一整套在具体的公共服务领域进行公私合作的政策。

## 1.3 主体视角：可持续性科学要求利益相关者的合作治理

当前学术界对治理问题的研究很热闹，但是脱离可持续发展的治理研究常常给人一种抽象空洞的感觉。我们认为，需要将合作治理与可持续发展结合起来进行研究，强调没有治理的可持续发展是盲目的，没有面向可持续发展的治理是空洞的。从发展的对象和绩效判断合作治理的方式和绩效，是可持续性科学主体研究的重要特征。

### 1.3.1 可持续性与合作治理

众所周知，社会中的组织可以划分为政府组织、市场组织和社会组织三种基本形式，以及由此引申而来的混合型组织。可持续性科学把合作治理纳入其理论体系，是强调可持续发展需要发挥各种组织的作用，实现共同目标下的各自行动。对此有三点看法需要强调：

**（1）不同组织的不同任务。** 可持续发展的本质是平衡经济、社会、环境方面的不同利益，由于不同的利益常常对应不同的组织，因此可持续性科学的主体研究要求发挥三类组织和三套机制的各自作用，即现代政府－国家机制、企业－市场机制、非政府组织－社会机制。一般来说，对具有纯公共物品属性的公共事务而言，政府组织应该是责任主体；对具有纯私人物品性质或市场性强的私人事务而言，企业组织应该是责任主体；对于具有公共池塘性质的社会事务而言，社会组织应该是责任主体。从这个意义上，研究可持续发展一开始就要求摆脱体制研究上的非此即彼思维。单一地强调政府规制、单一地强调市场机制、单一地强调第三部门，从来就不是可持续发展要求的治理模式。

**（2）每个组织的三种责任。** 由于存在不同的功能，每个组织并不对社会的可持续发展负有全部责任。在可持续发展的研究中，组织的社会责任可以按照离开组织核心功能的距离分为三类。例如，就企业而言，第一类是组织承担全部责任，如提供安全高效且可以盈利的市场性物品和服务；第二类是组织承担部分责任，如对于有环境影响的产品，企业组织和政府组织都负有责任，前者负有生产责任，后者负有监督责任；第三类是不由组织本身引起但是组织可以参与其中解决问题，即所谓自愿责任，如企业参加慈善活动就是按照能力高低可以承担的责任。政府公共组织和非政府组织、非营利组织的责任也可以做如此分析。

**（3）组织之间的合作治理。**政府、企业、社会组织是理想化的状态，实际上在组织为非第一责任者的情况下即组织之间的界面上，可持续性科学要求可以采用公私合作、政社合作或者企社合作的方式进行治理，即合作式治理和协同式治理。例如，政府作为安排者和企业作为提供者发展各种城市基础设施；政府和社会组织合作提供有关的社会服务；企业安排和社会生产科技创新产品；等等。进一步可以看到，可持续发展要求大力发展介于组织之间的混合型组织：① 在国家和市场之间的混合组织。一种是介于政府组织和市场组织之间的国有企业。中国现有的国有企业可以分为两类：公共性强的生产公共物品的国有企业和公共性弱的生产私人产品的国有企业。在这个问题上中国面临的挑战是后者很强而前者很弱。另一种是在可持续发展浪潮中正在崛起的公私伙伴关系，即 PPP（Public-Private Partnership），政府组织和企业组织形成某种项目性的组织提供混合性质的物品和服务，例如基础设施大都可以采用这样的组织方式或者国有民营的方式进行。② 在国家和社会之间的混合组织。主要是公立大学、公立医院、法律机构等事业单位，他们是提供公共产品并且主要由政府资助的非营利性的社会组织。③ 在市场和社会之间的混合组织。一种是家族企业，这是生产私人物品的非政府的营利性组织，中国的许多民营企业属于这样的家族企业。另一种是合作制组织，这是生产私人物品特别是俱乐部物品的非政府的非营利性的私营组织。

### 1.3.2 共同意识与多元行动

可持续发展对合作治理的基本要求是共同意识下的多元行动。由此可以理解前述可持续发展产生和发展的三个阶段，从 1972 年的联合国环境大会，到 1992 年的联合国里约环境与发展大会，再到 2012 年的联合国里约可持续发展峰会，从低级发展到高级发展有着内在逻辑。如果说在可持续发展出现前是无共同意识的离散型行动，可持续发展提出时是有共同意识的单一化行动，那么后里约时代联合国倡导 2016—2030 年全球可持续发展目标（SDGs）就是要追求有共同意识的多元化行动，推进世界"和而不同"地走向所谓多样性的可持续发展新时代。这正是诺贝尔经济学奖获得者 Ostrom[1] 提出的多中心治理思想的精华所在。

**（1）无共同意识的离散型行动。**这基本上是 1972 — 1992 年可持续发展战略

---

1. Ostrom E. Governing the commons: The evolution of institutions for collective action [M]. New York: Cambridge University Press, 1990.

出现前的情况，人们对环境与发展问题存在着严重的意见分歧，认为环境与发展无法两全。于是，发达国家强调环境保护，发展中国家强调经济增长，在意识上难以统一，在行动上各自为政，导致 1970 年代以来全球环境状况的进一步恶化。

**（2）有共同意识的单一化行动。**1992 年确立可持续发展，大家在环境与发展整合的问题上有了共同意识，但是在实践推进上却少有绩效。问题在于要求全球签订一个共同性行动方案的做法，在方向上就是理想化的、不可能实现的。这也可以用来解释为什么在气候问题上的谈判一直难以成功。出路是不同的利益主体认可共同的目标，同时能够结合自己能力采取可行的行动，于是开始强调可持续发展需要有共同的原理和不同的战略，即全球性意识、地方性行动。

**（3）有共同意识的多元化行动。**2012 年"里约 + 20"会议提出绿色经济与合作治理两个抓手，可以看作是在发展意识上达到了全球性的新认同；在实施行动上不要求签署单一的全球行动方案，而是要求各自采取有效果的地方性行动。例如气候变化问题上实施国家自主贡献 (Intended Nationally Determined Contributions, INDC)，要求有可测量、可报告、可核实的特征，这样的自下而上的行动提高了可持续发展绩效形成的可能性。

### 1.3.3 可持续性治理的不同模式

在可持续性科学的主体研究中，一般认为单纯的自下而上机制和单纯的自上而下机制，均不利于或者不足以有效推进可持续发展。要实现可持续发展的绩效，需要政府自上而下的体制性力量和企业与社会自下而上的非体制性力量两个方面的整合。这样的原理用到不同的体制有不同的表现，分析欧洲、美国、东亚三种不同的治理模式及其可持续发展的绩效，可以对于中国加强面向可持续发展的国家治理能力有所启示。

**（1）欧洲的社团主义模式。**社团主义模式普遍存在于欧洲大陆国家，因为在德国等国家最典型，故常常被称为莱茵模式。这种模式强调政府、企业、社会三种组织的平衡发展，包括发展三种经典组织之间的各种混合体。就目前情况而言，欧洲社团主义模式在北欧国家普遍有较高的可持续发展整体绩效和平衡的经济、社会、环境表现。

**（2）美英的自由主义模式。**自由主义模式最突出的代表是美国，在澳大利亚、加拿大、新西兰等盎格鲁-撒克逊国家也很盛行，在英国则具有自由主义模式与社团主义模式融合的特征。自由主义模式，意味着企业组织在发展中具有优势地位，强调不同的组织之间权利分离而不是相互合作。就目前情况而言，自由主义模式在经济增长上有突出表现，但是在利益相关者合作和可持续发展方面要逊色于欧洲的社团主义模式。

**（3）东亚的政府统制模式**。政府统制模式代表大部分东亚国家的治理逻辑，这种模式建立在政府统制和国有企业为主导的治理结构之上，独立的市场组织和公民社会发育不够。中国改革开放以来，政府主导的模式带来了过去 40 年的经济高速增长，但是也日益表现出经济与社会、经济与环境两个界面上的冲突。决策者已经认识到，中国要从较多地关注经济增长到更多地关注由"五位一体"组成的可持续发展，需要在利益相关者参与的合作治理上有重要突破，需要实现国家治理体系和治理能力的现代化。

## 1.4 总结与思考

可持续性科学可以看作是有关可持续发展的有整合性意义的理论模型与分析方法，重点是对对象（经济、社会、环境）、主体（政府、企业、社会组织）、过程（状态、原因、反应）三个方面的整合研究。

**（1）可持续发展的对象整合**。在可持续发展对象问题上，主流的新古典经济学强调的是效率，对生态规模问题基本不予关注，同时认为可以用效率解决公平问题，属于弱可持续性的看法。强可持续性或者关键自然资本的可持续性的看法将三者整合，强调相互之间的关系，即自然资本的规模是第一位，社会的初始分配是第二位，经济的效率配置则是第三位，要求在地球物理极限内追求经济社会繁荣。这完全不同于传统经济学家用效率解决规模问题和公平问题的简单做法。

**（2）可持续发展的过程整合**。在可持续发展过程问题上，原先存在着理论研究和现象研究的脱节。现象研究偏重问题的描述，不讨论发展模式和治理结构的转型，就事论事地开出可持续发展的政策处方，这从短期上可以抑制问题扩大，但是对长期预防问题是没有意义的；理论研究偏重原因的分析，从发展模式和治理结构的角度，从根本上提出转向可持续发展的政策建议，这从长期上讲是对的，但是没有解决如何从当前体制向长期治理转变的问题。PSR 的研究方法强调两步走结合，第一步是问题分析，针对现有体制，提出适应性的政策建议；第二步是原因分析，针对目标体制，提出减少性的政策建议，同时给出两步走之间的关联和过渡。

**（3）可持续发展的主体整合**。在可持续发展主体问题上，原先存在着政府导向和市场导向的分歧和对立，传统思想是针对资源环境问题的市场失灵强调政府干预。但是合作治理和多中心治理的看法正在成为可持续发展的新主流。一方面将社会组织引入公地问题管理，引出了政府、市场之外的第三种机制；另一方面强调三种机制及其组合可以在不同情况下起作用，需要研究政府与政府、政府与企业、政府与社会、企业与社会的界面合作问题。这样一来，可持续发展的发展目标就与可持续发展的体制手段结合起来，使得可持续发展从三个支柱模型成为包含合作治理的四面体模型。

**(4) 可持续发展两个维度甚至三个维度的整合。**可持续性科学中的对象、过程、主体三个维度需要整合思考。例如,将对象与主体两个维度进行整合研究,可以发现可持续发展的经济、社会、环境三个发展系统间的利益差异和冲突,实际上是政府、企业、社会和公众等不同利益相关者的差异和冲突,因此可持续发展管理实际上是对不同利益相关者进行管理从而实现共享价值的过程。又如,将对象与过程两个维度进行整合研究,可以发现环境问题只是呈现出来的状态,其实质是源头经济社会发展模式的差异,因此可持续发展管理不仅要求治理主体进行末端治理以控制环境状况恶化,而且需要发展主体在源头上进行发展模式的变革。

# 02
CHAPTER

# The UN 2030 Sustainable Development Goals and the New Urban Agenda

Urban Sustainable Development Index under the Background of SDGs

第 2 章
# 联合国 2030 年可持续发展目标及《新城市议程》

2.1 联合国《2030 年可持续发展议程》
2.2 《新城市议程》
2.3 全球城市监测框架

## 2.1 联合国《2030 年可持续发展议程》[1]

《2030 年可持续发展议程》于 2015 年在联合国大会第七十届会议上通过，2016 年 1 月 1 日正式启动。该议程是为人类、地球共同繁荣制订的行动计划，旨在加强世界和平与自由。所有国家和利益攸关方将携手合作，共同执行这一计划。力求让人类摆脱贫困和匮乏，让地球治愈创伤并得到保护，让世界走上可持续且具有恢复力的道路。联合国 2030 年可持续发展目标（SDGs）如图 1 所示。

图 2.1 联合国 2030 年可持续发展目标（SDGs）

该议程的提出有一个大的时代背景，挑战与机遇并存。议程指出：我们有几十亿公民仍然处于贫困之中，生活缺少尊严。国家内和国家间的不平等在增加。机会、财富和权力的差异十分悬殊。性别不平等仍然是一个重大挑战。失业特别是青年失业，是一个令人担忧的重要问题。全球性疾病威胁、越来越频繁和严重的自然灾害、不断升级的冲突、暴力极端主义、恐怖主义和有关的人道主义危机以及被迫的流离失所，有可能使最近数十年取得的大部分发展成果功亏一篑。自然资源的枯竭和环境退化产生的不利影响，包括荒漠化、干旱、土地退化、淡水资源缺乏和生物多样性丧失，使人类面临的各种挑战不断增加并日益严重。气候变化是当今时代的最大挑战之一，它产生的不利影响削弱了各国实现可持续发展的能力。全球升温、海平面上升、海洋酸化和其他气候变化产生的影响，严重影响到沿岸地区和低洼沿岸国家，包括许多最不发达国家和小岛屿发展中国家。许多社会和各种维系地球的生物系统的生存受到威胁。同时报告也指出，这也是一

---

1. 本节主要基于《2030 年可持续发展议程》主报告整理总结而成。（UN. Transforming our world by 2030: A new agenda for global action [R]. New York: United Nations, 2015.）

个充满机遇的时代。应对许多发展挑战的工作已经取得了重大进展，已有千百万人民摆脱了极端贫困。男女儿童接受教育的机会大幅度增加。信息和通信技术的传播和世界各地之间相互连接的加强在加快人类进步方面潜力巨大，消除数字鸿沟，创建知识社会，医药和能源等许多领域中的科技创新也有望起到相同的作用。

该议程勾勒了一个雄心勃勃的变革愿景蓝图。我们要创建一个没有贫困、饥饿、疾病、匮乏并适于万物生存的世界，一个没有恐惧与暴力的世界，一个人人都识字的世界，一个人人平等享有优质大中小学教育、卫生保健和社会保障以及心身健康和社会福利的世界，一个我们重申对享有安全饮用水和环境卫生的人权的承诺和卫生条件得到改善的世界，一个有充足、安全、价格低廉和营养丰富的粮食的世界，一个有安全、充满活力和可持续的人类居住地的世界和一个人人可以获得价廉、可靠和可持续能源的世界，我们要创建一个普遍尊重人权和人的尊严、法治、公正、平等和非歧视，尊重种族、民族和文化多样性，尊重机会均等以充分发挥人的潜能和促进共同繁荣的世界，一个注重对儿童投资和让每个儿童在没有暴力和剥削的环境中成长的世界，一个每个妇女和女童都充分享有性别平等和一切阻碍女性权能的法律、社会和经济障碍都被消除的世界，一个公正、公平、容忍、开放、有社会包容性和最弱势群体的需求得到满足的世界，我们要创建一个每个国家都实现持久、包容和可持续的经济增长和每个人都有体面工作的世界，一个以可持续的方式进行生产、消费和使用从空气到土地、从河流、湖泊和地下含水层到海洋的各种自然资源的世界，一个有可持续发展、包括持久的包容性经济增长、社会发展、环境保护和消除贫困与饥饿所需要的民主、良政和法治，并具备有利的国内和国际环境的世界，一个技术研发和应用顾及对气候的影响、维护生物多样性和有复原力的世界，一个人类与大自然和谐共处，野生动植物和其他物种得到保护的世界。

该议程包括17个可持续发展目标、169个具体目标和240多个指标，展现了这个新全球议程的规模和雄心。这些目标寻求巩固发展千年发展目标，完成千年发展目标尚未完成的事业。人类、地球、繁荣、和平与伙伴关系是该议程的五个关键词。其中，"人类"聚焦：我们决心消除一切形式和表现的贫困与饥饿，让所有人平等和有尊严地在一个健康的环境中充分发挥自己的潜能。"地球"聚焦：我们决心阻止地球的退化，包括以可持续的方式进行消费和生产，管理地球的自然资源，在气候变化问题上立即采取行动，使地球能够满足今世后代的需求。"繁荣"聚焦：我们决心让所有的人都过上繁荣和充实的生活，在与自然和谐相处的同时实现经济、社会和技术进步。"和平"聚焦：我们决心推动创建没有恐惧与暴力的和平、公正和包容的社会。没有和平，就没有可持续发展；没有可持续发展，就没有和平。"伙伴关系"聚焦：我们决心动用必要的手段来执行这一议程，本着加强全球团结的精神，在所有国家、所有利益攸关方和全体人民参与的情况下，恢复全球可持续发展伙伴关系的活力，尤其注重满足最贫困、最脆弱群体的需求。各项可持续发展目标是相互关联和相辅相成的，对于实现新议程的宗旨至关重要。如果能在议程述及的所有领域中实现我们的雄心，所有人的生活都会得到很大改善，我们的世界会变得更加美好。

该议程强调，17个可持续发展目标（表2.1）以及169个相关具体目标是一个整体，不可分割。议程指出：我们正共同走上可持续发展道路，集体努力谋求全球发展，开展为世界所有国家和所有地区带来巨大好处的"双赢"合作。我们重申，每个国家永远对其财富、自然资源和经济活动充分拥有永久主权，并应该自由行使这一主权。我们将执行这一议程，全面造福今世后代所有人。在此过程中，我们重申将维护国际法，并强调，将采用信守国际法为各国规定的权利和义务的方式来执行本议程。该议程重申《世界人权宣言》以及其他涉及人权和国际法的国际文书的重要性。强调所有国家都有责任根据《联合国宪章》尊重、保护和促进所有人的人权和基本自由，不分其种族、肤色、性别、语言、宗教、政治或其他见解、国籍或社会出身、财产、出生、残疾或其他身份等任何区别。与此同时，在考虑到本国实际情况、能力和发展程度的同时，依照本国的政策和优先事项，努力在国家、区域和全球各级执行本议程。我们将在继续依循相关国际规则和承诺的同时，保留国家政策空间，以促进持久、包容和可持续的经济增长，特别是发展中国家的增长。同时承认区域和次区域因素、区域经济一体化和区域经济关联性在可持续发展过程中的重要性。区域和次区域框架有助于把可持续发展政策切实变为各国的具体行动。

**表 2.1 联合国《2030年可持续发展议程》中的17个目标**

| 目标 | 内容 |
| --- | --- |
| 1 | 在全世界消除一切形式的贫困 |
| 2 | 消除饥饿，实现粮食安全，改善营养状况和促进可持续农业 |
| 3 | 确保健康的生活方式，促进各年龄段人群的福祉 |
| 4 | 确保包容和公平的优质教育，让全民终身享有学习机会 |
| 5 | 实现性别平等，增强所有妇女和女童的权能 |
| 6 | 为所有人提供水和环境卫生并对其进行可持续管理 |
| 7 | 确保人人获得负担得起的、可靠和可持续的现代能源 |
| 8 | 促进持久、包容和可持续的经济增长，促进充分的生产性就业和人人获得体面工作 |
| 9 | 建造具备抵御灾害能力的基础设施，促进具有包容性的可持续工业化，推动创新 |
| 10 | 减少国家内部和国家之间的不平等 |
| 11 | 建设包容、安全、有抵御灾害能力和可持续的城市和人类住区 |
| 12 | 采用可持续的消费和生产模式 |
| 13 | 采取紧急行动应对气候变化及其影响 |
| 14 | 保护和可持续利用海洋和海洋资源以促进可持续发展 |
| 15 | 保护、恢复和促进可持续利用陆地生态系统，可持续管理森林，防治荒漠化，制止和扭转土地退化，遏制生物多样性的丧失 |
| 16 | 创建和平、包容的社会以促进可持续发展，让所有人都能诉诸司法，在各级建立有效、负责和包容的机构 |
| 17 | 加强执行手段，重振可持续发展全球伙伴关系 |

具体到实施和执行层面,该议程在其报告中也做了阐述。其一,执行需要强调全球伙伴关系。这一伙伴关系将发扬全球团结一致的精神,特别是要与最贫困的人和境况脆弱的人同舟共济。这一伙伴关系将推动全球高度参与,把各国政府、私营部门、民间社会、联合国系统和其他各方召集在一起,调动现有的一切资源,协助落实所有目标和具体目标。其二,强调各国对本国经济和社会发展负有首要责任。该议程阐述了落实各项目标和具体目标所需要的手段。这些手段包括调动财政资源,开展能力建设,以优惠条件向发展中国家转让对环境无害的技术,包括按照相互商定的减让和优惠条件进行转让。其三,强调了实施相关战略和行动方案的重要性,其中包括《伊斯坦布尔宣言和行动纲领》《小岛屿发展中国家快速行动方式(萨摩亚途径)》《内陆发展中国家 2014—2024 年十年维也纳行动纲领》等,它们都是该议程的组成部分。其四,强调国际公共资金对各国筹集国内公共资源的努力发挥着重要补充作用,对国内资源有限的最贫困和最脆弱国家而言尤其如此。国际公共资金包括官方发展援助的一个重要用途是促进从其他公共和私人来源筹集更多的资源。官方发展援助提供方再次做出各自承诺,包括许多发达国家承诺实现对发展中国家的官方发展援助占其国民总收入的 0.7%,对最不发达国家的官方发展援助占其国民总收入的 0.15%~0.20% 的目标。其五,国际金融机构必须按照其章程支持各国特别是发展中国家享有政策空间。承诺扩大和加强发展中国家——包括非洲国家、最不发达国家、内陆发展中国家、小岛屿发展中国家和中等收入国家——在国际经济决策、规范制定和全球经济治理方面的话语权和参与度。其六,强调各国议会在颁布法律、制定预算和确保有效履行承诺方面发挥重要作用。各国政府和公共机构还将与区域和地方当局、次区域机构、国际机构、学术界、慈善组织、志愿团体以及其他各方密切合作,开展执行工作。最后,该议程着重指出一个资源充足、切合实际、协调一致、高效率和高成效的联合国系统在支持实现可持续发展目标和可持续发展方面发挥着重要作用并拥有相对优势。强调必须加强各国在国家一级的自主权和领导权,并支持经社理事会目前就联合国发展系统在本议程中的长期地位问题开展的对话。

行动起来,变革我们的世界。《2030 年可持续发展议程》是 2016—2023 年期间十五年的全球行动议程,是 21 世纪人类和地球的章程。"我联合国人民"是《联合国宪章》的开篇名言。今天踏上通往 2030 年征途的,正是"我联合国人民"。与我们一起踏上征途的有各国政府及议会、联合国系统和其他国际机构、地方当局、土著居民、民间社会、工商业和私营部门、科学和学术界,还有全体人民。我们把握着人类和地球的未来。今天的年轻人也把握着人类和地球的未来,他们会把火炬继续传下去。我们已经绘制好可持续发展的路线,接下来要靠大家来圆满完成这一征程,并保证不会丧失已取得的成果。

## 2.2 《新城市议程》[1]

2016年10月20日,《新城市议程》于厄瓜多尔基多市召开的联合国住房与城市可持续发展大会（人居Ⅲ）被采纳。2016年12月23日,《新城市议程》在第71会期第68届全会中,为联合国大会所签署。图2.2为《新城市议程》封面。

**图2.2 联合国人居Ⅲ大会发布的《新城市议程》报告**

自1976年在加拿大温哥华和1996年在土耳其伊斯坦布尔举行联合国人类住区会议以来,以及自2000年通过千年发展目标以来,数百万计城市居民包括贫民窟和非正规住区居民的生活质量得到了改善。然而,持续存在的多种形式的贫困、日益严重的不平等和环境退化等仍然是世界各地可持续发展的主要障碍,社会和经济排斥以及空间隔离往往是城市和人类住区的一个无可辩驳的现实。我们仍远未解决这些挑战以及其他现有的和正在出现的难题。城市化是推动持久和包容型经济增长、社会和文化发展以及环境保护的积极力量,因此,我们需要利用城市化带来的机遇,发挥城市化促进实现变革型可持续发展的潜力。

《新城市议程》所倡导的共同愿景是人人共享城市,即人人平等使用和享有城市

---

1. 本节主要基于联合国《新城市议程》主报告整理总结而成。

及人类住区，我们力求促进包容性，并确保今世后代的所有居民，不受任何歧视，都能居住和建设公正、安全、健康、便利、负担得起、有韧性和可持续的城市和人类住区，以促进繁荣，改善所有人的生活质量。我们注意到一些国家和地方政府将这一愿景作为"城市权"载入了立法、政治宣言和宪章，遵循《联合国宪章》的宗旨和原则，包括在充分尊重国际法的情况下，使城市和人类住区的所有居民都能享有平等权利和机会。《新城市议程》立足于《世界人权宣言》、各项国际人权条约、《千年宣言》和《2005年世界首脑会议成果》。《新城市议程》还借鉴了《发展权利宣言》等其他文书，将我们期待的城市和人类住区总结为以下几个方面。

(1) 能够履行社会功能，包括土地的社会和生态功能，以逐步实现以下目标：人人不受歧视地充分实现适当生活水准权所含的适当住房权，人人普遍享有安全和负担得起的饮用水和卫生设施，以及人人平等获得在粮食安全和营养、卫生、教育、基础设施、出行和交通、能源、空气质量和生计等方面的公共产品和优质服务。

(2) 具有参与性，促进市民参与，使所有居民都能产生归属感和主人翁意识，优先确保家庭友好型的安全、包容、便利、绿色和优质的公共空间，适当加强社会和代际互动、文化表达和政治参与，在和平与多元的社会里促进社会凝聚力、包容性和安全，让所有居民的需求都得到满足，并认识到处境脆弱者的特殊需求。

(3) 实现性别平等，增强所有妇女和女童的权能，为此确保妇女充分和有效地参与所有领域和各级决策领导，并享有平等权利；确保所有妇女都享有体面工作，实现同工同酬或同值工作同等报酬；防止和消除私人和公共空间中对妇女和女童的一切形式歧视、暴力和骚扰。

(4) 能够迎接当前和未来的持久、包容和可持续经济增长的挑战和机遇，借助城市化促进结构转型、高生产力、增值活动和资源效率，发挥地方经济作用，并注意到非正规经济部门的贡献，同时支持其可持续地向正规经济部门过渡。

(5) 能够履行跨越行政边界的地域职能，为各级落实平衡、可持续和综合的城市及地域发展发挥枢纽和驱动作用。

(6) 能够促进顾及年龄和性别平等的规划和投资，使人人享有可持续、安全和便利的城市出行工具以及资源节约型客运和货运交通系统，实现人员、地点、货物、服务和经济机会的有效联通。

(7) 能够采取和落实灾害风险减轻和管理措施，降低脆弱性，增强韧性以及对自然和人为灾害的反应能力，并促进减缓和适应气候变化。

(8) 能够保护、养护、恢复和促进城市与人类住区内的生态系统、水、自然环境和生物多样性，最大限度地减少它们对环境的影响，并转向可持续的消费和生产模式。

而为了实现这些构想，就需要我们制定相应的原则来指导推进城市范式的可持续转变。其中，《新城市议程》文件将指导原则总结为以下三条：

(1) 不让任何一个人掉队，为此将消除一切形式和表现的贫困，包括消除极端贫困；确保平等权利和机会、社会经济和文化多元性以及城市空间的融合；改善宜居性、教育、粮食安全和营养、卫生和福祉，包括消除艾滋病、结核病和疟疾等流行病；促进安全以及消除歧视和一切形式的暴力；确保为所有人提供安全和平等的公众参与渠道；使人人平等享有社会基础设施及基本服务，平等享有适当和负担得起的住房。

(2) 确保可持续和包容型的城市经济，为此将利用规划良好的城市化集聚惠益，包括高生产力、竞争力和创新；促进为所有人提供充分生产性就业和体面工作；确保创造体面就业机会，并使所有人都能平等获得经济和生产性资源和机会；妥善防止土地投机，促进有保障的土地保有权，管理城市萎缩问题。

(3) 确保环境可持续性，为此将在城市开发中促进清洁能源和可持续利用土地及资源；保护生态系统和生物多样性，包括采取与自然和谐共处的健康生活方式；推动可持续消费和生产方式；加强城市韧性；减少灾害风险；缓解和适应气候变化。

《新城市议程》将具体的执行策略总结为四个方面：

(1) 在适当层面，包括在地方和国家伙伴关系以及多利益攸关方伙伴关系中制定和执行城市政策，建立城市和人类住区综合体系，并促进各级政府之间的合作，促成其实现可持续综合城市发展。

(2) 加强城市治理，建立健全的机构和机制，增强各类城市利益攸关方的权能，使其参与其中，并建立适当的制衡机制，使城市发展计划具有可预测性和协调一致性，以实现社会包容，促进持久、包容和可持续的经济增长，并促进环境保护；

(3) 振兴长期综合城市和地域规划与设计，以优化城市形态的空间维度，使城市化发挥积极成效。

(4) 通过有效、创新和可持续的融资框架和工具提供支持，加强市政财政和地方财政系统，以包容的方式创造、维持和分享城市可持续发展所带来的价值。

为了实现城市范式的可持续转型，《新城市议程》发起了行动呼吁，具体如下：

(1) 我们申明，虽然不同规模的城市、城镇和村庄的具体情况不同，但《新城市议程》覆盖面广、具有参与性并以人为本；保护地球；眼光长远，提出了全球、区域、国家、国家以下和地方各级的优先事项和行动，各国政府和其他利益攸关方可根据自身需求加以采纳。

(2) 我们将努力在本国和区域及全球各级实施《新城市议程》，并考虑到不同的国情、能力和发展程度，尊重各国的立法和实践以及政策和优先事项。

(3) 我们重申《关于环境与发展的里约宣言》各项原则，包括共同但有区别的责任原则。

(4) 我们承认，在实施《新城市议程》时，应特别注意解决所有国家尤其是发展中国家，包括非洲国家、最不发达国家、内陆发展中国家和小岛屿发展中国家面临的特有和新出现的城市发展挑战，以及中等收入国家面临的特殊挑战。还应特别关注处于冲突局势中的国家、外国占领下国家和领土、冲突后国家以及受自然和人为灾害影响的国家。

(5) 我们确认，需特别注意解决妇女和女童、儿童和青年、残疾人、艾滋病感染者、老年人、土著人民和地方社区、贫民窟和非正规住区居民、无家可归者、工人、小农和渔民、难民、回返者、境内流离失所者以及移民（无论何种移民身份）等所面临的多种形式的歧视。

(6) 我们敦促所有国家、国家以下和地方各级政府以及所有相关的利益攸关方，根据国家政策和立法，振兴、加强和建立伙伴关系，改善协调与合作，以有效实施《新城市议程》，实现我们的共同愿景。

(7) 我们通过《新城市议程》，它是共同愿景，是促进和实现城市可持续发展的政治承诺，也是一次历史性契机，借以在一个日益城市化的世界中，利用城市和人类住区的关键力量推动可持续发展。

## 2.3 全球城市监测框架

2020 年 7 月，联合国人居署启动设计全球城市监测框架（Global Urban Monitoring Framework, GUMF）项目。GUMF 的定位是有效地跟踪记录各城市实现联合国 2030 年可持续发展目标的工作进程，还将协助监测《新城市议程》和其他重点事项的落实情况。GUMF 将筛选一系列指标，这些指标将衡量城市各项属性以及这些属性随时间推移而发生的变化，希望能够帮助城市做出决策、进行投资，引导城市走向可持续的繁荣发展。GUMF 的一个很重要的特点便是以 2030 年可持续发展目标中的第 11 个目标：建设包容、安全、有风险抵御能力和可持续的城市及人类住区为基础，开展相应的指标遴选。

总体来讲，短短一年的时间，GUMF 的定位和基础框架对全球城市可持续发展工作有非常重要的指导意义。但在推进过程中也存在诸多的挑战。例如，在城市系统（如健康、教育、就业等）、城市规模、城市类型（如首都城市、旅游城市或位于资源开采区的城市）和文化及政治差异等众多因素的影响下，城市环境包罗万象，不同城市不仅有各自需要衡量的特征，而且衡量能力也有所不同。因此，如何在这个大的背景下筛选与之相符的指标来进行目标诠释是一大挑战。而目前的 GUMF 的初步指标大多还是停留在国家或区域层面，如何进行城市维度的转化和适应性挑战仍然是一个问题。此外，方法的适应性调整和优化也迫在眉睫。从理论上讲，定性分析和定量分析通常是我们惯用的数据分析方法，各有优缺点，但过多的定性分析会使结果不可避免地掺杂诸多主观因素，而这也是目前 GUMF 迫切需要解决的问题。再者，评估对象的规模和尺度越大，通常数据是较容易获取的，但 GUMF 是面向全球城市的监测框架，当城市规模较小时数据获取难度不断增大，如何突破数据获取瓶颈，也是当下 GUMF 框架在重点思索的问题。

# 03
CHAPTER

# Dynamics and Review of Related indices for Urban Sustainable Development

Urban Sustainable Development Index under the Background of SDGs

# 第 3 章
# 城市可持续发展相关指数动态及综述

3.1 综合性指数分析

3.2 主题性指数分析

3.3 总结与思考

围绕城市可持续发展评估议题，很多机构都开展了卓有成效的探索和研究。大致可以分为两大类：综合性指数和主题（行业、领域、国家/区域）性指数。

综合性指数主要有人类发展指数（Human Development Index, HDI），城市繁荣指数（City Prosperity Index，CPI），世界城市名册（Globalization and World Cities Study Group and Network，GaWC），全球城市实力指数（Global Power City Index，GPCI），全球城市竞争力指数（Global Urban Competitiveness Index，GUCI），全球城市指数（Global Urban Index, GUI），全球城市发展指数（Global City Development Index, GCDI）等。

主题（行业、领域、国家/区域）性指数有道琼斯（企业）可持续发展指数（The Dow Jones Sustainability Indexes，DJSI），营商环境报告（Business Environment Report，BER），全球城市营商环境指数（Global City Business Environment Index, GCBEI），全球最宜居城市指数（World's most livable cities, WMLCI），全球城市生活质量指数（Global City Life Quality Index, GCLQI），中国城市体检指标体系（China Urban Examination Index, GUEI）等。

城市可持续发展相关指数对比分析见表3.1。

## 3.1 综合性指数分析

**人类发展指数**

人类发展指数（HDI）是由联合国开发计划署（UNDP）在《1990年人文发展报告》中提出的，用以衡量联合国各成员国经济社会发展水平的指标，是对传统的GNP（国民生产总值）指标挑战的结果。HDI以"预期寿命、教育水平（预期受教育年限和平均受教育年限）和生活质量（人均国民收入）"三项基础为变量，将三个指标通过对数运算得出综合指标，目前UNDP发布的HDI主要以国家（地区）为主，城市层面的HDI研究大多由科研机构发布。虽然是由UNDP权威发布，但由于所选指标非常有限，HDI的覆盖性和代表性还是存在较大的争议。特别是预期寿命和教育年限指标区分度不显著时，人均国民收入水平权重占比过大，导致HDI从某种意义上由人均国民收入水平决定，以2020年的HDI排名为例，中国的HDI为0.761，排名第85位，与厄瓜多尔、圣卢西亚、阿塞拜疆、多米尼加、黎巴嫩等国处在一个水平。实事求是地讲，HDI和实际情况还是存在很大的背离，其借鉴指导意义非常有限。

**HDI**

表 3.1 城市可持续发展相关指数对比分析

| 序号 | 指数名称 | 机构部门 | 主要指标 | 主要方法 |
|---|---|---|---|---|
| 1 | 人类发展指数（HDI） | 联合国开发计划署（UNDP） | 预期寿命、教育水平和生活质量 | 预期寿命、教育水平和人均 GDP 的对数 |
| 2 | 城市繁荣指数（CPI） | 联合国人居署（UN-Habitat） | 生产力、基础设施、生活质量、平等及社会包容、环境的可持续性等 | 监测框架，定性描述和分析为主 |
| 3 | 世界城市名册（GaWC） | 全球化与世界城市研究网络（GaWC）和英国拉夫堡大学 | 国际性、影响力、人口、机场、交通、外资、通信设备、大学、文化气息、媒体、体育、港口等 | 调查问卷，专家打分等 4 个等级：Alpha（一线城市）、Beta（二线）、Gamma（三线）、Sufficiency（自足城市） |
| 4 | 全球城市实力指数（GPCI） | 日本森纪念财团 | 经济、研发、文化互动、宜居性、环境和可达性 | 调查问卷，公开数据，专家（主观）赋权后加权平均 |
| 5 | 全球城市竞争力指数（GUCI） | 中国社会科学院 | 经济竞争力（GDP 五年增量、地均 GDP）；可持续竞争力（高收入人口年增长、地均高收入人口） | 公开数据，用两个显性指标进行竞争力排名，其他指标辅助分析 |
| 6 | 全球城市指数（GCI） | 哥伦比亚大学 | 商业活动、人力资源、信息交流、文化积累及政治参与 | 调查问卷，公开数据，专家（主观）赋权后加权平均 |
| 7 | 全球城市发展指数（GCDI） | 上海全球城市研究院 | 全球网络连通性（40%），要素流量联通性（20%），要素流量联通性（40%） | 公开数据，专家（主观）赋权等 |
| 8 | 道琼斯（企业）可持续发展指数（DJSI） | 美国道琼斯公司（Dow Jones） | 公司管理、环境绩效、人力资本管理等 | 调查问卷，案例分析，专家（主观）赋权等 |
| 9 | 营商环境报告（BER） | 世界银行 | 对企业在"开办、扩建、经营和破产"这四个环节所需花费的"时间、成本和费用"进行评估 | 调查问卷和案例分析（人口最多城市为代表；人口过亿国家选择 2 个人口最多的城市） |
| 10 | 全球城市营商环境指数（GCBEI） | 上海发展战略研究所 | 市场发展、产业配套、基础设施、政府服务、要素供给、宜居品质、法律保障等 | 基于世界银行营商环境指数和 GaWC 城市分级，选择 19 个一线城市和深圳，专家（主观）赋权，最后加权平均 |
| 11 | 全球宜居城市指数（WMLCI） | 英国经济学人智库（EIU） | 治安、基础建设、医疗水平、文化环境及教育 | 调查问卷，公开数据，专家（主观）赋权后加权平均 |
| 12 | 全球城市生活质量指数（GCLQI） | 美国美世（Mercer）咨询公司 | 政治与社会环境、经济环境、治安、医疗健康、学校教育、公共服务、娱乐休闲、住房、自然环境等 | 调查问卷，公开数据，专家（主观）赋权后加权平均 |
| 13 | 中国城市体检指标体系（GUEI） | 中国住房和城乡建设部，中国城市规划设计研究院等 | 生态宜居、健康舒适、安全韧性、交通便捷、风貌特色、整洁有序、多元包容、创新活力 8 个方面 65 个指标 | 细分为导向指标和底线指标，以任务为导向，定性与定量 |

## 城市繁荣指数 CPI

城市繁荣指数（CPI）是由联合国人居署在 HDI 的基础上提出的，基本思路还是沿用了 HDI 的做法，不同之处就在于对 HDI 生活质量（人均国民收入）的指标进行了扩充，将生产力和生活质量作为城市繁荣的代表性指标，例如基础设施、平等及社会包容、环境可持续性等。CPI 的定位是一个基线设置、决策、政策对话和监测工具，使用不同的工具开发衡量城市城市化不同方面的产品。自联合国人居署 2012 年制定 CPI 以来，已经整合了许多其他指标，但联合国人居署尚未对 CPI 的整个方法进行系统审查。随后，联合国人居署将其定位为一个灵活的监测框架，不同城市可以根据这个框架进行自己的指标选择和方法优化。这强调了其灵活性和普适性，但是过于"灵活"的结果就是 CPI 可能会"名存实亡"。因此，核心的架构和目标、指标不进行相对固定，CPI 最后就仅仅是一个原则性的框架。

## 世界城市名册 GaWC

世界城市名册（GaWC）是由全球化与世界城市研究网络自 2000 年起发布的一项全球城市分级排名报告，其机构主要还是依托英国拉夫堡大学。GaWC 的排名主要依据十三类指标，分类选择的方式是抽样和调查分析，主观（专家）赋权之后进行排名。这些指标涉及国际性、影响力、人口、国际机场、港口、交通系统、外资吸引、公共交通、国际金融、教育机构、媒体、通讯、体育赛事等。根据这些标准，GaWC 将全球 361 个主要城市分为四个大的等级：Alpha（世界一线城市）、Beta（世界二线城市）、Gamma（世界三线城市）、Sufficiency（自给型城市，也可理解为世界四线城市），每个等级内部又会用加减号来标记该等级内的次级别。通过 20 年努力，GaWC 排名还是得到了很多人的关注，然而争议一直存在。如，一个城市系统有众多的指标，为何只选择这些指标，其依据是什么？他们之间的关联性是什么？指标和权重一旦发生变化，其排名也会随之变化，如何调控？等等。

## 全球城市实力指数

全球城市实力指数（GPCI）是由日本森纪念财团 (Mori Memorial Foundation) 旗下的城市战略研究所发布的研究指数。自 2008 年以来，其根据城市的"吸引力"或吸引世界各地有创造力的个人和企业的总体能力，对 40 多个主要城市进行排名。因此，GPCI 实际上是一个城市吸引力指数，类似于城市营商环境指数，只不过 GPCI 将其"吸引力"特征用综合性的表

## GPCI

述体现出来，并根据经济、研发、文化互动、宜居性、环境和可达性六大功能及相应指标来赋权、评分及排名。通过十多年的连续发布，GPCI 有了较大的国际影响力，也成为城市决策者的一个重要的参考指标。但是其评价体系的功能划分有待进一步的优化和完善，特别是在对社会维度、治理维度的关注方面。

## 全球城市竞争力指数 GUCI

全球城市竞争力指数（GUCI）是由中国社会科学院财经战略研究所发布。该指数评价了全球 1006 个城市的经济竞争力和可持续竞争力状况，衡量了全球各大城市的竞争力发展格局。该指数的发布也得到了同行的关注，其覆盖面较广，有近千个城市作为评价对象。其中，城市经济竞争力排名主要依据显示性指标（经济增量，即地均 GDP 变化），城市可持续竞争力排名主要依据显示性指标（人才增量，即地均高收入人才变化）。得到排名之后，再根据一些解释性指标来进行阐述。然而，这种单一显示性指标下的竞争力排名还是存在较大争议的。竞争力是一个系统性过程，显示性指标作用虽大，但权重过大之后会覆盖掉其他指标的显示度及作用，这就导致其系统性特征受到很大影响。此外，获取上千个城市的数据是一个非常庞大的过程，很多城市的数据是无法获取或官方就没有公布的，数据的可获取性和其质量透明度也存在较大的疑惑。

## 全球城市指数 GCI

全球城市指数（GCI）是由美国科尔尼管理咨询公司（Kearney）研究发布。全球城市指数衡量的是各城市的当前表现，衡量 5 个维度的 27 个指标，分别为：商务活动（资本流动、市场动态和主要公司现状，30%）；人力资本（教育水平，30%）；信息交流（通过互联网和其他媒体来源获取信息，15%）；文化积累（各种体育赛事，博物馆和其他博览会，15%）；政治参与（政治事件，智库和使馆，10%）。从其 2020 年排名结果来看，排在前十位的分别是纽约、伦敦、巴黎、东京、北京、香港、洛杉矶、芝加哥、新加坡、华盛顿特区，前十位美国有 4 个城市、中国有 2 个城市，中国的上海、台北、广州、深圳分别位于第 12、44、63、75 位。该排名与 GaWC 的全球城市排名的吻合度是比较高，但与其他指数排名的通病在于指标选择的合理性和科学性有待商榷，权重分配的主观性仍然明显。这就和前面的分析一样，权重一变，所有的结果就都会改变。

**全球城市发展指数 GCDI**

全球城市发展指数（GCDI）是由上海全球城市研究院从全球网络连通性、要素流量连通性、发展成长性三个维度设计的指数。其中，网络连通性指数权重为40%，内容包括城市网络联系能级、网络辐射能力、网络吸引力、网络"通道"作用、关联城市影响力等；要素流量指数权重占40%，内容包括贸易流、资本流、科技流、文化流、人员流、信息流等；发展成长性指数权重占20%，主要指基础设施、人力资本、营商环境、生活居住环境、经济活力、潜在发展外部环境等。GCDI与其他指数类似，也设计了很多的一级、二级指标，指标的跨度和覆盖面比较大，同时也进行了权重分配。但指标之上的思想统领问题，指标之间的关联性问题，指标筛选的科学性问题，权重分配的客观性问题仍然有待进一步的探索和明晰。

## 3.2 主题性指数分析

**道琼斯（企业）可持续发展指数 DJSI**

道琼斯（企业）可持续发展指数（DJSI）是由美国道琼斯公司(Dow Jones)于1999年启动的企业指数研究，主要目的是从经济、社会及环境三个方面，以投资角度评价企业可持续发展的能力。该指数的特点是聚焦三类指标，即经济（公司管理等）、环境（环境绩效等）、社会（人力资本管理等）。所采用的数据主要是通过调查问卷、公司文件、公共信息、与公司直接联系四种渠道采集。与很多其他指数不同的是，道琼斯公司选择普华永道咨询公司对指数进行外部审计，论证其程序的合理合规。但是，由于最终的指数结果也是采取主观（专家）权重分配的方式进行指数求解，并且在公开资料中并没有详细地阐明其权重的分配依据和标准，所以无法确定其科学性。但是由于道琼斯公司本身的知名度和普华永道公司的参与，DJSI在企业可持续发展评估领域还是具有很大的影响力。

**营商环境报告**

营商环境报告（BER）是世界银行每年发布的权威评级报告，对190个经济体的营商法规及其执行进行度量。这一报告主要采取问卷调查和案例分析的方法，从企业"生命周期"的视角出发，对企业在"开办、扩建、经营和破产"这四个环节所需花费的"时间、成本和费用"进行评估。BER首次发布于2003年，主要基于11个具体营商指标，但大多数指标集涉及各经济

## BER

体中最大的商业城市的一个案例情景，但对11个人口数超过1亿的经济体（孟加拉国、巴西、中国、印度、印度尼西亚、日本、墨西哥、尼日利亚、巴基斯坦、俄罗斯和美国），将数据采集范围扩大到第二大商业城市。这个11个经济体的数据是对2个最大商业城市的人口加权平均值。其特点就是用1~2个代表案例城市的情景分析，得出城市所在国家（区域）或经济体的营商环境。其不足之处在于每个经济体内部城市的差异化是非常明显的，"以偏概全"是大家对BER最大的争议所在。

## GCBEI 全球城市营商环境指数

全球城市营商环境指数（GCBEI）是由上海发展战略研究所在世界银行BEI和GaWC城市分级的基础上，选择了20个样本城市（19个世界一线城市和深圳），从市场发展、产业配套、基础设施、政府服务、要素供给、宜居品质和法律保障等七个方面，总计41个指标来构成全球城市营商环境评价指标体系。GCBEI实际是对世界银行BEI的一个具体应用和延展，直接从城市维度寻求其营商环境问题，为城市决策者提供重要的参考。但是，GCBEI七个方面的理论诠释有待进一步加强，指标之间的逻辑关联性和筛选依据及标准的科学性问题有待进一步解决。此外，与其他指数一样，主观（专家）赋权仍然是一个较大的问题，对于如何体现不同城市间权重比例的科学性和公平性，GCBEI并没有做系统性的阐述。

## WMLCI 全球最宜居城市指数

全球最宜居城市指数（WMLCI）是英国经济学人智库（Economist Intelligence Unit，EIU）通过对全球140个城市进行调查，根据治安、基础建设、医疗水平、文化与环境及教育等指标进行评估评选出来的结果，每年进行两次调查。由于指标权重的倾向性、数据和计算方法的模糊性，其结果争议是比较大的。例如，2018年中国大陆的一线城市，北京排第75位，上海排第81位，深圳排第82位，广州排第95位。其结果和事实存在很大的背离，相比而言这些城市的治安状况都是非常好的，刑事犯罪率远低于欧美很多大城市，其基础设施建设水平有目共睹，特别是固定资产投资力度远高于很多欧美城市；此外，医疗、教育等公共服务投入和水平也在逐年提升。虽然不可否认的是，环境状况相比于其他欧美城市还有很大的提升空间。但即使是初步的综合分析，中国大陆的这四个城市的宜居排名也不至于如此，更何况这四个城市总计有近1亿的常住人口。

## 全球城市生活质量指数 GCLQI

全球城市生活质量指数（GCLQI）由美国美世咨询公司（Mercer）发布。该指数最初的目的是希望为跨国公司在派遣员工承担国际工作时可以依据当地生活质量水平提供相应的薪酬待遇。其调查的信息主要聚焦在城市娱乐、住房提供、经济环境、商品供给、公共服务与交通、政治与社会环境、自然环境、社交环境、学校与教育、医疗与健康等方面。多年来，该公司对全球多个城市进行调查，并发布 GCLQI 排名。然而，该指数与 WMLCI 有类似的争议，即指标权重的倾向性、数据和计算方法的模糊性等问题，而且极易对大众产生误导。以 2019 年该指数的排名为例，中国大陆城市都在 100 名以后，上海排第 103 位、北京排第 120 位、广州排第 122 位和深圳排第 132 位，四个一线城市的生活质量远低于南美和非洲的很多城市，这和实际情况是极不相符的。这里需要说明的是，不是因为其把中国的城市排在后面就判定该指数有问题，而是排名结果不符合大众的常识性判断和基本认知水平。

## 中国城市体检指标体系 GUEI

中国城市体检指标体系（GUEI）是由中国住房和城乡建设部联合中国城市规划设计院、清华大学等机构设计的指数。该指数从生态宜居、健康舒适、安全韧性、交通便捷、风貌特色、整洁有序、多元包容、创新活力八个方面，从导向性和底线约束性两个方面遴选出 65 个指标对城市发展问题进行及时体检，基本脉络是寻找问题、发现问题、分析问题和解决问题的思路。这些指标具有较强的实际指导意义，换言之，这些指标既是目前的主要工作任务，也是接下来的主要努力方向。该指标体系与联合国人居署的 CPI 类似，更强调其原则性和框架性，为此需要不同的城市在此框架下进行灵活的运用和相关的机制设计。部分指标的落地性和数据的可获取性仍然是一大挑战，特别是指数实现成本的控制，包括数据收集等。因此，如何对其更好地集成和落地是未来需要着重解决的问题。

## 3.3 总结与思考

从对目前已有的这些指数的分析情况来看，各指数在不同的方面和领域都积累了较长的时间，这些探索和努力也取得了丰硕的成果，为城市发展做出了很大的贡献。然而，一些共性的问题和挑战也值得我们进行深入的思考。其一，极少有权威性的指数围绕《2030年可持续发展目标》和《新城市议程》展开，这两个文件是城市可持续发展的纲领性文件，如何在紧扣它们的同时又能落地关键目标和指标，亟待我们探索和解决。其二，指数缺少理论和思想支撑。已有大多数指数的特点是通过对一系列指标的分析，最终得到一个综合指数和排名。但是这些指标的理论支撑和思想统领是什么？并没有交代清楚。其三，绝大多数指数采用的方法都是人为（专家）主观赋权，最终加权平均后得到一个数值，就是指数结果，赋权的客观性和公平性无法保证。这类方法最大的争议就在于主观因素过重导致数据的客观性呈现严重缩水或偏离，权重一旦变化，结果会随之发生变化。其四，指标遴选方法的科学性值得商榷。在众多的指标中为何挑选这些指标来支持该指数？遴选依据是什么？方法是否科学严谨？其五，数据的透明度和可回溯问题尚存疑。目前大多数指数研究只公布最终的结果，往往对数据进行模糊处理，也不提供数据溯源报告。其六，结果的客观性问题依然存在。不论是综合性指数还是主题性指数，其结果要基本符合大家的常识性判断和认知水平，不能掺杂其他倾向性推断来误导大众，等等。这些问题都需要我们不断地思考和探索，力争在全球城市可持续发展指数研究方面做出新的尝试和探究。

# 04
CHAPTER

# The Overall Design of "SDGs - Urban Index"

Urban Sustainable Development Index under the Background of SDGs

# 第 4 章
# "SDGs - 城市指数"整体设计方案

4.1 战略定位

4.2 整体架构

4.3 指标体系基本框架

4.4 指标遴选标准及机制

4.5 指标的界定和诠释

4.6 数据收集及标准化

4.7 评估模型的设计

4.8 评估结果分档分级思路

## 4.1 战略定位

"SDGs-城市指数"的战略定位是"以人为本、五位一体和对标国际"。首先，《2030年可持续发展议程》的17个目标及其背后的169个具体任务和200多个指标是"全球城市可持续发展指数"的重要支撑，也是"对标国际"的重要依据。其次，将这些目标、任务和指标分类提炼，与"五位一体"（即经济、社会、环境、文化和治理）的思想进行很好的匹配，形成指数的理论思想依据。再者，"全球城市可持续发展指数"的核心是"以人为本"，所有的指标都应当体现城市发展过程中"以人为本"的核心要义，具体可总结为人生出彩机会、有序参与治理、享有品质生活、切实感受温度、拥有归属认同。"SDGs-城市指数"概念框架如图4.1所示。

图 4.1 "SDGs-城市指数"概念框架

## 4.2 整体架构

"SDGs-城市指数"整体架构是"1+5+N"。其中，"1"代表综合指数，"5"代表五大子指数（经济、社会、环境、文化和治理），"N"代表主题性指数，可根据不同主题和各城市不同发展重点和亮点来设立主题性指数。基本架构的底层支撑由指标构成，指标分为核心指标和适应性指标，即以核心指标为主，根据城市发展水平和人口规模选择相应的适应性指标。这些指标的依据就是SDGs、NUA、GUMF和国际权威机构的主流指标。"SDGs-城市指数"整体架构如图4.2所示。

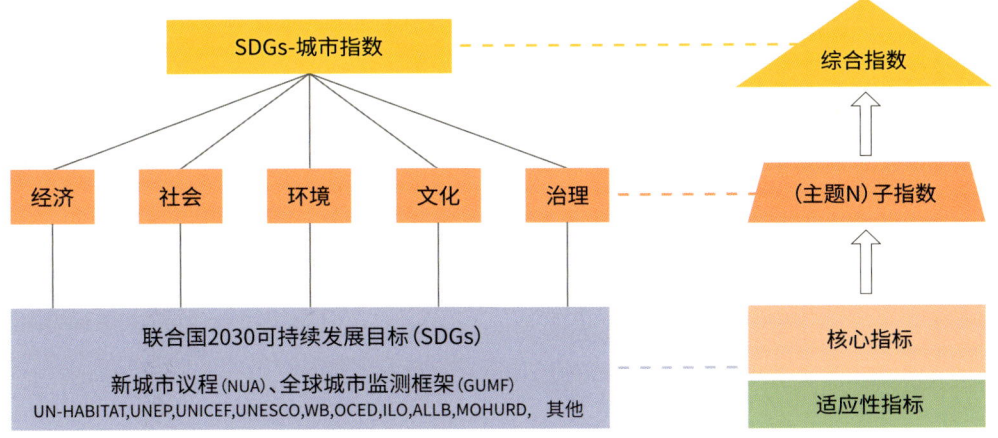

图 4.2 "SDGs-城市指数"整体架构

## 4.3 指标体系基本框架

"SDGs-城市指数"指标体系由两大部分组成，即核心指标和适应性指标。核心指标的作用是全球性覆盖，面对不同发展水平和人口规模的城市，核心指标都是通用且稳定的；适应性指标是在核心指标之外，根据城市发展水平和人口规模不同进行分类筛选。核心指标和适应性指标的比例基本控制在 7:3 或 8:2。因此，核心指标构成了"SDGs-城市指数"指标体系的基础并维系整个体系的稳定性，而适应性指标是实事求是，不搞"一刀切"的本意所在。指标体系与整个指数的概念框架和基本架构都是一一对应的，即从经济、社会、环境、文化和治理五大维度进行分类筛选，实现真正的"五位一体"。与此同时，兼顾 SDGs 中第11 项目标的子目标（安全和平、包容性、灾害抵御能力和可持续性），但需要说明的是，"SDGs-城市指数"不是仅局限于 SGDs 的第 11 个目标，而是面向整个 SDGs 的。"SDGs-城市指数"指标体系基本框架如表 4.1 所列。

表 4.1 "SDGs-城市指数"指标体系基本框架

| 指标体系 | 核心体系（Core Indicators） | 适应性指标（Adapted Indicators） |
|---|---|---|
| 经济（Economy） | | |
| 社会（Society） | | |
| 环境（Environment） | | |
| 文化（Culture） | | |
| 治理（Governance） | | |
| 指标数量及占比 | （70%~80%） | （20%~30%） |

## 4.4 指标遴选标准及机制

指标遴选重点围绕五个标准：① 权威性，对标 SDGs，入选指标应是全球城市可持续评估的国际主流指标；② 客观性，指标应能够客观代表"SDGs - 城市指数"中经济、社会、环境、文化和治理五大维度的主要方向和内涵；③ 科学性，指标遴选及体系设计方法各过程必须遵循科学精神和方法，严格按照科学流程来进行；④ 可获取性，指标对应的数据应当易获取，或者通过大数据、人工智能等其他辅助工具能较快速实现；⑤ 适应性，指标体系要留一个接口，每年根据实际情况进行适应性调整和动态优化，从而实现其最优表达。

指标遴选机制主要聚焦十个方面（表 4.2），主要思路就是在遴选标准的指导下，聚焦重点，从全球权威机构的海量指标中科学遴选出具有代表性和可操作性的指标。其中，与 SDGs，NUA，GUMF 和国际权威机构的强关联性是重要遴选依据（表 4.3）。此外，指标是否体现了"以人为本"理念，是否与国家或区域政策匹配，指标边界的一致性，数据的可获取性和适应性等都是重要考虑因素。根据每个指标属性，最终按照权重比例进行分数加总，从高到低排序后得到第一轮的指标库。在此基础上，根据研究目标和重点进一步细化和优化指标，进而得到"SDGs - 城市指数"的指标体系。

表 4.2 "SDGs - 城市指数"指标遴选机制

| 序号 | 指标遴选依据 | 遴选权重分配 |
| --- | --- | --- |
| 1 | 2030 年可持续发展目标（SDGs）、任务及指标的相关性 | 3= 直接相关；1= 间接相关；0= 暂不相关 |
| 2 | 《新城市议程》（NUA）主要目标及任务的相关性 | 3= 直接相关；1= 间接相关；0= 暂不相关 |
| 3 | 全球城市监测框架（GUMF）主要目标及任务的相关性 | 3= 直接相关；1= 间接相关；0= 暂不相关 |
| 4 | 其他相关主流国际机构（权威部门）指数（指标）的参考价值 | 3= 重要参考；1= 有限参考；0= 暂无参考 |
| 5 | 城市所在国家（地区）可持续发展政策的关联性 | 3= 强关联性；1= 弱关联性；0= 暂无关联性 |
| 6 | "以人为本"（人民城市）内涵的关联性 | 3= 强关联性；1= 弱关联性；0= 暂无关联性 |
| 7 | "五位一体"各维度协同发展的代表性 | 3= 强代表性；1= 弱代表性；0= 暂无代表性 |
| 8 | 国际城市间指标含义及边界的一致性 | 3= 强一致性；1= 弱一致性；0= 大差异性 |
| 9 | 指标数据的获取难易程度 | 3= 易获取；1= 较难获取；0= 暂无法获取 |
| 10 | 指标模型适应性调整的难易程度 | 3= 易调整；1= 较难调整；0= 暂无法调整 |
| 指标 | 综合得分 | |

表 4.3 "SDGs - 城市指数"指标体系的主要关联机构（部门）

| 序号 | 简称 | 全称 |
|---|---|---|
| 1 | SDGs | Sustainable Development Goals（联合国 2030 年可持续发展目标） |
| 2 | NUA | New Urban Agenda（新城市议程） |
| 3 | GUMF | Global Urban Monitoring Framework（全球城市监测框架） |
| 4 | UN-Habitat | United Nations- Habitat（联合国人居署） |
| 5 | UNEP | United Nations Environment Programme（联合国环境规划署） |
| 6 | UNICEF | United Nations International Children's Emergency Fund（联合国儿童基金会） |
| 7 | UNESCO | United Nations Educational, Scientific and Cultural Organization（联合国教科文组织） |
| 8 | WB | World Bank（世界银行） |
| 9 | OECD | Organization for Economic Co-operation and Development（经济合作组织） |
| 10 | ILO | International Labour Organization（国际劳工组织） |
| 11 | AIIB | Asian Infrastructure Investment Bank（亚洲基础设施投资银行） |
| 12 | MOHURD (CPEI) | Ministry of Housing and Urban-Rural Development of the People's Republic of China (City Physical Examination Index)<br>中华人民共和国住房和城乡建设部（城市体检指数） |

## 4.5 指标的界定和诠释

根据"SDGs - 城市指数"的整体设计目标和重点，通过层层筛选和论证，现阶段已遴选出 45 个指标，构成了指标体系的 1.0 版本（表 4.4），具体指标的界定和诠释样表见表 4.5，详细信息见附表 1。其中 80% 为核心指标，20% 为适应性指标。需要说明的是，此处的 20% 左右的适应性指标主要是基于上海对标的国际都市的基本特点遴选出来的，未来根据不同发展水平的城市和人口规模，会对 20% 左右的适应性指标进行替代或优化，从而更好地贴合城市发展的实际情况。

表 4.4 "SDGs - 城市指数"指标体系

| 指标类别 | 序号 | 经济 | 社会 | 环境 | 文化 | 治理 |
|---|---|---|---|---|---|---|
| 核心指标 | 1 | GDP 增长率 | 医疗设施供给率 | 生活污水产生量 | 城市文化认同感 | 财政依存度 |
| | 2 | 居民可支配收入增长率 | 基础教育完成率 | 生活垃圾产生量 | 大众文化丰富度 | 地方政府负债率 |
| | 3 | 消费价格指数 | 基本医保覆盖率 | 空气质量 | 历史文物关注度 | 公共安全风险 |
| | 4 | 失业率 | 基本住房保障 | 公共绿地空间 | 文化设施覆盖率 | 数字化治理水平 |
| | 5 | 固定资产投资贡献率 | 公共交通共享率 | 二氧化碳排放量 | 信息获取便利度 | 社会组织参与度 |
| | 6 | 互联网渗透率 | 社会公共事务参与度 | 环保活动公众参与意愿 | 旅游市场贡献率 | 城市综合治理公众满意度 |
| 适应性指标 | 7 | 外商直接投资贡献率 | 人口密度 | 能耗强度 | 国际文化交流活跃度 | 法律服务供给 |
| | 8 | 金融市场竞争力 | 儿童健康水平 | 可再生能源占有率 | 文创产业贡献率 | 专业人才分布密度 |
| | 9 | 进出口贸易贡献率 | 预期寿命 | 自然灾害防范知识熟知度 | 知识创新投入强度 | 公共突发事件应急响应公众认可度 |

表 4.5 "SDGs - 城市指数"指标界定及关联性分析样表

| 指标名称 | | | | | | | | | |
|---|---|---|---|---|---|---|---|---|---|
| 所属维度 | | | | | | | | | |
| 指标含义 | | | | | | | | | |
| 以人为本（人民城市） | 人生出彩机会 | 有序参与治理 | | 享有品质生活 | 切实感受温度 | | 拥有归属认同 | | |
| 与 SDGs 的关联性 | | | | | | | | | |
| 与 NUA 的关联性 | | | | | | | | | |
| 与 GUMF 的关联性 | | | | | | | | | |
| 相关国际机构（政府部门）主流指数（指标）关联性 | UN-Habitat | UNEP | UNICEF | UNESCO | WB | OECD | ILO | AIIB | MOHURD | 其他 |
| 方法 / 模型 | | | | | | | | | |
| 主要数据来源 | | | | | | | | | |

## 4.6 数据收集及标准化

数据收集主要分为两个大的思路。其一，以公开的权威数据为主。在各城市的官方统计网站、统计年报、政府工作报告等文件中查阅，联合国下属机构、世界银行、亚投行、经济合作组织、国际劳工组织等机构的数据库和发布的权威报告也是重要的参考依据。其二，涉及社会参与、公众认可度、满意度等方面的问题通过调查问卷的形式在相应城市的大众中进行抽样调查，最后以样本均值来表示指标数据。

由于指标体系各个层面的具体指标存在差异，因此要对所有指标数据进行标准化处理，将指标分为成本型和收益型。如标准化模型所示：

$$Y_{ij} = \frac{X_{ij}-X_{j.min}}{X_{j.max}-X_{j.min}} \quad \text{（成本型）}$$

$$Y_{ij} = \frac{X_{j.max}-X_{ij}}{X_{j.max}-X_{j.min}} \quad \text{（收益型）}$$

以上标准化模型（成本型）和（收益型）中，$X_{ij}$（$i$=1, 2, 3, ⋯, $m$; $j$=1, 2, 3,⋯, $n$）为各指标的实际值，表示第 $i$ 年第 $j$ 个评价指标。$Y_{ij}$（$i$=1, 2, 3, ⋯, $m$; $j$=1, 2, 3,⋯, $n$）表示第 $i$ 年第 $j$ 个评价指标标准化后的数值。$X_{j.min}$ 和 $X_{j.max}$ 则表示第 $j$ 个指标的最小值和最大值。

## 4.7 评估模型的设计

在以往研究和实践的基础上，可持续发展绩效评估的基础模型将采用博弈 DEA 模型，并结合"全球城市可持续发展指数"的特点和目标进一步优化，最终实现以数据驱动为主的城市可持续发展绩效评估模型。采用的该评估模型有三大特点：

其一，核心是评估一个城市"单位投入"之后的可持续发展绩效水平，将大家放在一个标准下进行评估，可实现一个城市历史维度的纵向绩效变化分析和多个城市间横向绩效分析。

其二，尽可能削弱人为赋权的主观干扰。现有的大多评估模型中，支撑指数的指标间关系主要以主观（专家）赋权为主，优点在于简单易操作，但缺点是人为主观因素过多，权重比例的变化将直接导致评估结果出现很大的差异，赋权比例的科学性和结果的稳定性都难以保障。"SDGs - 城市指数"所采用的优化博弈 DEA 模型力求最大程度地削弱主观干扰，主要以数据驱动为主。

其三，确保城市间可持续绩效评估的公平性和接受度。通过优化的博弈 DEA 模型，每次的博弈迭代基础都是尽可能确保公平性，即下一轮的博弈都是在上一轮博弈过程中大家的平均水平基础之上，通过反复博弈最终实现大家的整体期望和个体期望之间的距离越来越小，进入一定范围之内后结束博弈，从而最大化大家的接受度和公平性。

以下是"SDGs - 城市指数"可持续绩效评估模型的主要优化过程：

将城市可持续发展绩效评估的具体维度和领域看作一个个决策单元模块（$DMUs$），假设有 $n$ 个被评估的 $DMUs$，每个 $DMU$ 有 $m$ 种类型的投入和 $s$ 种类型的产出，$DMU_j$ ($j$=1, 2, 3,…, $n$) 的第 $i$ 个投入和第 $r$ 个产出分别表示为 $x_{ij}$ ($i$=1, 2, 3,…, $m$) 和 $y_{rj}$ ($r$=1, 2, 3,…, $s$)。对于任意给定的 $DMU_d$，建立相应的 CCR 模型来计算绩效值[1]：

$$Max \sum_{r=1}^{s} \mu_r y_{rd} = \theta_d$$

$$s.t. \sum_{i=1}^{m} \omega_i x_{ij} - \sum_{r=1}^{s} \mu_r y_{rj} \geq 0, j = 1, 2, 3, \cdots, n, \quad (4.1)$$

$$\sum_{i=1}^{m} \omega_i x_{id} = 1,$$

$$\omega_i \geq 0, i = 1, 2, 3, \cdots, m,$$

$$\mu_r \geq 0, r = 1, 2, 3, \cdots, s.$$

对于每个 $DMU_d$ ($d$=1, 2, 3,…, $n$)，通过式（4.1）可以获得一组最佳权重（乘子）$\omega_{1d}^*, …, w_{md}^*, \mu_{1d}^*, …, \mu_{sd}^*$。在这组权重集合下，决策单元 $DMU_j$ ($j$=1, 2, 3,…, $n$) 的 $k$- 交叉绩效定义为：

---

1. Tavana M, et al. Efficiency decomposition and measurement in two-stage fuzzy DEA models using a bargaining game approach [J]. Computers & Industrial Engineering, 2018(118): 394408.

$$E_{dj} = \frac{\sum_{r=1}^{s} \mu_{rd}^* y_{rj}}{\sum_{i=1}^{m} \omega_{id}^* x_{ij}}, d, j = 1, 2, 3, \cdots, n. \tag{4.2}$$

$DMU_j$ ($j$=1, 2, 3, ⋯, $n$) 的交叉绩效值定义为所有 $k$- 交叉绩效 $E_{dj}$ ($d$=1, 2, 3, ⋯, $n$) 的平均值:

$$\bar{E}_j = \frac{1}{n} \sum_{d=1}^{n} E_{dj}, \tag{4.3}$$

在城市可持续发展绩效评估过程中，不同城市在经济、社会、环境、文化和治理维度的发展水平都是不同的，大家都希望将自己的优势领域和维度的权重比例放到最大，这样一来，个体在寻求自身利益最大化的过程中，如果没有外力的干扰或公平且能接受的机制设计，绝大多数个体就很难通过简单的牺牲私利而去寻求整体利益最大化，因此存在非合作博弈关系。考虑到 $DMU$ 之间存在非合作博弈的关系，即认为所有 $DMU$ 之间会相互竞争，则需要设计公平的机制来解决非合作博弈问题。假设 $DMU_d$ 的绩效值为 $\alpha_d$，其他 $DMU_j$ 需保证在 $\alpha_d$ 不降低的前提下最大化自身的绩效值，则 $DMU_j$ 相对于 $DMU_d$ 的博弈交叉效率定义为[1]：

$$\alpha_{dj} = \frac{\sum_{r=1}^{s} \mu_{rj}^d y_{rj}}{\sum_{i=1}^{m} \omega_{ij}^d x_{ij}}, d = 1, 2, 3, \cdots, n, \tag{4.4}$$

其中，$\mu_{rj}^d$ 和 $\omega_{ij}^d$ 是式（4.5）的最优权重值，$\alpha_{dj}$ 的下标 $dj$ 表示 $DMU_j$ 只能选择不降低 $DMU_d$ 当前绩效值的权重向量。其次，式（4.4）中的权重仅是 CCR 模型式（4.1）的可行解，而并不要求是最优权重，这样的定义允许 $DMU_s$ 选择（协商）一组利于所有待评价的 $DMU$ 的权重值。

为了计算式（4.4）定义的博弈 $d$- 交叉绩效，对于每个决策单元 $DMU_j$，考虑如下线性规划问题：

$$\begin{aligned}
\text{Max} & \sum_{r=1}^{s} \mu_{rj}^d y_{rj} \\
s.t. & \sum_{i=1}^{m} \omega_{ij}^d x_{il} - \sum_{r=1}^{s} \mu_{rj}^d y_{rl} \geq 0, l = 1, 2, 3, \cdots, n, \\
& \sum_{i=1}^{m} \omega_{ij}^d x_{ij} = 1, \\
& \alpha_d \times \sum_{i=1}^{m} \omega_{ij}^d x_{id} - \sum_{r=1}^{s} \mu_{rj}^d y_{rd} \leq 0, \\
& \omega_{ij}^d \geq 0, i = 1, 2, 3, \cdots, m, \\
& \mu_{rj}^d \geq 0, r = 1, 2, 3, \cdots, s,
\end{aligned} \tag{4.5}$$

---

1. Ding L, et al. Assessing industrial circular economy performance and its dynamic evolution: An extended Malmquist index based on cooperative game network DEA[J]. Science of The Total Environment, 2020(731): 139001.

其中，$\alpha_d \leq 1$ 为参数。在算法开始时，$\alpha_d$ 初始值选取为 $DMU_d$ 的传统平均交叉效率值（4.3）；当算法收敛时，$\alpha_d$ 为最优（平均）博弈交叉效率值。模型（4.5）被称为 DEA 博弈 $d$- 交叉绩效模型。

注：式（4.5）在 $DMU_d$ 的绩效值（$\sum_{r=1}^{s}\mu_{rj}^d y_{rd}/\sum_{i=1}^{m}\omega_{ij}^d x_{id}$）不低于给定 $\alpha_d$ 的前提下最大化 $DMU_j$ 的绩效，因此 $DMU_j$ 的绩效受限于 $DMU_d$ 的绩效不低于其传统平均交叉绩效的约束。

令 $\mu_{rj}^{d*}(\alpha_d)$ 为式（4.5）的最优解，对于每个 $DMU_j$，式（4.5）将被求解 $n$ 次，则决策单元 $DMU_j$ 的平均博弈交叉绩效表示为：

$$\alpha_j = \frac{1}{n}\sum_{d=1}^{n}\sum_{r=1}^{s}\mu_{rj}^{d*}(\alpha_d)y_{rj} \qquad (4.6)$$

该算法的基本思想是以式（4.3）定义的传统交叉绩效值作为 $\alpha_d$ 的初始值，通过求解式（4.5），得到每个决策单元 $DMU_j$ 关于 $DMU_d$ 的博弈 $d$- 交叉绩效值。对每个 $d$ 重复这个过程，将得到的目标函数的平均值作为新的 $\alpha_d$。当连续两次的差值收敛于 $\varepsilon$ 时，算法终止。

算法具体步骤如下[1]：

1）求解式（4.1），得到一组初始平均 DEA 交叉绩效值（4.3）。令 $t=1$ 且 $\alpha_d = \alpha_d^1 = \bar{E}_d$。

2）求解式（4.5），令

$$\alpha_j^2 = \frac{1}{n}\sum_{d=1}^{n}\sum_{r=1}^{s}\mu_{rj}^{d*}(\alpha_d^1)y_{rj},$$

或一般形式：

$$\alpha_j^{t+1} = \frac{1}{n}\sum_{d=1}^{n}\sum_{r=1}^{s}\mu_{rj}^{d*}(\alpha_d^t)y_{rj},$$

其中，$\mu_{rj}^{d*}(\alpha_d^t)$ 表示在模型（4.5）中当 $\alpha_d = \alpha_d^t$ 时，$\mu_{rj}^d$ 的最优解。

3）当存在某些 $j$，使得 $|\alpha_j^{t+1} - \alpha_j^t| \geq \varepsilon$（$\varepsilon$ 为一个很小的数）时，令 $\alpha_d = \alpha_d^{t+1}$ 并回到步骤 2；当对于任意给定的 $j$，均满足 $|\alpha_j^{t+1} - \alpha_j^t| \leq \varepsilon$ 时，算法终止，且 $\alpha_j^{t+1}$ 为 $DMU_j$ 最优平均博弈交叉绩效值。

通过对博弈 DEA 模型的不断优化，分类求解模型之后得到城市可持续发展绩效值，该绩效值就是"SDGs - 城市指数"的量化值。从某种程度而言，城市实现

---

1. Wang M, et al. Assessing the performance of industrial water resource utilization systems in China based on a two-stage DEA approach with game cross efficiency[J]. Journal of Cleaner Production, 2021(312):127722.

可持续发展的一个重要信号就是在单位投入最小或可控的情况下，能够获得相对大的收益，而这一前一后就集中体现在绩效水平上。所以说，城市可持续发展水平的评估关键是要弄清楚其绩效问题，进而反向推理，找到影响可持续绩效水平的关键指标和变量，通过不断的优化进而让整个城市的可持续绩效水平不断提高，这也正是联合国 SDGs 的核心所在。

## 4.8 评估结果分档分级思路

为更好地反映"SDGs - 城市指数"的适应性特征，我们采取分档分类的思路对各城市的可持续发展综合水平及各维度的绩效水平进行评估。将各城市的可持续发展绩效值大致以 0.05 档间距为标准进行等级区分，从而对应相应的等级，总体形成"四档十级"的基本架构（表 4.6）。第一梯队聚焦的绩效值在 [0.95，1]，定位 A 档；第二梯队在 [0.8，0.95)，将其细分为 B+，B 和 B- 三个等级；第三梯队在 [0.65，0.8)，将其细分为 C+，C 和 C- 三个等级；第四梯队也分三个等级，但各等级之间的绩效值区间稍有差异，D+ 代表 [0.6，0.65) 的水平，D 代表 [0.5，0.6) 的水平，D- 则代表 0.5 以下的绩效水平。按照该思路，未来当"SDGs - 城市指数"的评估城市规模数量较大时，分档分级的定位和分析更具有实操性，一方面，让每个城市对自己的可持续发展水平有一个清晰的判断和基本的定位，并且从纵向可以看到其变化的总体特征；另一方面，在进行城市间的横向比较时，能够更好地找到参照系，从而让城市可持续发展评估能够更好地服务于城市可持续管理。

表 4.6 "SDGs - 城市指数"分档分级参考标准

| 等级划分 | 数值区间 | 梯队划分 |
| --- | --- | --- |
| A | [0.95, 1] | 第一梯队 |
| B+ | [0.9, 0.95) | 第二梯队（I级、II级、III级） |
| B | [0.85, 0.9) | |
| B- | [0.8, 0.85) | |
| C+ | [0.75, 0.8) | 第三梯队（I级、II级、III级） |
| C | [0.7, 0.75) | |
| C- | [0.65, 0.7) | |
| D+ | [0.6, 0.65) | 第四梯队（I级、II级、III级） |
| D | [0.5, 0.6) | |
| D- | [0, 0.5) | |

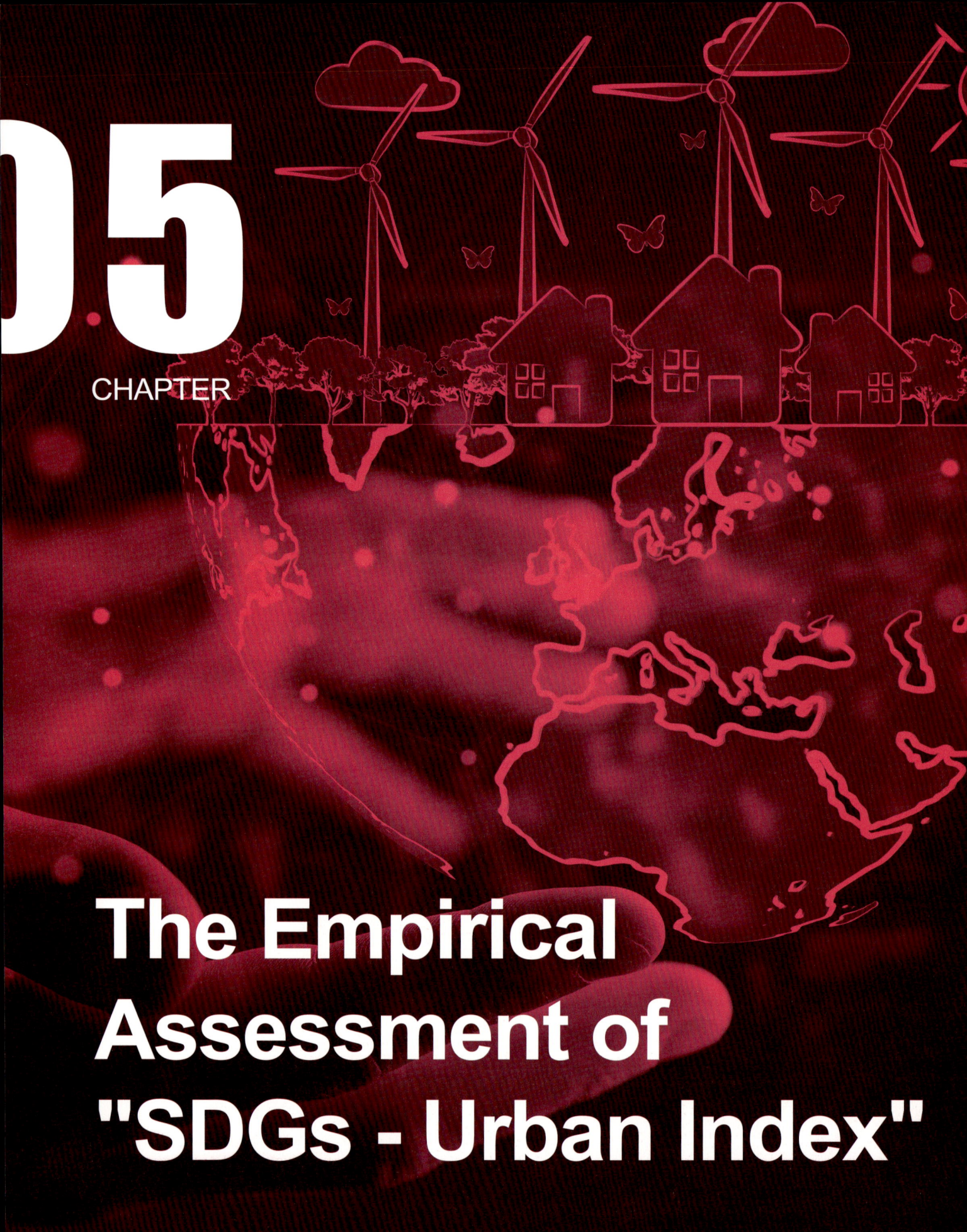

# 05
## CHAPTER

# The Empirical Assessment of "SDGs - Urban Index"

Urban Sustainable Development Index under the Background of SDGs

# 第 5 章
# "SDGs - 城市指数" 实证评估

5.1 十大试点城市基本情况

5.2 十大试点城市指数变化的宏观分析

5.3 十大试点城市指数变化的微观解释

围绕"SDGs-城市指数"的五大维度及其核心指标，我们将从历史发展的角度来系统性地对比分析 2015—2020 年期间十大试点城市（上海、北京、香港、新加坡、东京、首尔、纽约、伦敦、巴黎、柏林）的具体发展状况，从而更好地支撑和阐释综合指数及其子指数结果。选择从 2015 年开始的主要原因是基于 SDGs2015 年在全球正式确立的事实。选择十大城市的主要考量有以下几点：其一，研究初始阶段，大城市的数据相对较为完整且易获取，指数研究的关键性技术突破需要高质量的数据支撑；其二，选择上海对标的部分国际城市进行先行试点，有较为充足的前期研究积累，也能更好地先行为上海及全球一线城市的可持续发展研究提供重要的决策支撑；其三，本着实事求是的研究态度，希望通过实证评估，指标体系和方法模型不断优化且稳定之后，下一步将对不同发展水平和人口规模的全球主要城市进行分档分级科学评估。

## 5.1 十大试点城市基本情况

十大试点城市总辖区面积为 42689 平方公里，平均为 4268.9 平方公里（图 5.1）。超过均值的城市有三个，其中北京和巴黎都超过了 10000 平方公里，北京为 16410.54 平方公里，大巴黎地区为 12069 平方公里，而上海为 6340.5 平方公里。东京的辖区面积为 2190.93 平方公里，大伦敦地区为 1572 平方公里，香港为 1106 平方公里。其他几个城市都不足 1000 平方公里，辖区面积最小的为首尔，为 605.25 平方公里，紧接着是新加坡为 719.1 平方公里，纽约和柏林分别是 783.7 平方公里和 892 平方公里。

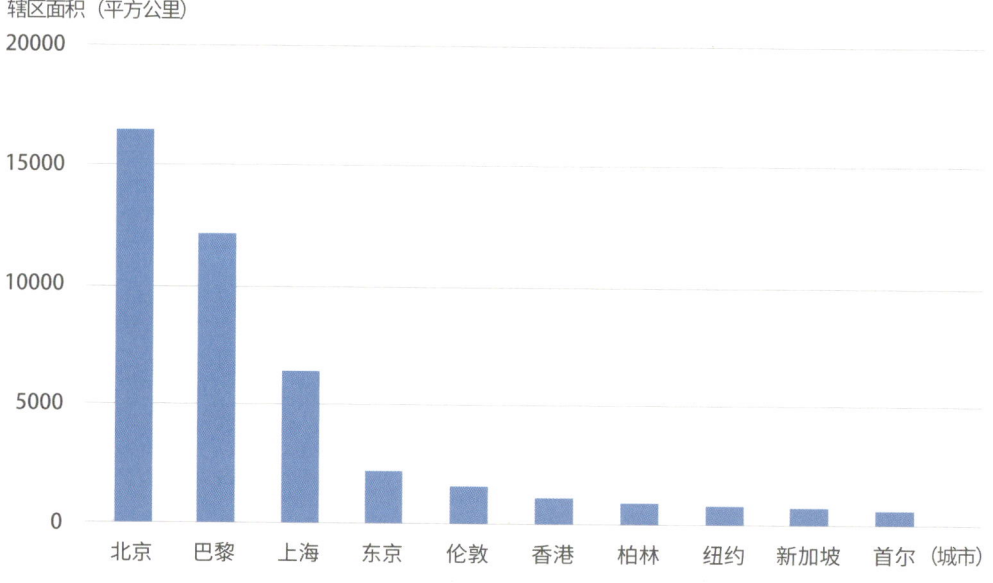

图 5.1 十大试点城市辖区面积对比图

十大试点城市总人口从 2015 年的 1.15 亿增加到了 2020 年的 1.17 亿，总计增加了 200 万。其中，上海和北京的人口都超过了 2000 万，2020 年上海人口接近 2500 万。东京的人口在 1350 万~1400 万，大巴黎地区的人口在 1200 万~1230 万，首尔人口在 1000 万，但人口数量在逐年减少，2020 年只有 991 万。其他城市人口数量都在 1000 万以下。纽约和伦敦的人口在 840 万~900 万，香港人口在 730 万~750 万，新加坡人口在 550 万~570 万，柏林人口数量相对较少，在 350 万~370 万。各城市人口数量对比如图 5.2 所示。

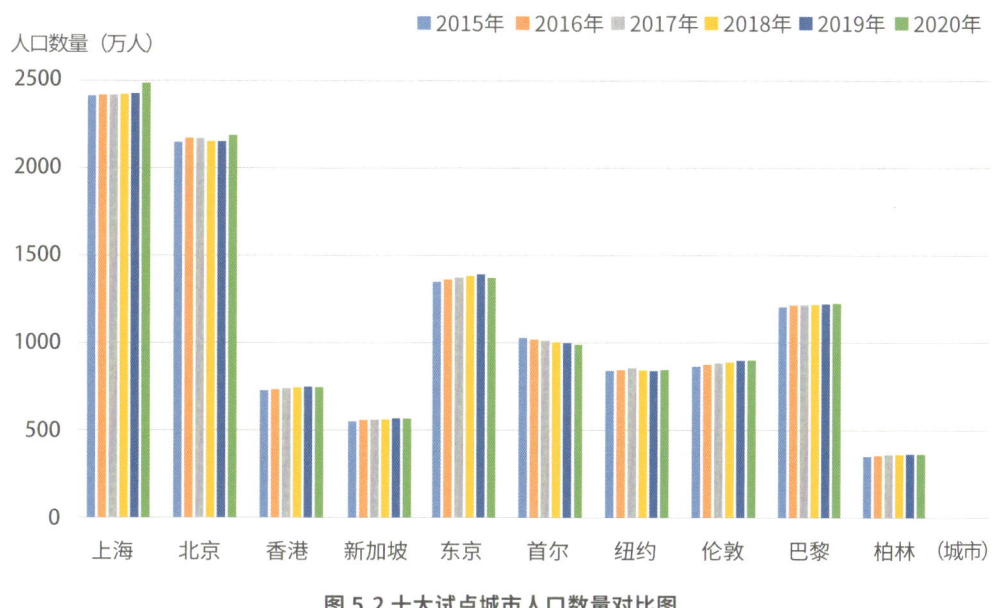

**图 5.2 十大试点城市人口数量对比图**

十大试点城市都是在所属国家或地区很有代表性的城市，特别是在经济发展方面。根据世界银行购买力平价 PPT 折算系数，将所有城市的 GDP 单位全替换为美金。2015—2019 年期间，所有城市 GDP 总量都在稳步增加，2020 年受新冠肺炎疫情的影响，大多数城市 GDP 总量都出现了下滑。

从 GDP 体量上来看，东京的 GDP 体量最大，一直处于 10000 亿美元左右，但 2020 年跌破了 10000 亿美元。在 2015 年，紧随东京之后的是巴黎（8300 亿美元）、纽约（7970 亿美元）、上海（6946 亿美元）、北京（6401 亿美元）、伦敦（5843 亿美元）、新加坡（4812 亿美元）、首尔（4317 亿美元）、香港（4113 亿美元），柏林最少，只有 1600 亿美元左右。但 2020 年，部分城市的 GDP 体量发生了很大变化，特别是上海和北京。东京 GDP 体量仍然最大，9800 亿美元左右。紧随其后的却变成了上海（9193 亿美元）、巴黎（9189 亿美元）、北京（8627 亿美元）、纽约（8527 亿美元）、伦敦（5830 亿美元）、新加坡（5605 亿美元）、首尔（4919 亿美元）、香港（4469 亿美元）、柏林（1972 亿美元）。各城市 GDP 体量对比见图 5.3。

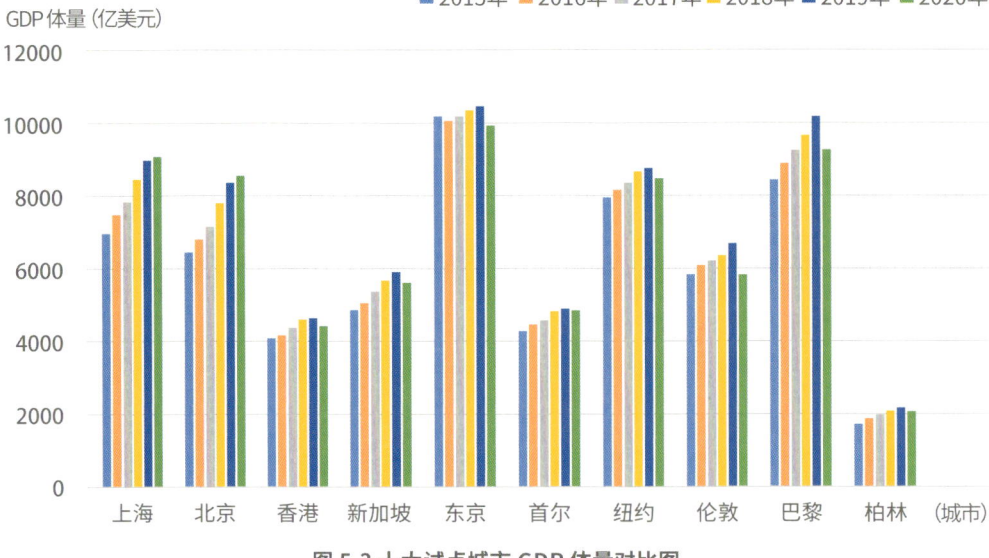

图 5.3 十大试点城市 GDP 体量对比图

## 5.2 十大试点城市指数变化的宏观分析

总体来看，十大试点城市的综合指数变化情况都处于相对稳定状态（表 5.1，详见附表 2），2015 年排在前三位的是伦敦、新加坡和东京，后三位的是北京、柏林和首尔；2020 年排在前三位的是伦敦、新加坡和上海，后三位的是柏林、香港和首尔。从分档分级来看，2015 年伦敦处于 A 档，首尔处于 B 档，其他八个城市处于 B+ 档；2020 年，伦敦、新加坡、上海、巴黎、东京和纽约处于 A 档，其他城市处于 B+ 档。

在经济子指数中（表 5.2，详见附表 2），2015 年纽约、伦敦和上海排在前三位，2020 年排在前三位的是上海、纽约和新加坡，伦敦下滑到了第六位；柏林、首尔和巴黎经济发展后劲总体上相对较弱。从分档分级来看，2015—2020 年，柏林在 B+ 到 A 档之间浮动，首尔在 B 到 A 档间较大浮动，巴黎在 B 到 B+ 档间浮动，其他城市基本都处于 A 档。

在社会子指数中（表 5.3，详见附表 2），2015 年东京、伦敦和上海排在前三位，2020 年排在前三位的是伦敦、新加坡和东京。香港、首尔和柏林的社会可持续发展绩效水平相对较低。从分档分级来看，2015 年，北京、香港、首尔和柏林处于 B+ 档，其他城市处于 A 档；2020 年除柏林和首尔处于 B+ 档之外，其他城市都处于 A 档。

在环境子指数中（表 5.4，详见附表 2），2015—2020 年巴黎、伦敦和新加坡一直处于前三位，纽约、首尔和北京在环境可持续发展绩效方面相对较弱。从分档分级来看，各城市的环境可持续发展绩效水平差异化较为显著。2015 年，处于 A 档的只有巴黎，伦敦、新加坡和香港处于 B+ 档，东京、纽约、柏林和上海处于 B 档，北京和首尔处于 B- 档；到了 2020 年，大部分城市环境可持续发展绩效水平都有所提升，伦敦和新加坡与巴黎一起处于 A 档，东京、纽约、柏林、香港和上海处于 B+ 档，北京上升到了 B 档，首尔虽然在 2017 年左右上升到了 B 档，但随后又跌至 B- 档。

文化子指数中（表 5.5，详见附表 2），巴黎、伦敦、北京和纽约一直处于靠前的位置，新加坡、首尔和香港在文化可持续发展绩效水平方面相对较弱。从分档分级来看，2015 年，只有巴黎处于 A 档，香港处于 B 档，其他大部分城市处于 B+ 档；到了 2020 年，除了香港和新加坡处于 B+ 档外，其他城市的文化可持续发展绩效水平提升显著，基本都处于 A 档。

在治理子指数中（表 5.6，详见附表 2），2015—2020 年伦敦、新加坡、上海和东京的治理绩效水平处于靠前位置，上海提升尤为明显，近几年基本处于第一的位置。从分档分级来看，各城市的治理绩效水平差异非常明显，2015 年伦敦处于 A 档，新加坡、上海、东京处于 B+ 档，北京和巴黎处于 B 档，香港和柏林处于 B- 档，而首尔处于 C+ 档；到了 2020 年，各城市治理水平都有所提升，其中香港和首尔提升到了 B 档，纽约、柏林和巴黎处于 B+ 档，上海、新加坡、东京、伦敦、北京处于 A 档。

**表 5.1 十大试点城市验算结果（综合指数）**

| 综合指数 | 2015 年 | | 2016 年 | | 2017 年 | | 2018 年 | | 2019 年 | | 2020 年 | |
|---|---|---|---|---|---|---|---|---|---|---|---|---|
| 序号 | 排名 | 基线 | 排名 | 变化 | 排名 | 变化 | 排名 | 变化 | 排名 | 变化 | 排名 | 变化 |
| 1 | 伦敦 | - | 伦敦 | - | 新加坡 | ↑ | 新加坡 | - | 伦敦 | ↑ | 伦敦 | - |
| 2 | 新加坡 | - | 新加坡 | - | 伦敦 | ↓ | 伦敦 | - | 新加坡 | ↓ | 新加坡 | - |
| 3 | 东京 | - | 东京 | - | 东京 | - | 上海 | ↑ | 巴黎 | ↑ | 上海 | ↑ |
| 4 | 上海 | - | 上海 | - | 上海 | - | 东京 | ↓ | 上海 | ↓ | 巴黎 | ↓ |
| 5 | 巴黎 | - | 巴黎 | - | 纽约 | ↑ | 巴黎 | ↑ | 东京 | ↓ | 东京 | - |
| 6 | 纽约 | - | 纽约 | - | 巴黎 | ↓ | 纽约 | ↓ | 纽约 | - | 纽约 | - |
| 7 | 香港 | - | 北京 | ↑ | 北京 | - | 北京 | - | 柏林 | ↑ | 北京 | ↑ |
| 8 | 北京 | - | 柏林 | ↑ | 香港 | ↑ | 香港 | - | 北京 | ↓ | 柏林 | ↓ |
| 9 | 柏林 | - | 香港 | ↓ | 柏林 | ↓ | 柏林 | - | 香港 | ↓ | 香港 | - |
| 10 | 首尔 | - | 首尔 | - | 首尔 | - | 首尔 | - | 首尔 | - | 首尔 | - |

**表 5.2 十大试点城市验算结果（经济子指数）**

| 经济指数 | 2015 年 | | 2016 年 | | 2017 年 | | 2018 年 | | 2019 年 | | 2020 年 | |
|---|---|---|---|---|---|---|---|---|---|---|---|---|
| 序号 | 排名 | 基线 | 排名 | 变化 | 排名 | 变化 | 排名 | 变化 | 排名 | 变化 | 排名 | 变化 |
| 1 | 纽约 | - | 纽约 | - | 纽约 | - | 纽约 | - | 上海 | ↑ | 上海 | - |
| 2 | 伦敦 | - | 上海 | ↑ | 香港 | ↑ | 上海 | ↑ | 纽约 | ↓ | 纽约 | - |
| 3 | 上海 | - | 香港 | ↑ | 上海 | ↓ | 新加坡 | ↑ | 新加坡 | - | 新加坡 | - |
| 4 | 香港 | - | 伦敦 | ↓ | 新加坡 | ↑ | 香港 | ↓ | 香港 | - | 东京 | ↑ |
| 5 | 新加坡 | - | 东京 | ↑ | 东京 | - | 伦敦 | ↓ | 伦敦 | - | 香港 | ↓ |
| 6 | 东京 | - | 新加坡 | ↓ | 伦敦 | ↑ | 东京 | ↓ | 东京 | - | 伦敦 | ↓ |
| 7 | 北京 | - | 柏林 | ↑ | 北京 | ↑ | 北京 | - | 北京 | - | 北京 | - |
| 8 | 柏林 | - | 北京 | ↓ | 柏林 | ↑ | 首尔 | ↑ | 柏林 | ↑ | 柏林 | - |
| 9 | 首尔 | - | 首尔 | - | 首尔 | - | 柏林 | ↓ | 首尔 | ↓ | 首尔 | - |
| 10 | 巴黎 | - | 巴黎 | - | 巴黎 | - | 巴黎 | - | 巴黎 | - | 巴黎 | - |

**表 5.3 十大试点城市验算结果（社会子指数）**

| 社会指数 | 2015 年 | | 2016 年 | | 2017 年 | | 2018 年 | | 2019 年 | | 2020 年 | |
|---|---|---|---|---|---|---|---|---|---|---|---|---|
| 序号 | 排名 | 基线 | 排名 | 变化 | 排名 | 变化 | 排名 | 变化 | 排名 | 变化 | 排名 | 变化 |
| 1 | 东京 | − | 东京 | − | 东京 | − | 新加坡 | ↑ | 新加坡 | − | 伦敦 | ↑ |
| 2 | 伦敦 | − | 伦敦 | − | 新加坡 | ↑ | 东京 | ↓ | 伦敦 | ↑ | 新加坡 | ↓ |
| 3 | 上海 | − | 上海 | − | 伦敦 | ↓ | 伦敦 | − | 东京 | ↓ | 东京 | − |
| 4 | 纽约 | − | 巴黎 | ↑ | 巴黎 | − | 上海 | ↑ | 巴黎 | ↑ | 上海 | ↓ |
| 5 | 新加坡 | − | 新加坡 | − | 上海 | ↓ | 巴黎 | ↓ | 上海 | ↓ | 巴黎 | ↓ |
| 6 | 巴黎 | − | 纽约 | ↓ | 纽约 | − | 北京 | ↑ | 纽约 | − | 纽约 | − |
| 7 | 北京 | − | 北京 | − | 北京 | − | 纽约 | ↓ | 北京 | ↓ | 北京 | − |
| 8 | 香港 | − | 香港 | − | 香港 | − | 香港 | − | 香港 | − | 香港 | − |
| 9 | 首尔 | − | 首尔 | − | 首尔 | − | 首尔 | − | 首尔 | − | 首尔 | − |
| 10 | 柏林 | − | 柏林 | − | 柏林 | − | 柏林 | − | 柏林 | − | 柏林 | − |

**表 5.4 十大试点城市验算结果（环境子指数）**

| 环境指数 | 2015 年 | | 2016 年 | | 2017 年 | | 2018 年 | | 2019 年 | | 2020 年 | |
|---|---|---|---|---|---|---|---|---|---|---|---|---|
| 序号 | 排名 | 基线 | 排名 | 变化 | 排名 | 变化 | 排名 | 变化 | 排名 | 变化 | 排名 | 变化 |
| 1 | 巴黎 | − | 巴黎 | − | 巴黎 | − | 巴黎 | − | 伦敦 | ↑ | 巴黎 | ↑ |
| 2 | 伦敦 | − | 伦敦 | − | 伦敦 | − | 新加坡 | ↑ | 巴黎 | ↓ | 伦敦 | ↓ |
| 3 | 新加坡 | − | 新加坡 | − | 新加坡 | − | 伦敦 | ↓ | 新加坡 | ↓ | 新加坡 | − |
| 4 | 香港 | − | 柏林 | ↑ | 香港 | ↑ | 柏林 | − | 柏林 | − | 柏林 | − |
| 5 | 柏林 | − | 东京 | ↑ | 纽约 | ↑ | 香港 | ↓ | 香港 | − | 香港 | − |
| 6 | 东京 | − | 香港 | ↓ | 柏林 | ↓ | 东京 | − | 东京 | − | 东京 | − |
| 7 | 上海 | − | 纽约 | ↑ | 东京 | ↓ | 纽约 | − | 上海 | ↑ | 上海 | − |
| 8 | 纽约 | − | 上海 | ↓ | 上海 | − | 上海 | − | 纽约 | ↓ | 纽约 | − |
| 9 | 首尔 | − | 首尔 | − | 首尔 | − | 北京 | ↑ | 北京 | − | 北京 | − |
| 10 | 北京 | − | 北京 | − | 北京 | − | 首尔 | ↓ | 首尔 | − | 首尔 | − |

**表 5.5 十大试点城市验算结果（文化子指数）**

| 文化指数 | 2015 年 | | 2016 年 | | 2017 年 | | 2018 年 | | 2019 年 | | 2020 年 | |
|---|---|---|---|---|---|---|---|---|---|---|---|---|
| 序号 | 排名 | 基线 | 排名 | 变化 | 排名 | 变化 | 排名 | 变化 | 排名 | 变化 | 排名 | 变化 |
| 1 | 巴黎 | − | 巴黎 | − | 巴黎 | − | 巴黎 | − | 伦敦 | ↑ | 伦敦 | − |
| 2 | 伦敦 | − | 伦敦 | − | 伦敦 | − | 伦敦 | − | 巴黎 | ↓ | 巴黎 | − |
| 3 | 北京 | − | 北京 | − | 北京 | − | 北京 | − | 北京 | − | 北京 | − |
| 4 | 纽约 | − | 纽约 | − | 东京 | ↑ | 东京 | − | 纽约 | − | 纽约 | − |
| 5 | 东京 | − | 东京 | − | 纽约 | ↓ | 纽约 | − | 上海 | ↑ | 上海 | − |
| 6 | 上海 | − | 上海 | − | 上海 | − | 上海 | − | 东京 | ↓ | 东京 | − |
| 7 | 柏林 | − | 柏林 | − | 柏林 | − | 首尔 | ↑ | 首尔 | − | 柏林 | ↑ |
| 8 | 新加坡 | − | 新加坡 | − | 新加坡 | − | 柏林 | ↓ | 柏林 | − | 首尔 | ↓ |
| 9 | 首尔 | − | 首尔 | − | 首尔 | − | 新加坡 | ↓ | 新加坡 | − | 新加坡 | − |
| 10 | 香港 | − | 香港 | − | 香港 | − | 香港 | − | 香港 | − | 香港 | − |

**表 5.6 十大试点城市验算结果（治理子指数）**

| 治理指数 | 2015 年 | | 2016 年 | | 2017 年 | | 2018 年 | | 2019 年 | | 2020 年 | |
|---|---|---|---|---|---|---|---|---|---|---|---|---|
| 序号 | 排名 | 基线 | 排名 | 变化 | 排名 | 变化 | 排名 | 变化 | 排名 | 变化 | 排名 | 变化 |
| 1 | 伦敦 | − | 上海 | ↑ | 上海 | − | 东京 | ↑ | 上海 | ↑ | 上海 | − |
| 2 | 新加坡 | − | 东京 | ↑ | 东京 | − | 上海 | ↓ | 新加坡 | − | 新加坡 | − |
| 3 | 上海 | − | 新加坡 | ↓ | 新加坡 | − | 新加坡 | − | 东京 | ↓ | 东京 | − |
| 4 | 东京 | − | 伦敦 | ↓ | 北京 | ↑ | 巴黎 | ↑ | 巴黎 | − | 伦敦 | ↑ |
| 5 | 巴黎 | − | 北京 | ↑ | 伦敦 | ↓ | 北京 | ↓ | 北京 | − | 北京 | − |
| 6 | 北京 | − | 巴黎 | ↓ | 纽约 | ↑ | 纽约 | − | 纽约 | − | 巴黎 | ↓ |
| 7 | 纽约 | − | 柏林 | ↑ | 巴黎 | ↓ | 伦敦 | ↓ | 伦敦 | − | 纽约 | ↓ |
| 8 | 柏林 | − | 纽约 | ↓ | 柏林 | ↓ | 柏林 | − | 柏林 | − | 柏林 | − |
| 9 | 香港 | − | 香港 | − | 香港 | − | 首尔 | ↑ | 首尔 | − | 香港 | ↑ |
| 10 | 首尔 | − | 首尔 | − | 首尔 | − | 香港 | ↓ | 香港 | − | 首尔 | ↓ |

## 5.3 十大试点城市指数变化的微观解释

### 5.3.1 经济维度

#### 国内生产总值（GDP）增长率
#### Average Annual GDP Growth Rate

GDP 增长率是宏观经济的重要评估指标。从 GDP 增长速度来看，十大试点城市的差异非常明显。特别是 2020 年受新冠肺炎疫情影响，除了上海和北京处于正增长之外，其他八个城市都出现了大幅度的负增长。2015—2019 年阶段，增速最高的三个城市是上海、北京和柏林，上海和北京在 2015—2018 年阶段基本处于 7% 的增速，2019 年有所放缓，但仍然有 6% 左右，2020 年这两个城市实现了 GDP 正增长，上海 GDP 增速为 1.7%，北京为 1.2%。 柏林从 2015 年的 6.5% 左右增速逐渐放缓，2018 年降至不足 5%， 2019 有所反弹，增加至 5.3% 左右，但 2020 年直接降至 -5%。首尔的 2015 年增速虽然只有 2.6%，但 2016—2018 年三年期间 GDP 增速显著，2018 年增速超过了 4.5%，但 2019 年增速明显放缓，只有 2%，2020 年则跌破零，增速 -1.1%。 新加坡从 2015 的 3% 增加至 2017 年的 4.5%，但随后开始下降，2019 年降到了 1.3%，2020 年掉到了 -5.4%。香港增速稍低于新加坡，从 2015 的 2.4% 增加至 2017 年的 3.8%，但随后也开始下降，2019 年直接掉到了零以下，-1.2%， 2020 年负增长明显，为 -6.1%。 纽约从 2015 年的 2.3% 增加到了 2018 年的 3.9% 左右，但 2019 年增速放缓只有 1.2% 左右，2020 年出现负增长，超过 -2%。伦敦的 GDP 增速波动较大，2015 年和 2017 年不足 2%，但 2016 年接近 4% 增速，然而 2020 年出现很大跌幅，接近 -10%。巴黎 2015-2019 年大部分时间处在 2% 左右增速，2017 年增速超过了 3%，但 2020 年跌幅超过 -8%。东京增速最为缓慢，2015 年只有 0.4% 左右，2019 年刚超过 1%，2020 年下降超过 -5%。

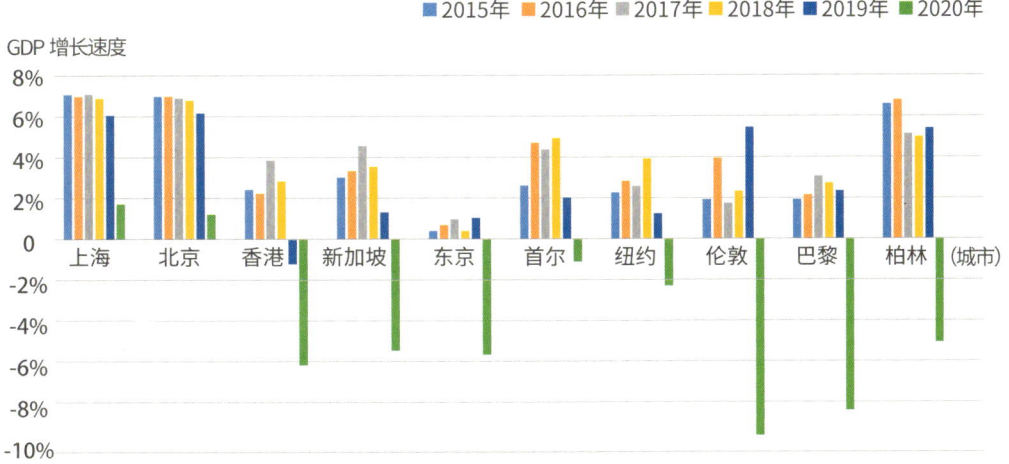

图 5.4 十大试点城市 GDP 增长率对比图

## 居民可支配收入增长率
### Average Annual Growth Rate of Residents' Disposable Income

居民可支配收入增长率是衡量城市经济发展成果的分配效果和决定居民生活水平与质量的重要决策依据。相比于居民能够拿到多少可支配收入而言，增速更能反映其是否具有更显著的可持续性。从十大试点城市 2015—2019 年期间居民可支配收入的增长率来看（图 5.5），增速最快的是上海，2015—2019 平均增速在 8.6% 左右，2020 年虽受疫情影响，但也有 4%。紧随其后的是北京，平均增速在 6.7% 左右，2020 年为 2.5%。香港平均增速为 5.5%，但 2020 年出现了较大的负增长，跌幅超 5%。新加坡平均增速在 4% 左右，2020 年也跌破了零点，为 -1.2%。首尔平均增速在 4% 左右，2020 年增速放缓，不足 3%。纽约增速相对比较稳定，平均在 4.8% 左右。柏林平均增速在 3.6% 左右，巴黎平均增速不足 2%。东京增速最低，平均增速只有 0.3% 左右，而且 2016—2017 年出现了近 2% 的负增长。

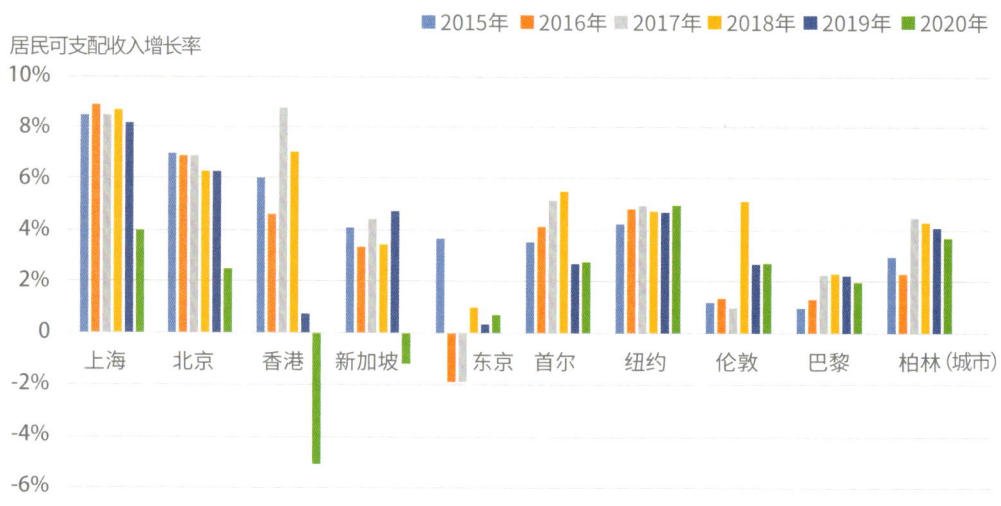

图 5.5 十大试点城市居民可支配收入增长率对比图

## 失业率
### Unemployment Rate

失业率是指一定时期满足全部就业条件的就业人口中仍未有工作的劳动力数字，旨在衡量闲置中的劳动产能，是反映一个国家或地区失业状况和经济社会可持续发展的主要指标。十大试点城市的失业率数据差异显著，2020 年受疫情影响尤为突出，香港和伦敦的失业率接近 6%，纽约失业率更是超过了 12%，巴黎在 8% 以上。2015—2019 年期间失业率相对较低的城市有北京、柏林、新加坡，在 2% 左右，上海、东京、香港在 4% 左右，纽约和首尔在 5% 左右，巴黎高达 9%。

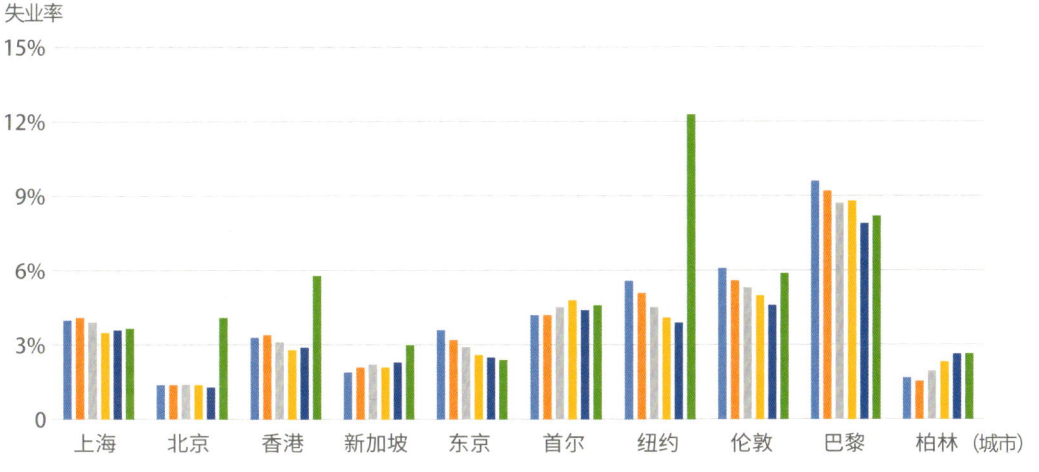

图 5.6 十大试点城市失业率对比图

## 消费价格指数
## Consumer Price Index

居民消费价格指数（CPI）是一个反映居民家庭一般所购买的消费品和服务项目价格水平变动情况的宏观经济指标。它是在特定时段内度量一组代表性消费商品及服务项目的价格水平随时间而变动的相对数，用来反映居民家庭购买消费商品及服务的价格水平的变动情况。从 2015—2020 年十大试点城市中，CPI 波幅较大的是纽约和东京，平均波幅超过了 5 个点，伦敦和巴黎的平均波幅在 3~4 个点，香港、上海和北京的平均波幅在 1~2 个点，新加坡波幅较小，基本在 1 个点以内。需要指出的是，2020 年大多数城市的 CPI 相比于前几年而言波幅都较大，至少都增加了 1~2 个点，但香港和新加坡相对比较稳定。

## 互联网渗透率
## Internet Penetration Rate

互联网渗透率是数字经济、共享经济、电子商务等诸多新型业态发展的重要基础。互联网使用者的规模是这些经济形态可持续发展的重要保障和市场消费基础。东京和首尔的互联网渗透率自 2015 年就基本达到 90% 的水平。其他城市的互联网渗透率在 2017—2018 年期间有一个大的提升，在这之前，纽约、香港、柏林、新加坡和伦敦的互联网渗透率在 80%～85%，上海、北京和巴黎在 80% 以下。但是到了 2018 年以后，随着互联网技术的不断更新迭代，各大城市的网民数量急速增加，互联网渗透率也显著提升。2020 年纽约和香港都超过了 90%，上海和北京也超过了 85%，这些数据在今天飞速发展的互联网经济中都基本得到了印证。

### 外商直接投资贡献率
### Contribution Rate of Foreign Direct Investment

外商直接投资是国外企业和经济组织或个人按企业所在国有关政策、法规，用现汇、实物、技术等在企业所在国直接投资的行为。外商直接投资力度已经成为城市经济国际化和营商环境吸引力的重要风向标。十大试点城市中，香港、新加坡和纽约的外商直接投资贡献率相对较高，在各自城市的 GDP 占比中都超过了 10%。上海和伦敦的外商直接投资贡献率为 5%~6%，但伦敦在 2017—2018 两年间数据下滑明显。北京在 2017—2018 年的外商直接投资贡献率超过了 5%，但随后在 2019 年外商直接投资占比下降至 3% 左右，2020 年跌破了 3%。东京的数据比较稳定，基本在 4%~5%。巴黎和柏林的外商直接投资贡献率相对较低，在 2% 左右浮动。

### 固定资产投资贡献率
### Contribution Rate of Fixed Asset Investment

固定资产投资贡献率是指本年固定资产投资净增加额占 GDP 的比率，通常指全社会固定资产投资，用以反映政府固定资产增长的速度和水平，也是城市经济社会可持续发展的重要基础。在十大试点城市中，新增固定资产投资贡献率分化明显。上海的新增固定资产投资贡献率占比较高，在 10%~12% 的水平。香港的新增固定资产投资贡献率基本保持在 10% 左右，纽约在 9% 左右，伦敦和巴黎在 5%~6%，新加坡、首尔和东京在 2%~3%。与此同时，固定资产投资的增长率差异也很显著，上海在 2019 年以前都保持在 5%~7%，2020 年增长率超过了 10%。北京在 2018—2019 年增长速度下滑明显，2018 年甚至出现了近 10% 的负增长。东京自 2016 以后增长率持续放缓，2019 年不足 0.5%，2020 年出现近 2% 的负增长。首尔在 2018 年以前增长率在 4% 左右，2019 年降至 2%，2020 年出现了近 1% 的负增长。伦敦的增长率从 2015 年的 4% 左右持续下滑，2019 年不足 2%，2020 年也出现较大幅度的负增长。 巴黎的增长率也在放缓，但相对较为平稳，从 2015 年的 4% 左右下降至 2020 年的 2% 附近。

### 金融市场竞争力
### Financial Market Competitiveness

金融市场竞争力是指金融产业及其市场作为整体所显示出来的竞争力。金融在资源配置中发挥核心作用，引导生产要素的流向和流量，其对资源优化配置有极强的引导力。虽然全球金融中心指数是一个重要参考依据，但我们也根据 SDGs 对金融市场竞争力的定位和关键要素的聚焦，进一步细化和优化了金融市场竞争力的评价指数。研究发现，纽约、伦敦、香港和东京的全球金融市场地位依旧稳固，但其增长速度明显放缓，特别是在 2020 年。上海的金融市场发展速度非常迅猛，全球金融竞争力显著提升，截至 2020 年，上海证券交易所股票市值位居全球第三位，上海黄金交易所场内现货黄金交易量位居全球第一位，上海期货交易所多个品种交易量位居同类品种全球第一位。2020 年上海金融市场直接融资额为 17.6 万亿元，比 2015 年增长了 91.3%。2020 年上海金融市场成交总额为 2274.8 万亿元，比 2015 年增长了 55.5%。

### 进出口贸易贡献率
### Contribution Rate of Import and Export Trade

进出口贸易是指一个国家（地区）与另一个国家（地区）之间的商品、劳务和技术的交换活动，进出口贸易贡献率主要看进出口总额在 GDP 中的比重，它是城市经济国际市场竞争力的核心指标之一。在十大试点城市中，纽约、伦敦、香港、上海、东京、新加坡等都是国际进出口贸易的重要港口城市，其进出口贸易额的 GDP 占比基本都超过了 100%，香港、新加坡等城市甚至超过了 200%。相比而言，北京、巴黎和柏林在进出口贸易中相对占比较小。需要说明的是，2020 年受疫情影响，重要港口城市的进出口贸易额都受到了较大影响，出现了 20%~30% 的下滑，但上海不仅没有下滑，相比 2019 年还有近 3% 的上升，城市经济韧性表现突出。

## 5.3.2 社会维度

### 人口密度
### Population Density

人口密度是指单位土地面积上的人口数量，它是衡量一个地区或城市人口分布状况的重要指标。人口密度的适度控制和调节是城市可持续发展的重要前提，也是人口流动、移民政策等诸多相关人口政策的重要决策依据，会影响整个城市社会经济发展的路径选择。十大试点城市人口密度差异较大（图 5.7），首尔的人口密度最大，2015 年超过了 17000 人 / 平方公里，虽然近年来人口数量有所降低，但 2020 年仍然达到 16375 人 / 平方公里。纽约人口密度一直为 10000~11000 人 / 平方公里。人口密度最低的两个城市是巴黎和北京，其中巴黎人口密度一直在 1000 人 / 平方公里左右，北京的人口密度也只有 1300 人 / 平方公里左右。人口密度超过 5000 人 / 平方公里的城市有三个，新加坡（7700~7900 人 / 平方公里）、香港（6600~6800 人 / 平方公里）、东京（6100~6400 人 / 平方公里）和伦敦（5500~5700 人 / 平方公里）。上海的人口密度为 3800~4000 人 / 平方公里。总体上来讲，十大城市的人口密度比较稳定，除了首尔逐年稍有下降外，其他城市都略有增加。

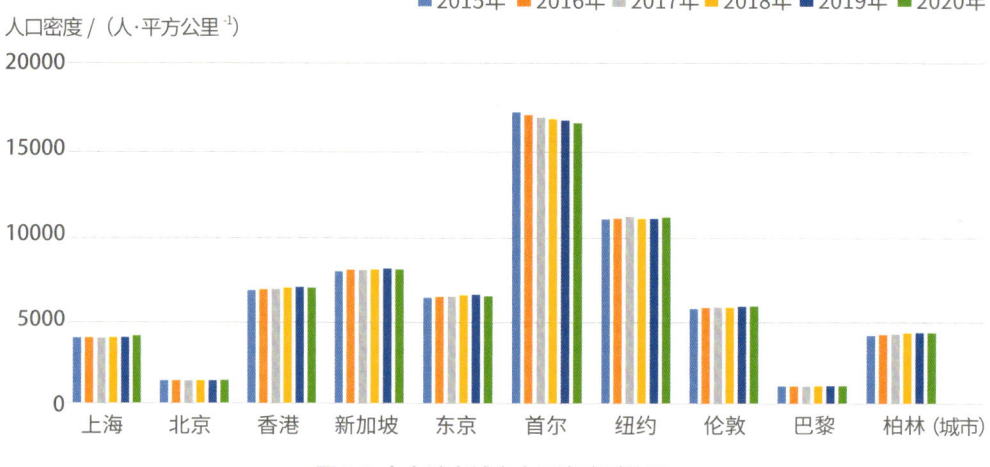

图 5.7 十大试点城市人口密度对比图

### 预期寿命
### Life Expectancy

预期寿命用来表述新出生人口平均预期可存活的年数，是衡量社会经济发展水平及医疗卫生服务水平的重要指标。十大试点城市居民的预期寿命都在 80 岁以上，2015 年预期寿命最高的三个城市是香港、东京和巴黎，都超过了 83 岁。新加坡、上海和首尔在 82~83 岁之间，北京和纽约在 81~82 岁之间，而伦敦和柏林在 80~81 岁之间。从 2015—2020 年，预期寿命都有所增加。2020 年香港、东京和巴黎都超过了 84 岁，新加坡、上海和首尔超过了 83 岁，北京超过了 82 岁，纽约和伦敦超过了 81 岁，而柏林接近 81 岁。

### 5 岁以下儿童死亡率
### Under-5 Mortality Rate

5 岁以下儿童死亡率是评估儿童健康水平的重要指标。随着医疗卫生条件的不断改善，该指标数值在逐年下降，但十大试点城市目前的该指标数据还是略有不同。2015 年所有城市的数据都处于高位，其中纽约、伦敦和巴黎都超过了 4‰，柏林略低于 4‰，上海、北京和首尔在 3‰~3.5‰，相对较低的是新加坡、香港和日本，在 2‰~2.5‰。到了 2020 年，纽约、伦敦和巴黎虽然有所下降，但仍然在 4‰以上，北京和上海下降至 3‰以下。

### 医疗设施贡献率
### Medical Facilities Supply

每万人拥有医疗机构病床数是医疗设施贡献率的重要指标。十大试点城市基本上都汇集了所在国家或地区最优质的医疗资源。从总量上来看，上海从 2015 年的 12.3 万张增加至 2020 年的 16 多万张床位，北京在 11~12.5 万张左右，东京病床数在 12~13 万张左右，但这些年增幅不大。纽约在 9~9.5 万张左右，首尔在 8.5~9 万张，巴黎在 6.5~7 万张，增幅也不显著。从万人拥有量来看，由于上海和北京的人口基数都超过了 2000 万，虽然总量占优势，但万人拥有病床数量与其他城市基本持平还略低。2015 年，纽约和东京在 100 张左右，首尔在 80 张左右，而上海、北京、香港、新加坡、巴黎、柏林等城市在 50~60 张，而伦敦最低在 35 张左右。2020 年，万人病床数量增加量最大的是上海，从 2015 年的 50 张增加到了 65 张，增幅达 30%。但与纽约、东京、首尔等城市相比还是有一定的距离。

## 基础教育完成率
## Completion Rate of Basic Education

基础教育完成率是联合国可持续发展目标中的关键考核指标。主要以学前，小学和初中三个阶段的在校总人数在该年龄段的人口总数占比来间接评估。目前，十大试点城市基本都实现了基础教育的全覆盖，相关的制度配套在所属国家或地区的城市中也是相对比较完善的，而且在教学软硬件资源配置方面也得到了不断的提升和优化。

## 基础医保覆盖率
## Basic Medical Insurance Coverage

基本医疗保障是整个社会基本保障制度的核心内容之一，是为居民提供社会医疗服务和资源的重要基础。基本医疗保障体系的完善程度和覆盖人群是城市可持续发展的重要评估指标。十大试点城市中，东京、首尔、新加坡、香港等城市很早就实现了全民医保，上海和北京截至 2020 年也基本实现了户籍人口医疗保障的全覆盖，对常住人口中没有在户籍所在地参加医疗保险的人员也制定了补充医疗保险制度。纽约由于整个美国的医疗保险制度特点，目前在所有居民公共医疗保险参保问题上仍然存在很多制度性的障碍，虽然奥巴马政府时期的医改制度存在了一段时间，但由于政府的更替，决策者对之前的医改制度又进行了大的调整，因此纽约居民的医保覆盖率在十个试点城市中相对较低。

## 基本住房保障
## Basic Houseing Security

住房是城市居民最基本的生活保障之一。随着城市化进程不断发展和城市生活成本的不断提高，住房成本成为城市居民重要的家庭负担。保障基本的住房条件是实现城市可持续发展的重要评估指标，暂以人均住房面积来表示。2015—2020 年，所有城市的人均住房面积都有所提升，但提升幅度都比较有限。十大试点城市中，2015 年人均住房面积超过 30 平方米的城市有新加坡、柏林、上海、北京、纽约、伦敦、巴黎，东京和首尔在25~28平方米左右，香港的人均住房面积最小，只有10平方米左右。2020年，柏林的人均住房面积超过了40平方米，而上海、纽约、伦敦、巴黎等城市也超过了35平方米，但香港的人均住房面积增幅不大，在11平方米左右。因此，在这些城市中，香港亟待改善和解决居民的住房问题。

## 公共交通使用率
### Use of Public Transport

公共交通，例如地铁、公交车、市域内的铁路、船舶等，是整个城市居民交通出行便捷、顺畅的重要保障。未来的城市发展更加强调使用资源节约、低碳的公共交通工具。随着城市公共交通体系的不断完善，公共交通运载能力也得到了极大提升，居民乘坐公共交通的频率和体验感也都得到了很大提升。从城市公共交通的运载力来看，北京每年超过了70亿人次，上海超过了60亿人次，香港、巴黎、首尔都超过了40亿人次，东京和伦敦略低于40亿人次，新加坡在30亿人次左右，纽约只有25亿人次左右，柏林最低，只有14亿人次左右。但2020年由于新冠肺炎疫情的影响，所有城市的公共交通的使用情况都受到很大冲击，客运人次平均有30%以上的降幅。从人均乘坐次数上来看，香港在人均600人次以上，新加坡在500人次以上，首尔和伦敦在400人次以上，上海和北京虽然总运量大，但由于人口基数也大，人均算下来只有300人次左右。

## 社会公共事务参与度
### Public Participation in Social Public Affairs

社会公共事务的公众参与是推进城市社会可持续发展的重要路径。具体可体现在社会公共监督、社区治理、公益宣传和培训等诸多方面的参与积极性。通过对权威平台的已有调查数据和本课题抽样调查的数据综合分析之后，发现十大试点城市社会公共事务的公众参与意愿都是很高的。在社会监督、社区自治、公益宣传等方面，不同职业背景和年龄段的人都表现出了积极的参与意愿，而且青年人的参与意愿在逐年提升。

### 5.3.3 环境维度

## 生活污水排放量
### Domestic Sewage Discharge

生活污水是居民日常生活中排出的废水，主要来自居住建筑和公共建筑等。人均生活污水排放量的减少是从源头上节约水资源、降低城市环境压力和处理成本的重要指标。上海、北京和伦敦的年人均生活污水排放量在 100 立方米以下，新加坡和首尔略微高一些，在 100 立方米左右，香港和东京在 150 立方米左右，纽约和巴黎的生活污水排放量相对较高，超过了 160 立方米。需要说明的是，这些城市在污水处理方面都进行了大量投入，其污水处理率相对较高，至少能实现 70% 的污水处理或再利用。但污水的回收处理都需要成本，从制度安排和机制设计方面促使居民从源头上减少生活污水的排放才是水资源可持续利用和管理的关键所在。

## 生活垃圾产生量
## Municipal Solid Waste Generation

城市生活垃圾是指在城市日常生活中或者为城市日常生活提供服务的活动中产生的固体废弃物。生活垃圾产生量对城市环境有直接影响，是城市环境可持续发展的重要指标。目前十个试点城市中，年人均生活垃圾产生量最多的是纽约，超过了 500kg。北京在 400~450kg，上海在 350~400kg，伦敦、新加坡、巴黎、首尔在 350kg，东京和香港在 300~350kg。但需要指出的是，目前纽约、北京、首尔等城市人均垃圾产生量在逐年增加，而香港、新加坡、东京等城市的人均生活垃圾产生量在逐年减少，尽管减少但幅度很小。

## 空气质量指数
## Air Quality Index

空气质量指数（AQI）是定量描述空气质量的无量纲指数。参与空气质量评价的主要污染物为细颗粒物（$PM_{2.5}$）、可吸入颗粒物（$PM_{10}$）、二氧化硫、二氧化氮、臭氧、一氧化碳等六项指标。目前的城市空气质量指数 AQI 都是一天一报，因此，我们对一年中每天的 AQI 数据加总后除以总天数，用得到的均值来表示这个城市一年的空气质量基本情况。在这十个城市中，北京的 AQI 相对较高，特别是春季和冬季的 AQI 数据直接拉高了其全年平均水平，2015 年的数据超过了 100，但随着空气污染管控力度的不断加强和相应措施的密集出台，空气质量改善较为明显，到 2020 年下降到了 80 左右。新加坡、香港、东京、纽约、柏林等地空气优良率一直很高，其均值大致在 30~50 左右。上海、首尔和巴黎的 AQI 数值在 50~60 左右，其中上海和巴黎的 AQI 数据在逐年降低，说明空气质量优良率在不断提升。

## 能源消耗强度
## Energy Consumption Intensity

能耗强度是指一定时期内，一个国家或地区每生产一个单位的国内生产总值所消费的能源。能耗强度是经济高质量发展的重要指标之一，也是低碳、绿色经济发展的重要评价依据。用万美元 GDP 能耗来代表其能耗强度。通过对所有能耗单位的标准煤折算和不同货币单位的万美元换算，最终得出十个城市中，能耗强度较高的是上海、北京和柏林，其强度值都超过了 1，但自 2015 年以来这三个城市的能耗强度基本呈现下行的趋势，说明其单位产出的能源使用效率在不断提高。香港、东京、伦敦和巴黎的能耗强度相对较低，为 0.2~0.3。首尔和新加坡在 0.4~0.5。虽然这些城市之间的能耗强度差异较大，但总体上这些城市的能耗强度都呈现降低的态势，说明这些城市在提高能源使用效率的大方向上是一致的。

## 二氧化碳排放量
### Carbon Dioxide Emissions

二氧化碳排放量是指在生产、运输、使用及回收某产品时所产生的平均温室气体排放量，是影响气全球候变化的重要因素。人均二氧化碳排放量基本能够反映城市居民的碳排放总体情况。自 2015 年以来，包括十大试点城市在内的全球诸多城市都在积极地探索节能减排的可持续路径，取得了显著的成效。但也需要指出的是，具体到二氧化碳排放量的统计口径问题，目前不同的国家、地区和城市之间还存在一些差异，这些差异对我们计算人均二氧化碳排放量的准确数据会有较大影响。因此，目前这十大试点城市的人均二氧化碳排放量是根据各方已有的数据进行推导估算，未来我们会不断拓宽数据获取渠道和方法模型的优化，尽可能使每个城市的碳排放数据更为精确。

## 可再生能源占有率
### Renewable Energy Share

可再生能源是指风能、太阳能、水能、生物质能、地热能等非化石能源，是清洁能源。可再生能源是绿色低碳能源，对于改善能源结构、保护生态环境、应对气候变化、实现经济社会可持续发展具有重要意义。自 2015 年以来，全球新能源产业不断受到各国、各地区政府和市场的高度关注，持续地加大对新能源产业的投入。十大试点城市中，可再生能源开发利用相对较好的城市是上海、纽约、伦敦和巴黎，目前这几个城市的新能源占比基本都超过了 15%，东京和北京在 6%~8%。而香港、首尔、新加坡等城市的新能源在整个能源消费市场的占比较小，在 1%~3%。需要指出的是，由于各城市在新能源统计口径上的差异和市场数据的不完整性，目前呈现出来的各城市新能源市场占比数据相对偏小。

## 公共绿地空间
### Public Green Area

公共绿地空间是城市中向公众开放的、以游憩为主要功能，有一定的游憩设施和服务设施，同时兼有生态维护、环境美化、减灾避难等综合作用的绿化用地，是展示城市整体环境水平和居民生活质量的一项重要指标。近年来，各城市都在公共绿地空间的改善和拓展中取得了显著的成效，新加坡、伦敦、巴黎、柏林等城市的人均公共绿地面积基本都在 30 平方米以上。上海和东京的人均绿地面积相对较小，以上海为例，绿地面积总量虽大，但由于其人口基数是伦敦的 3 倍左右，新加坡的 4.5 倍左右，所以从人均绿地面积相对较低。但其中一个显著的信息是上海绿地面积从 2015 年的 127331 公顷增加至 2020 年的近 160000 公顷，年均增幅超过了 5%，其增长速度在试点城市中排前列。

### 自然灾害防范知识熟知度
### Familiarity of Natural Disaster Prevention Measures

自然灾害是指给人类生存带来危害或损害人类生活环境的自然现象，包括干旱、高温、寒潮、洪涝、台风、冰雹、地震、海啸、泥石流、沙尘暴、火山喷发等。公众对自然灾害防范知识的熟知程度对受灾程度和结果有非常重要的影响。通过对权威平台的已有调查数据和本课题抽样调查的数据综合分析之后，发现自 2015 年以来新加坡、东京、伦敦等城市公众对自然灾害防范知识的熟知程度对受灾程度的影响一直较高，上海、北京、香港等城市虽然公众对自然灾害的关注度在逐年提升，防范知识的宣传和培训也在逐步开展，但整体水平相比于新加坡等城市还是有一定的距离。欧洲的柏林、巴黎等城市对自然灾害防范知识的熟知程度相对较低，其中一个客观原因是柏林、巴黎等欧洲城市近年来遭受重大自然灾害的侵袭较少。

### 环保活动公众参与意愿
### Public Participation Willingness in Environmental Protection Activities

公众对环境保护活动的参与意愿是整个城市环境保护事业走向可持续的重要前提和基础。只有较为准确地掌握了环保活动的公众参与意愿，才有可能有的放矢，制定相应的推进策略，通过宣传、教育、培训、鼓励等多种方式来引导和提高公众的环保参与意愿。通过对权威平台的已有调查数据和本课题抽样调查的数据综合分析之后，发现东京、纽约、伦敦、柏林等城市公众对环境保护活动的参与意愿一直很高，其意愿值基本都在 90% 以上。上海、北京、首尔等城市的公众参与意愿相对较低，但自 2015 年以来一直在稳步提升，目前其参与意愿均值在 80% 以上，但相比于意愿值较高的那些城市而言，如何通过一系列方式来不断提升公众对环保活动的参与意愿，是包括上海、北京等在内的全球所有城市都需要重点关注和解决的问题。

## 5.3.4 文化维度

### 城市文化认同感
### Urban Cultural Identity

文化认同是人们在一个民族（城市）共同体中长期共同生活所形成的对本民族（城市）最有意义事物的认可，其核心是对一个民族（城市）的基本价值的认同，是凝聚这个民族（城市）共同体的精神纽带，是这个民族（城市）共同体生命延续的精神基础，增强城市凝聚力和软实力的重要体现。通过对权威平台的已有调查数据和本课题抽样调查的数据综合分析之后发现，相对而言巴黎和伦敦的城市文化认同感最强，上海和北京城市文化认同差异化较为显著，一个重要的原因就是受户籍制度的影响，这两个2000多万人口的城市近乎一半的居民属于常住人口，但他们并没有获得上海或北京的户籍，在城市归属感方面还是存在较大的落差，进而影响到他们对整个城市文化的认同。纽约和香港相对较低，其中纽约不同民族和种族对该城市的文化认同感差异巨大。

### 大众文化活动多样性
### Diversity of Popular Cultural Activities

大众文化是城市文化多样性的重要体现，流行、普及和亲民都是大众文化的重要特征。随着社会经济的发展，大众文化活动是否丰富，是否能够满足大众对文化活动的需求，民众有直观的感受和反馈，这些信息都是推进城市大众文化普及和推广的重要依据。通过对权威平台的已有调查数据和本课题抽样调查的数据进行综合分析之后发现，自2015年以来，十大城市中大众文化活动的种类和形式都发生了很大变化，其中多样性成为一个鲜明的特点。伦敦、巴黎、柏林等城市的大众文化仍然与其传统文化的欣赏和阅读习惯有紧密的联系，博物馆、歌剧院等场所仍然是这几个城市大众文化聚集的主要场所。新加坡的大众文化推广过程中虽然有很多"人造"的元素，但他们最终都会使大众文化与自然生态进行很好的互动，城市中心花园和组屋社区周边的公园都成为这座城市大众文化活动的聚集地。上海、北京等城市近年来投入了大量精力来丰富大众文化活动，从城市层面的文化馆、艺术馆等大众文化活动场所，到针对不同年龄人群的老年文化活动中心、青少年艺术中心等，再到各街道和社区的形式多样的文化活动中心的建设，大众文化丰富度得到很大提升。

### 历史文物关注度
### Attention to Historical Relics

历史文物是历史文化的遗存，对历史文物的关注是民众传承历史文化的重要体现。当下，城市民众可以通过多种方式来了解和关注历史文物，其中历史文化博物馆是一个聚集之地。民众在博物馆观展历史文物的同时，了解历史文物所承载的故事和文化。通过对各大城市博物馆访问人次数据的纵向分析，发现2015-2019年访问人次相对比较稳定，北京、纽约、伦敦、巴黎等城市的博物馆访问人次增加明显，但2020年受疫情影响，各城市的博物馆访问人次相比2019年都有大幅的减少，其降幅比例在50%~70%。从横向分析可以看出，2015年每万人博物馆访问人次最高的城市是伦敦、巴黎和纽约，伦敦和巴黎接近25000人次，纽约超过了20000人次，北京接近10000人次，东京和上海在8000人次左右，首尔在4000人次左右，新加坡相对较低，不足1500人次。到了2019年，伦敦、巴黎和纽约的平均访问人次仍然超过了25000人次。上海增幅明显，超过了10000人次。东京下滑明显，不到7000人次。首尔和新加坡也都有所提升，在5000人次和1700人次左右。

## 国际文化交流活跃度
### International Cultural Exchange Activity

国际文化交流是城市可持续发展的重要方面，不同国家、民族、信仰、习俗的人汇集在一座城市，互相学习和交流，这是城市包容性的重要体现。当下，国际旅客数量是国际文化交流活跃度的一个重要指标。2015—2019年各城市国际旅客数量都屡创新高，伦敦和巴黎2015年的国际旅客数量在1800万~1900万人次左右，2019年都超过了2100万人次。新加坡、东京、首尔和纽约从2015年的1000万人次增加到了2019年的近1400万人次。但2020年受疫情影响，大部分城市的国际旅客数量出现断崖式下滑，降幅比例超80%。上海和北京的国际旅客人次相对较少，2015—2019年，上海的国际旅客人次在600万~700万人次，北京在300万~400万人次。上海和北京的国际旅客数量相比于其他国际城市仍然有较大的差距。其中要说明的是原来大多统计报告及统计口径中将中国香港、中国澳门和中国台湾的旅客数量计入国际旅客数量，在本书中，我们将这三个城市的旅客数量统一纳入中国国内游客数量中，不再计入国际旅客数量序列。

## 公共文化设施覆盖率
### Coverage Rate of Public Cultural Facilities

公共文化设施是公众文化交流和学习的重要场所，例如图书馆、博物馆、文化馆、艺术表演场馆等。对文化设施覆盖度的评估是推进城市文化基础设施建设的重要举措。通过对公共文化数量的统计，估算了各城市每万人公共文化设施的拥有情况。结果显示，各城市的万人公共文化设施拥有量都低于1，其中，伦敦、巴黎、纽约等城市相对较高，在0.8左右。北京和东京在0.6左右，首尔和上海在0.4~0.5，新加坡和香港偏低，在0.2~0.3。这里需要说明的是，目前各城市对图书馆、博物馆、文化馆、艺术表演场馆、剧院等公共文化设施的统计数据是不完整的，就会导致目前我们估算出来的覆盖率数据相对偏小。但未来随着数据链条的不断完善，我们将对该指标数据进行进一步优化。

### 信息获取便利度
### Ease of Access to Information

信息获取便利程度成为影响文化学习和教育效果的重要因素。随着移动通信技术的发展和智能移动手机的普及，大众对信息获取的速度和方式更加的便捷。因此，可以从移动电话普及率来反映信息获取的便利程度。2015—2020 年是移动手机，特别是移动智能手机快速发展的阶段，手机普及率提升非常明显。2015 年，十大试点城市的平均普及率在 1.3 左右，即每人拥有 1.3 部手机，到了 2020 年，该平均普及率近 1.5。其中，香港超过了 2，上海和北京超接近 1.7，新加坡在 1.5 左右，伦敦、巴黎、柏林等城市相对较低，在 1.3 左右。

### 文创产业贡献率
### Contribution Rate of Cultural and Creative Industry

文化创意产业是一种在经济全球化背景下产生的以创造力为核心的新兴文化产业，强调一种主体文化或文化因素依靠个人（团队）通过技术、创意和产业化的方式开发、营销知识产权的行业。文创产业在文化多样性发展，劳动就业和经济发展中都具有重要的贡献。暂以文创产业的 GDP 占比来表示文创产业贡献率。2015—2019 年，各城市的文创产业贡献率都有很大提升，但 2020 年受新冠肺炎疫情影响，提升速度明显放缓，相比于 2019 年平均有 20% 左右的降幅。伦敦和巴黎的文创产业贡献率从 2015 年 7.5% 左右提升到了 2019 年的近 9%。北京、东京和纽约基本在 5%~6%，上海增速明显，从 2015 年的 4.5% 左右增加到了 2019 年的 6% 左右，五年增速超 30%。香港基本在 4.5%~5%，首尔、新加坡和柏林相对较低，在 3% 左右。

### 旅游市场贡献率
### Contribution Rate of Tourism Market

旅游市场其实是城市社会经济和文化综合发展的一个缩影。围绕国内外旅客所产生的一系列交通、住宿、商品等诸多市场交易活动和行为对城市可持续发展有重要的推动作用。近年来，各城市旅游市场基本都在高速发展，旅游收入不断增加。但 2020 年受新冠肺炎疫情影响，旅游市场进入寒冬，大部分城市旅游市场收入近乎腰斩，国际旅游市场收入跌幅平均超过 90%。在十大试点城市中，旅游市场收入占比相对较高的是巴黎和北京，在 16%~18%；接下来是伦敦和纽约，在

13%~15%；东京和上海在 10% 左右；新加坡在 6%~7%；首尔和香港跌幅明显，首尔从最高峰的 10% 跌倒了 2019 年的不足 3%，香港 2019 年已不足 2.5%。

### 知识创新投入强度
### Intensity of Knowledge Innovation Investment

知识创新是指通过科学研究，包括基础研究和应用研究，获得新的基础科学和技术科学知识的过程。知识创新是技术创新的基础，是新技术和新发明的源泉，是促进科技进步和经济增长的重要力量，暂以社会研发（R&D）投入来表达。十大试点城市中，研发投入力度逐年都在加强，平均年度增幅在 3%~4%。数据显示 2020 年虽然其他很多投资都受到新冠肺炎疫情影响增速明显放缓，但各城市的研发投入强度相对比较稳定。在研发投入的 GDP 占比中，纽约、北京等城市平均在 5%~6%，首尔和柏林等城市在 4%~5%，东京和上海在 3%~4%，新加坡在 2% 左右。

#### 5.3.5 治理维度

### 财政依存度
### Public Fiscal Dependence

财政依存度是衡量一个国家或一个地区经济运行质量的重要指标，在一定程度上反映了在国内生产总值分配中，国家（或地方）所得占的比重。财政依存度的高低，不仅与国家（或地区）的产业结构、所有制结构以及经济运行质量有着直接的关系，而且受到国家财税政策、税收征管强度等多方面因素的影响。2015-2020 年间，十大城市的财政依存度差异明显，但相对保持稳定。2015 年，上海、北京、香港、柏林等城市的财政依存度在 20% 左右，新加坡在 15% 左右，东京和纽约在 10% 左右，巴黎和首尔在 6%~8%。2020 年，上海、香港、柏林略有下降，但仍然在 18%~20% 的相对高位，北京下降到了 15%~16%，东京上升到了 13% 左右，首尔也上升到了 10% 左右，新加坡、纽约和巴黎基本保持不变，略有不到 1% 的小幅上升。

### 地方政府负债率
### Sub-National Debt Ratio

地方政府负债率是衡量经济总规模对政府债务的承载能力或经济增长对政府举债依赖程度的指标。在十大试点城市中，新加坡的负债率相对较高，而且逐年增加，从 2015 年的 100% 左右增加到了 2020 年的近 130%，远超《马斯特里赫特条约》规定的政府债务风险控制标准参考值 60%，纽约、伦敦等城市的负债率也在高位运行。香港的负债在 30%~40%，而且有逐年上升的趋势。上海的负债率从 2015 年的 19% 左右下降到了 2019 年的 13% 左右，但 2020 年有所增加，基本在 17% 上下浮动。北京负债率从 2015 的 18% 左右下降到了 2019 年的 14% 附近，但 2020 年也有所反弹，上升到了 17% 附近。东京和首尔的负债率相对较低，基本控制在 10% 以内，地方政府债务余额相对较小。

## 公共安全风险
## Public Safety Risks

公共安全主要是指社会和公民个人从事和进行正常的生活、工作、学习、娱乐和交往所需要的稳定的外部环境和秩序，也是城市可持续发展的核心前提之一。其中，刑事案件发生数量是城市安全评估的一个重要指标，暂以万人刑事案件发生数量来间接评估城市安全水平。2015 年十大试点城市万人刑事犯罪案件数量基本情况是，新加坡在 60 左右，北京、上海等城市的数据在 80~90，香港、柏林和东京在 90~100，伦敦和巴黎在 150 左右，首尔和纽约超过了 200。到 2020 年，大部分城市万人刑事案件数量在逐步减少，新加坡、上海、北京基本都在 60 左右，香港下降到了 85 左右。然而，首尔、纽约、伦敦、巴黎等城市的刑事犯罪案件数量增加明显，在 2015 年基础上平均有 15%~20% 的增幅。

## 法律服务供给
## Legal Services Provision

法律服务供给是城市法制化治理的重要途径和举措。其中，专业的法律从业者，特别是职业律师成为法律服务的重要供给者，职业律师群体的规模是城市法制化进程的重要评估指标。在本书中暂以万人拥有律师数量来间接评估法律服务供给水平。纵向来看，十大城市的律师数量都在逐年增加，但增加的幅度有所差异。横向来看，城市间律师数量对比还是较为明显。2015 年，纽约的万人律师拥有量接近 40 人；伦敦、巴黎和柏林和首尔在 20 人左右；北京在 12 人左右；香港、新加坡和上海在 8~10 人；东京相对较低，在 6 人左右。到了 2020 年，东京增速明显，基本翻了一番，达到了 12 人左右；上海、北京、香港和新加坡基本增加了约 30%~50%，达到了 15~16；其他城市变化相对不大，增幅在 5%~10%。

## 专业人次分布密度
## Distribution Density of Professionals

研发人员的数量和质量是城市可持续发展和治理的重要人力资源保障。他们在城市经济社会发展的各个技术和管理岗位从事相应工作，城市治理体系的优化和治理能力的提高都需要专业化的人才队伍。本书中我们暂以万人研发人员数量来表示专业人才分布密度。在十大试点城市中，纽约、伦敦和东京一直保持着较高的比例，2015年这三个城市的万人研发人员数量平均在130人以上，北京在110人左右，首尔和上海在100人左右，新加坡和巴黎在90左右。到了2020年，上海和北京有大致20%左右的增幅，上升到了130人附近；纽约、伦敦和东京也有所提升，增幅比例大致在10%~15%；新加坡和巴黎增幅有限，平均在90~100人。需要说明的是，目前各城市在研发人员统计口径上有所差异，特别是高校等科研机构和企业产学研联合平台的专业研究人员的数量统计存在模糊地带，未来我们将进一步明晰研发人员的具体边界，进而使各城市研发人员数量统计趋于精确。

## 数字化治理水平
## Digital Governance Level

数字化治理是指利用计算机、通信、网络等技术，通过统计技术量化管理对象与管理行为，实现研发、计划、组织、生产、协调、服务、创新等职能的治理活动和方法。随着数字化技术的快速发展，数字化治理的高效率、低成本、易接受、高覆盖等诸多特点逐步显现。因此，数字化治理成为城市可持续治理的重要评估指标。联合国电子政务发展指数是本书的一个重要参考，但我们根据数字化治理的新特点，特别对数字化治理中的信息公开、智能服务、高效便捷、人性化等方面进行了进一步的分析和调查研究，进而对城市的数字化治理水平进行科学评估。研究发现，在十大试点城市中，数字化治理变化最大的城市是上海，其"一网通办"和"一网通管"等数字化治理改革取得了很好的效果，调查结果显示公众对该数字化治理形态满意度很高；新加坡和香港数字化治理的变化虽然也很显著，但在智能化服务和高效便捷等方面还有待提升；纽约、伦敦、巴黎、柏林等城市虽然有较好的数字化治理基础，但在应对当今飞速发展的数字化变革时，其改革进程节奏和效率相对较慢。

## 社会组织参与度
## Social Organization Participation

社会组织是人们为了有效地达到特定目标，按照一定的宗旨、制度、系统建立起来的共同活动集体，它有清楚的界限、明确的目标，内部实行明确的分工。社会组织在城市治理中扮演着非常重要的作用，也是不同利益群体协同推进城市治理进程的重要力量。本书对各城市的社会组织（主要是非政府组织、非营利性组织等）进行统计，估算每万人拥有社会组织的数量来间接的表示社会组织的参与度。调查发现，纽约、伦敦、巴黎的万人社会组织拥有数量相对较高，2015年平均都在20个以上；香港在15个左右；东京在10个左右；新加坡和上海在7个左右，北京和首尔在5个左右。各城市的社会组织数量也在稳步增加，到了

2020年，纽约、伦敦、巴黎、香港等城市的社会组织数量有近30%以上的增幅，上海、北京、东京和韩国等城市增幅相对较缓，平均增幅在15%左右。其中一个重要原因是近年来，上海、北京等城市进一步加强了对社会组织的规范化管理，特别是对准入机制和退出机制的不断完善和优化，短期来看对社会组织数量具有一定的影响。但长期来看，在健康规范的轨道上，社会组织未来有更大的提升空间和发展平台。

## 公共突发事件应急响应公众认可度
### Public Acceptance of Emergency Response to Public Emerggencies

公共突然事件主要是指造成或者可能造成严重社会危害，需要采取应急处置措施予以应对的自然灾害、事故灾难、公共卫生事件、社会安全等重大公共事件。目前，绝大部分城市都有自己的公共突发事件应急响应机制，评价该机制的重要指标之一就是公众的认可度，认可度的高低将直接影响或倒逼城市公共应急响应机制的改进。通过对权威平台的已有调查数据和本课题抽样调查数据的综合分析发现，自2015年以来，大多城市的公共突发事件公共认可度在稳步上升，但2020年由于新冠肺炎疫情影响，部分城市的公众认可度出现很大的下滑。下浮幅度最大的是纽约，其认可度只有60%左右；巴黎、伦敦、东京、首尔的认可度也下滑明显，其平均认可度不足70%；上海、北京、新加坡等城市的认可度不仅没有下滑，而且还有显著提升，其平均认可度超过90%。

## 城市综合治理公众满意度
### Public Satisfaction of Urban Comprehensive Governance

城市综合治理效果到底如何，公众是最有发言权的。通过对城市综合治理效率和效果的调查评估，从公众的角度对其进行评价，然后再根据结果倒逼城市综合治理能力的提升。通过对权威平台的已有调查数据和本课题抽样调查数据的综合分析发现，2015—2019年间，十大城市综合治理公众满意度总体呈上升趋势，但部分城市的满意度出现了较大的波幅，2020年受新冠肺炎疫情影响，大多城市的公众满意度大打折扣。截至2019年，公众满意度最高的城市是新加坡、上海、北京等城市，其平均满意度超90%；东京、伦敦、巴黎等城市的平均满意度在85%左右，首尔、香港、纽约等城市平均公众满意度在80%左右，但部分年份的满意度下滑超10%。2020年上海、新加坡、北京等城市综合治理公众满意度稳步提升，平均增幅在3%以上；香港、纽约等城市满意度下滑较为明显，其下滑幅度在10%~15%；东京、伦敦、巴黎、首尔等城市的综合满意度平均下滑超5%。

# 06
CHAPTER

# Shanghai Special Topics

Urban Sustainable Development Index under the Background of SDGs

# 第 6 章
# 上海专题篇

6.1 横向总体分析

6.2 纵向维度分析

上海是中国国际经济、金融、贸易、航运、科技创新中心，辖区面积6340.5平方公里。2020年上海常住人口约2487万，人口密度每平方公里约3900人，GDP总量约3.87万亿元，人均GDP约15.6万元，进出口贸易总额达到了3.5万亿左右，2020年金融市场成交总额2274.8万亿元。黄浦江畔，魅力魔都，上海正在加快建设具有世界影响力的社会主义现代化国际大都市和令人向往的创新之城、人文之城、生态之城。2015年以来，上海在可持续发展进程中取得了有目共睹的成绩，这些成绩的总体可持续发展绩效水平如何？具体体现在哪些方面？还有哪些方面需要进一步的努力和提升？接下来围绕这些问题，本章将从横向和纵向两个角度来系统分析十大试点城市中的上海。图6.1为上海外滩。

图 6.1 上海外滩

## 6.1 横向总体分析

围绕"SDGs - 城市指数"十大试点城市的验算结果（详见表5.1~表5.6和附表2），横向来看，2015—2020年上海可持续发展综合指数稳中有升，从B+上升到了A，从第四位上升到了第三位，2020年排在伦敦和新加坡之后，超过了巴黎和东京。五大子指数中：① 经济子指数上海在一直保持A档水平的同时，相比其他城市提升非常显著，自2015年的第三位跃居2019年和2020年的第一位。主要原因在于相比其他试点城市而言，上海具有高年均GDP增速和高人均可支配收入增长率，固定资产投资、外商直接投资、金融竞争力、进出口贸易等都表现突出。② 社会子指数上海相对比较稳定，也处于A档水平，但相比而言在第三~第五的位置，住房、医疗、教育、公共交通等都有显著的提升。③ 环境子指数上海还有待进一步提升，这些年从 B 档提升到了 B+ 档，目前处在第七~第八的位置。自 2015 年以来能耗强度、人均碳排放等方面有了很大的改善，但相比其他环境处于 A 档的城市还有较大的优化空间。④ 文化子指数上海从 B+ 档提升到了 A 档，在这十个试点城市中处于中等位置，其中文化设施覆盖率、历史文物关注度等相比于巴黎、伦敦等国际文化大都市还有待进一步提升。⑤ 治理子指数上海表现尤为突出，处于 A 档领先地位。财政依存度逐年增加，低负债率、低刑事犯罪率、高效的数字化治理水平等都是上海治理水平的重要支撑，城市综合治理的公众满意度提升非常明显。

## 6.2 纵向维度分析

纵向来看，上海的变化也是非常突出。以下将从经济、社会、环境、文化和治理五个维度，系统分析上海自 2015 年以来在"SDGs - 城市指数"聚焦的指标及其行业和领域方面的变化。

### 6.2.1 经济维度

经济从 2015 年的 26887.02 亿元增长到了 2019 年的 38155.32 亿元，2020 年为 38700.58 亿元（按照世界银行购买力平价 PPP 转换系数折算成美元则为：从 2015 年的 6945.76 亿美元增长到了 2019 年的 9084.6 亿美元，2020 年是 9192.54 亿美元）。2015—2019 年 GDP 均增长速度约为 7%，2020 为 1.7%。2015—2019 年人均可支配收入年均增长速度约为 8.56%，2020 年为 4% 左右。失业率从 2015 年的 4.1% 下降到了 2019 年的 3.6%，2020 年失业率有所反弹，但仍然控制在 4% 以内。外商直接投资自 2017 年后开始稳步增加，2019、2020 年都超过了 500 亿美元，在 GDP 中的占比都超过了 5.5%。固定资产投资从 2015 年的 6352.70 亿元增加到了 2019 年的 8012.22 亿元，2020 年的持续增加至 8837.48 亿元。固定资产投资年均增长率都在 6% 以上。进出口贸易额从 2015 年的 2.8 万亿元增加到了 2019 年的 3.4 万亿元，2020 年接近 3.5 万亿元，GDP 占比在 90%~100% 左右。全球金融竞争力显著提升，截至 2020 年，上海证券交易所股票市值位居全球第三位，首次公开发行（IPO）股票筹资额位居全球第一，银行间债券市场规模位居全球第二位，上海黄金交易所场内现货黄金交易量位居全球第一位，上海期货交易所多个品种交易量位居同类品种全球第一位。2020 年上海金融市场直接融资额为 17.6 万亿元，比 2015 年增长了 91.3%。2020 年上海金融市场成交总额 2274.8 万亿元，比 2015 年增长了 55.5%。

# 经济专题
## 上海国际金融中心建设

2015—2020年间，上海国际金融中心建设取得了一系列的成绩，大体总结为以下四个方面（专栏6.1）：① 金融市场发展格局日益完善，金融中心核心功能不断增强；② 金融改革创新深入推进，有力支持实体经济发展；③ 金融开放枢纽门户地位更加凸显，国际联通交流持续扩大；③ 金融营商环境不断优化，金融中心城市影响力明显提升。尽管近年来上海国际金融中心建设取得了重要进展，但与成熟国际金融中心发展水平相比，与经济高质量发展对金融提出的要求相比，仍存在一些不足和较大发展空间。主要包括：金融市场全球资源配置功能有待提升，国际投资者占比较低，全球市场定价能力和影响力还不够强。高能级金融机构总部集聚度还不够，金融机构业务创新能力和国际竞争力还不强，对科技创新、中小微企业等的服务力度仍显不足。金融产品不够丰富，衍生工具种类不够完备。与金融开放创新相适应的法治、监管还需要继续完善，国际化高端金融人才占比有待提升，信息技术及数据基础设施建设还需加强，金融风险防范化解能力还要进一步提高。为此，2021年8月24日发布的《上海国际金融中心建设"十四五"规划》明确提出了接下来五年的重要任务和举措，具体可总结为以下几个方面：① 完善金融服务体系，增强对科技创新和实体经济的服务能力；② 深化金融改革创新，完善金融市场体系、产品体系、机构体系、基础设施体系；③ 扩大金融高水平开放，强化全球资源配置功能；④ 加快金融数字化转型，提升金融科技全球竞争力；⑤ 发展绿色金融，推动绿色低碳可持续发展；⑥ 创新人才发展体制机制，厚积国际金融人才高地新势能；⑦ 构建与金融开放创新相适应的风险管理体系，有效防范化解金融风险；⑧ 优化金融营商环境，营造更加良好的金融生态。

### 专栏6.1 上海国际金融中心建设取得的主要成就（2015—2020年）[1]

**1. 金融市场发展格局日益完善，金融中心核心功能不断增强**

（1）2020年末上海证券交易所股票市值位居全球第三位；

（2）2020年首次公开发行（IPO）股票筹资额、股票成交额分别位居全球第一、第五位；

（3）银行间债券市场规模位居全球第二位；

---

1. 节选自《上海国际金融中心建设"十四五"规划》

(4) 上海黄金交易所场内现货黄金交易量位居全球第一位；

(5) 上海期货交易所多个品种交易量位居同类品种全球第一，原油期货市场已成全球第三大原油期货市场；

(6) 2020 年上海金融市场成交总额 2274.8 万亿元，比 2015 年增长 55.5%。

**2. 金融改革创新深入推进，有力支持实体经济发展**

(1) 直接融资规模不断扩大，2020 年上海金融市场直接融资额 17.6 万亿元，比 2015 年增长 91.3%；

(2) 上海在全国率先开展了跨境贸易人民币结算、期货保税交割、个人税收递延型商业养老保险和合格境外有限合伙人（QFLP）、合格境内有限合伙人（QDLP）等创新业务试点；

(3) 金融中心与科创中心联动效应日益增强。在上海证券交易所推出科创板并试点注册制；

(4) 金融科技发展水平位居全球前列，建信金科、中银金科、交银金科等金融科技公司在沪设立；

(5) 对重点产业、中小微企业和区域一体化发展的金融支持力度不断加大。通过信贷支持、上市融资等方式，支持战略性新兴产业和重大项目建设；

(6) 积极发展普惠金融，实施信贷风险补偿和奖励政策，设立政策性融资担保基金，上线大数据普惠金融应用，推进票据业务创新，支持中小微企业发展。

**3. 金融开放枢纽门户地位更加凸显，国际联通交流持续扩大**

(1) 上海自贸试验区金融开放创新先行先试效应显著，创设自由贸易账户体系，在跨境融资宏观审慎管理、自贸试验区银行业务创新监管互动机制、航运保险产品注册制等方面率先探索。

(2) 上海自贸试验区临港新片区建设启动，率先实施优质企业跨境人民币结算便利化、境内贸易融资资产跨境转让、一次性外债登记等一系列创新举措。

(3) 金融市场互联互通取得重要进展。银行间债券、外汇、货币等金融市场对外开放步伐加快，"沪港通""债券通"平稳运行，推出"沪伦通""中日交易型开放式指数基金（ETF）互通"。"熊猫债"发行规模进一步扩大。

以"上海金"为基准的衍生品在芝加哥商业交易所上线。中国股票、债券被纳入明晟、彭博巴克莱、富时罗素等全球重要指数。

（4）中外资金融机构集聚效应明显。截至2020年年末，上海持牌金融机构总数达1674家，比2015年末增加196家，外资金融机构占比近三分之一。外资法人银行、保险机构、基金管理公司均占内地总数的一半左右，成为境内外资金融机构最集中的城市。全球资管规模排名前十的资管机构均已在沪开展业务，全国33家外资私募证券投资基金管理人（WFOE PFM）中有29家落户上海。

（5）"一带一路"金融合作不断扩大。在沪金融市场收购巴基斯坦证券交易所、孟加拉国达卡证券交易所部分股权，参股哈萨克斯坦阿斯塔纳国际交易所。上海交易所国际交流合作中心成立。中国外汇交易中心推动多个"一带一路"沿线国家和地区货币在银行间外汇市场挂牌并开展交易。

**4. 金融营商环境不断优化，金融中心城市影响力明显提升**

（1）金融法治建设深入推进，在全国率先设立金融法院、金融仲裁院等机构；

（2）信用与消费者保护体系建设不断健全，落户上海的人民银行征信中心已建成全国集中统一的企业和个人金融信用信息基础数据库；

（3）金融人才高地建设取得积极进展。深入实施"上海金才工程"，金融人才培养开发体系进一步健全；

（4）金融集聚区建设成效明显，陆家嘴金融城在全国率先实施"业界共治＋法定机构"公共治理架构。

### 6.2.2 社会维度

上海行政区划面积为6340.5平方公里，人口从2015年的2415.27万人增长到了2020年的2487.09万人；人口密度从2015年的每平方公里3809人增长到了2020年的3923人，年均增长约0.6%。预期寿命从2015年的82.75增加到了2020年的83.67。5岁以下儿童死亡率从2015年的3.2‰下降到2020年的2.3‰左右。医疗设施投入力度逐年增加，仅医疗机构病床数量从2015年的12.3万到2020年近16万张病床，年均新增病床数量约为7400张，每万人病床拥有量大致从2015年的51张增加到了2020年的65张床位，年均增长速度为5.5%。基础教育基本实现学龄儿童全部入学，接受义务教育。基本医保障实现全覆盖，而且优化医疗保险制度进行商业辅助配套。人均住房面积大致在 35-38 平方米（需要说明的是国内外城市人均住房面统计口径在建筑面积和使用面积方面有所差异，目前暂都视为使用面积，未来进一步细化处理）。公共交通承载力从 2015 年的 26 亿人次增加到了 2019 年的 63 亿人次，2020 年受新冠肺炎疫情影响下降了 30% 左右。

## 社会专题
### 人民城市人民建，人民城市为人民

2019 年 11 月 2 日，习近平总书记来到杨浦滨江公共空间杨树浦水厂滨江段，沿滨江栈桥察看黄浦江两岸风貌。在考察中，习近平总书记指出："人民城市人民建，人民城市为人民。"在城市建设中，一定要贯彻以人民为中心的发展思想，合理安排生产、生活、生态空间，努力扩大公共空间，让老百姓有休闲、健身、娱乐的地方，让城市成为老百姓宜业宜居的乐园。2020 年 6 月 23 日，中国共产党上海市第十一届委员会第九次全体会议审议通过《中共上海市委关于深入贯彻落实"人民城市人民建，人民城市为人民"重要理念，谱写新时代人民城市新篇章的意见》，对加快建设具有世界影响力的社会主义现代化国际大都市作全面部署。上海市委书记李强指出要更加自觉地把"人民城市人民建，人民城市为人民"重要理念贯彻落实到上海城市发展全过程和城市工作各方面，把为人民谋幸福、让生活更美好作为鲜明主题，切实将人民城市建设的工作要求转化为紧紧依靠人民、不断造福人民、牢牢植根人民的务实行动（专栏 6.2）。

---

### 专栏 6.2 人民城市人民建，人民城市为人民 [1]

努力打造人人都有人生出彩机会、人人都能有序参与治理、人人都能享有品质生活、人人都能切实感受温度、人人都能拥有归属认同的城市。

**（1）以更优的供给满足人民需求，用最好的资源服务人民，提供更多的机遇成就每个人。** 把人本价值作为推动城市发展的核心取向，作为改进城市服务和管理的重要标尺，作为检验城市各项工作成效的根本标准，贯穿城市规划、建设、管理和生产、生活、生态各环节各方面，以更优的供给满足人民需求，用最好的资源服务人民。

**（2）以绣花般功夫推进城市精细化管理，确保城市各领域、各环节、**

---

1. 节选自《中共上海市委关于深入贯彻落实"人民城市人民建，人民城市为人民"重要理念，谱写新时代人民城市新篇章的意见》

**各方面运行更顺畅、更高效、更可持续**。城市治理需要更用心、更精细、更科学，如履薄冰地守牢安全底线，以系统性思维强化整体协同，以全周期管理提升能力水平。既要重视传统安全，确保城市运行顺畅，更要重视人民生命安全，切实以人的生命健康为中心推进经济社会发展。

（3）**把做优做强城市核心功能作为主攻方向，面向全球拓展功能，面向未来塑造功能，面向基础夯实功能**。要把握人民城市的战略使命，更好代表国家参与国际合作与竞争。把做优做强城市核心功能作为主攻方向，面向全球拓展功能，面向未来塑造功能，面向基础夯实功能，不断强化全球资源配置、科技创新策源、高端产业引领、开放枢纽门户"四大功能"。

（4）**更好汇聚人气、集聚人才、凝聚人心，使五湖四海的人们向往这座城市、汇聚到这座城市**。要把握人民城市的精神品格，着力提升城市软实力。大力弘扬"海纳百川、追求卓越、开明睿智、大气谦和"的城市精神和"开放、创新、包容"的城市品格，凝聚起建设人民城市的强大精神和品格力量，回答好我们应该有什么样的追求、胸襟、底气的时代命题。

（5）**紧紧依靠人民推进城市建设，充分激发人民群众的主人翁精神，强化人民群众参与的制度化保障**。要把握人民城市的主体力量，打造共建共治共享的社会治理共同体。紧紧依靠人民推进城市建设，充分激发人民群众的主人翁精神，强化人民群众参与的制度化保障。坚持党的群众路线，最大限度调动人民群众的积极性、主动性、创造性，让人民群众成为城市发展的积极参与者、最大受益者、最终评判者。

### 6.2.3 环境维度

上海年人均生活污水排放量在 90 立方米左右，年人均生活垃圾产生量为 320~400kg，截至 2020 年末年均空气质量指数（AQI）已经下降到了 60 左右，空气质量优良率提升明显。能耗强度（万元人民币 GDP 能耗）从 2015 年的 0.463 下降到了 2019 年的 0.337，2020 年约为 0.325，年均下降幅度在 6% 左右。可再生能源开发和使用大幅提升，在 2018 年可再生能源电量在总用电量中的占比就超过了 30%，非化石能源占一次能源比重超过了 14%。绿地面积从 2015 年的 127331 公顷增加到了 2019 年的 157785 公顷，2020 年已超过了 160000 公顷。其中，公园绿地面积从 2015 年的 18395 公顷也增加到了 2019 年的 21425 公顷，2020 年达到了 22000 公顷左右。但由于上海人口基数庞大，人均绿地面积相比于其他人口规模较小的国际城市，仍然有一定的距离。

## 环境专题
回归的江河，让城市充满温情

2014年上海市制定了《黄浦江两岸地区公共空间建设三年行动计划（2015年—2017年）》，探索建设一批高品质的城市滨水公共绿色空间，将黄浦江两岸地区打造成世界级的滨水公共开放空间，将上海最精华、最核心的黄浦江两岸开放给全体市民。2017年底，杨浦大桥至徐浦大桥两岸公共空间45公里实现贯通开放，三年行动计划的主要目标基本实现。在此基础上，2018—2020年三年时间里，从规划到落地，再到提升和优化，滨江两岸通过建设慢行系统，植物重塑，提升场地功能，增加公共设施等措施，使之成为城市居民健身休闲、观光旅游的公共绿色空间，形成城市生活与滨水空间的交织互动。围绕"还江于民、还景于民"的宗旨，实现以公众精神需求为导向的回归，城市文脉的回归。

本专题将介绍黄浦江滨水沿岸城市公共绿色空间营造过程中的两个亮点，即慢行系统和便民驿站。慢行系统的打造是提升黄浦江滨水沿岸城市生态公共空间的重要内容。慢行系统强调黄浦江沿线生态空间的全景体验，系统特色主要包括三个方面：其一，漫步道，供市民休闲漫步，强调开阔亲水体验；其二，跑步道，主要用于休闲慢跑，强调穿越特色生态空间的体验；其三，骑行道，慢速骑行，强调串联各类活动设施和滨江生态绿色走廊。滨江沿线在生态绿色公共空间营造和品质提升过程中，为公众提供更加人性化的公共服务是一项重要内容。多座望江驿的植入很好地贴合公众的诉求，用有温暖的空间承载多维度需求，使滨江生态绿色空间更具吸引力（专栏6.3）。

### 专栏6.3 上海黄浦滨江生态绿色公共空间建设经验[1]

**（1）不同利益群体的共同参与是城市品质提升的重要动力**

黄浦滨江是上海的一张城市名片，但随着沿江工业的迁移、码头的停运，沿江出现许多闲置土地以及封闭的滨水空间，对滨江两岸的转型发展及整个城市的可持续发展提出了挑战。滨江生态绿色空间的贯通为上海城市居民带来了一个全新的滨水公共开放空间，也将黄浦江滨水沿线的可持续发展置于首要地位，并着重关注了城市、文化、生态与滨水空间的重新结合，尊重黄浦江沿岸的过去、现在和未来。城市滨水公共开放空间的打造和品

---

1. 节选自《上海手册2020年度报告：21世纪城市可持续发展指南》

质提升，不仅仅是政府行为，还需要城市居民、非政府组织、企业等不同利益群体的参与和支持，只有这样才能真正实现江河的回归，回归到城市居民的日常生活里。

**（2）城市滨江生态绿色空间中的慢行系统要和居民需求有机融合**

黄浦江滨江沿线生态绿色公共空间慢行系统的建设及其品质提升之所以得到了城市居民的普遍认可，是因为从设计、实施到优化，一方面充分考虑了滨江沿线生态环境的绿色基底，另一方面也对居民需求进行了充分考量。连续性、便捷性和舒适性是慢行系统设计及其优化的基本原则。居民在享用滨江生态绿色空间的过程中的需求是多样的，有人喜欢漫步，有人喜欢跑步、有人喜欢骑行。在这个过程中，不论距离长短，时而驻足停留，时而坐下休息，时而把单车停靠在路旁，动静之间，大家在这个公共的生态空间里获取到了属于自己的那份喜悦和满足，这也许就是城市温情之处。

**（3）便民服务设施的供给是城市滨水公共空间品质提升的重要内涵**

黄浦江滨水公共空间不应该是一个"花架子"，也不应该是一个"形象工程"，我们应该真正赋予它内涵和活力。除了生态环境的营造和基础设施建设外，空间品质的提升关键在于为城市居民提供更加人性化的服务。重塑便民亲民的活力滨江空间，完善公共服务功能，设置便民基础服务设施，合理布局各类休憩广场、市民活动空间，为多样化的活动提供舒适的场地。此外，服务的供给也需要与时俱进，随着信息时代大家对移动互联产品的依赖不断增强，网络基础设施及配套设施，例如 Wi-Fi，公共充电宝，电子阅读器等现代服务也需要不断优化完善。

## 6.2.4 文化维度

城市文化认同感逐年提升。大众文化娱乐活动也在逐年丰富，大众文娱活动的供给数量和质量也得到了城市居民的认可。国际文化交流活跃度也在不断提升，国际旅客人次从 2015 年的 614.64 万人次增加到了 2019 年的 692.12 万人次，2020 年受疫情影响，国际旅客人次只有 80 万左右。需要说明的是，我们对中国大陆城市的国际旅客统计口径做了修正，将中国香港、中国澳门和中国台湾旅客统一算入国内旅客数列，不再放到国际旅客数列中统计。文化设施覆盖率中，图书馆、博物馆、文化馆、剧院等文化设施的统计数据目前无法保证十分精确。例如，上海 2019 年统计的博物馆近 130 个，但公共图书馆只有 20 个左右，根据大数据搜索和实地核验，各级各类公共图书馆数量远超该统计数据。因此，据目前不完全统计，包括上海在内的十个试点城市万人文化设施拥有量统计结果都偏低。在历史文物关注度方面，博物馆年访问人次从 2015 年的 8 千万人次增长到了 2019 年的 1.14 亿人次，年均旅客数量增长率在 10% 以上。2020 年受疫情影响较 2019 年减少逾七成。旅游市场贡献率从 2015 年的 12% 增长到了 2019 年的近 14%，年均增长超过 4%。2020 年旅游贡献率相比于 2019 年减少了近一半。文创产业的贡献率在 2019 年和 2020 年超过了 12%。知识创新投入强度中，研发投入从 2015 年的 936 亿元提升到了 2020 年的 1600 亿元左右，年均 GDP 占比都在 3.5%~4%。

## 文化专题
### 上海文化创意产业创新发展和城市软实力的提升

　　文化是城市可持续发展的灵魂和根基，是提升城市吸引力、竞争力、影响力和软实力的核心要素。文化创意产业是国民经济和社会发展的重要支柱产业，是推动城市创新驱动发展、经济转型升级的重要动力。2017 年 12 月 4 日，上海市印发《关于加快本市文化创意产业创新发展的若干意见》，明确提出了上海市文创产业创新发展的方向和举措。文件指出要发挥市场在文化资源配置中的积极作用，使文化创意产业成为上海构建新型产业体系的新的增长点、提升城市竞争力的重要增长极。2018 年 5 月 14 日，上海发布《全力打响"上海文化"品牌 加快建成国际文化大都市三年行动计划（2018—2020 年）》，指出文化品牌是一座城市最闪亮、最有魅力的金字招牌，承载着城市精神品格和理想追求。"上海文化"品牌建设，既要抓好"码头"建设，又要抓好"源头"建设。"源头"重在原创力，贯穿于文化品牌建设各领域全过程，直接关系到"上海文化"的可持续发展。唯有坚持打造"上海原创""上海制作""上海出品"的品牌矩阵，才能彰显"上海文化"历久弥新的突出地位。一直以来，有很多人习惯称上海为"文化大码头"。2021 年 6 月 22 日，中国共产党上海市第十一届委员会第十一次全体会议审议通过了《中共上海市委关于厚植城市精神彰显城市品格全面提升上海城市软实力的意见》，全会强调，习近平总书记亲自提炼概括了"海纳百川、追求卓越、开明睿智、大气谦和"的上海城市精神和"开放、创新、包容"的上海城市品格，对提升软实力做出一系列重要论述，为上海加快打造同具有世界影响力的社会主义现代化国际大都市相匹配的城市软实力指明了前进方向。要深入贯彻落实习近平总书记对上海工作重要指示要求，着眼全面完成党中央赋予上海的重大使命任务，传承红色基因，更加自觉地弘扬城市精神品格，更加主动地提升城市软实力，充分发挥软实力的"加速器"作用，让核心价值凝心铸魂、让文化魅力竞相绽放、让现代治理引领未来、让法治名片更加闪亮、让都市风范充分彰显、让天下英才近悦远来，为创造新时代新奇迹、展现现代化新气象提供不竭动力源泉。在上海这座城市，形成既讲规则秩序、又显蓬勃活力，既有国际风范、又有东方神韵，既能各美其美、又能美美与共，既可触摸历史、又能拥抱未来，既崇尚人人奋斗出彩、又体现处处守望相助，那样一种干事创业热土、幸福生活乐园的生动图景，更好地向世界展示中国理念、中国精神、中国道路（专栏6.4）。

### 专栏 6.4 着力提升文化建设品位，塑造上海城市软实力的神韵魅力[1]

上海紧紧围绕大力提升文化软实力，锚定建设具有世界影响力的社会主义国际文化大都市的目标，打造更富独特魅力的人文之城，让世人更好地感知中国风、东方韵。

**（1）构筑更具国际影响力的文化高地。** 以海纳百川的胸怀推进中外文化交流交融，营造开放包容的文化环境，集聚世界一流的文创企业、文化机构、领军人才，打造更高水准的文化地标集群、更高人气的文化交流舞台、更高能级的文化交易平台，加快建设全球影视创制中心、国际重要艺术品交易中心、亚洲演艺之都、全球电竞之都、网络文化产业高地、创意设计产业高地。持续打响中国上海国际艺术节、上海国际电影节等节展赛事品牌，推动海内外优秀文化作品首发、首演、首映、首展，提升世界著名旅游城市和全球著名体育城市的影响力、吸引力，建设近悦远来的国际"文化会客厅"和"旅游首选地"。鼓励各类文化流派百家争鸣、文艺创造百花齐放，让前沿的对话、高雅的艺术、新潮的剧目、先锋的作品在上海登场亮相，努力成为世界文化艺术发展的一个重要风向标。

**（2）培育涌现更多原创性的文化精品。** 实施"上海文艺再攀高峰工程"，聚焦时代命题和重大主题，在文学、电影、电视、舞台、美术、群众文化、网络文艺等领域推出更多"上海原创""上海制作""上海出品"的传世之作，推动开发更多演绎上海故事、传播上海精彩、镌刻上海印记的文化"爆款"。完善尊重原创、鼓励"冒尖"、呵护创新的激励机制，加大对文化"精品、优品、新品"的支持力度，引导促进青年文化艺术人才、网络原创作者、街头艺人等健康发展，培育更多具有世界眼光、家国情怀的名家大师，让更多的人在上海实现艺术梦想。大力推进数字化深度赋能，加快文创产业与科技、商务、旅游、体育等融合发展，培育更多有竞争力的文化领军企业、"小巨人"

---

1. 节选自《中共上海市委关于厚植城市精神彰显城市品格全面提升上海城市软实力的意见》

企业，让人们获得虚拟现实、交互娱乐、智慧旅游、数字文博等文娱新体验。

**（3）保护传承"最上海"的城市文脉。** 以珍爱之心、尊崇之心善待历史遗存，加强对历史建筑、风貌街区、革命遗址、工业遗迹的保护利用，探索传统历史文化更富创意的"打开方式"，推动更多"工业锈带"变为"生活秀带""文化秀带"，让人们更好感受"里弄小巷石库门、梧桐树下小洋房"的独特气质。推进城市记忆工程，传承发展戏曲曲艺、民间艺术、手工技艺等非物质文化遗产，留存好古意古韵的水乡古镇，保护好吴侬软语的本土方言，努力使典籍中的上海、文物中的上海、遗迹中的上海在穿越时空中活态呈现。促进公共文化服务体系社会化、专业化发展，深入实施建筑可阅读、街区可漫步、滨水可游憩，大力推进文化场馆、体育设施、公园绿地等向社会开放，培育打造市民可亲近、可参与、可展示的文化新空间和休闲好去处，让人们拥有诗意栖居、浪漫生活的美好家园。

## 6.2.5 治理维度

上海财政依存度（一般公共财政收入的 GDP 占比）在 20% 左右。其中，一般公共财政收入从 2015 年的 5500 亿元增长到了 2020 年的 7000 亿元左右，年均增幅在 5.5% 左右；一般公共财政支出从 2015 年的 6200 亿元增加到了 2020 年的 8100 亿元，年均增幅在 6% 左右。地方政府债务余额从 2015 年的 4880 亿元到了 2020 年的 6891.5 亿元，负债率从 2015 年的 18.2% 下降到了 2020 年的 17.8%，总体保持在 18% 左右的负债率。刑事犯罪案件数量从 2020 年的 20.5 万起下降到了 2020 年的 15 万起左右，万人刑事案件犯罪数量从 85 起下降到了 60 起左右。其中，杀人、伤害、抢劫、强奸等严重犯罪案件从 2015 年的 3854 起下降到了 2019 年的 2529 起，年均下降 8.6% 左右；诈骗案件从 2015 年的 36715 起上升到了 2019 年的 63431 起，年均增加约 18%；盗窃案件从 2015 年的 132720 下降到了 2019 年的 57946 起，年均减少约 14%。专业人才分布密度每万人都超过了 100 人，2015 年到 2020 年的年均增长速度超过了 5%。法律服务供给中每万人的律师数量从 2015 年的 7.6 增加到了 12.6，年均增长超过 13%。民政部门备案的社会组织和团体从 2015 年约 1.35 万个增加到了 2020 年的 1.72 万个，年均增长约 5.5%。数字化治理效果尤为明显，从 2015 年公共信用信息服务平台正式开通运行到 2020 年政务服务"一网通办"的优化运行，"一网通办"总门户已接入 3071 项服务事项，其中 83% 的事项可实现全程网办，日均办事 17.3 万件，总客服解决率和满意率分别达到 98.8% 和 85.8%。

## 治理专题
### "一网通办"和"一网统管"

**"一网通办"**

上海整合现有各部门的政务服务事项前端受理功能,建设上海政务"一网通办"总门户,打造"12345"市民服务热线政务服务总客服,规范整合各级政府部门便民服务公众号和移动端 App。应用大数据、人工智能、物联网等新技术,提升政府管理科学化、精细化、智能化水平,形成一网受理、协同办理、综合管理为一体的政务服务体系。

2019 年 4 月 3 日在上海"一网通办"工作推进会议上,上海市市委书记李强指出"一网通办"是上海探索推进"互联网+政务服务"的一项重大改革,是事关上海加快打造良好营商环境和建设服务型政府的重要举措,全市上下必须切实增强思想自觉和行动自觉,立足全局,服务大局,通力协作、持续攻坚,坚决将这项改革推进到底。具体要求见专栏 6.5 和 6.6。上海"一网通办"主页如图 6.2 所示。

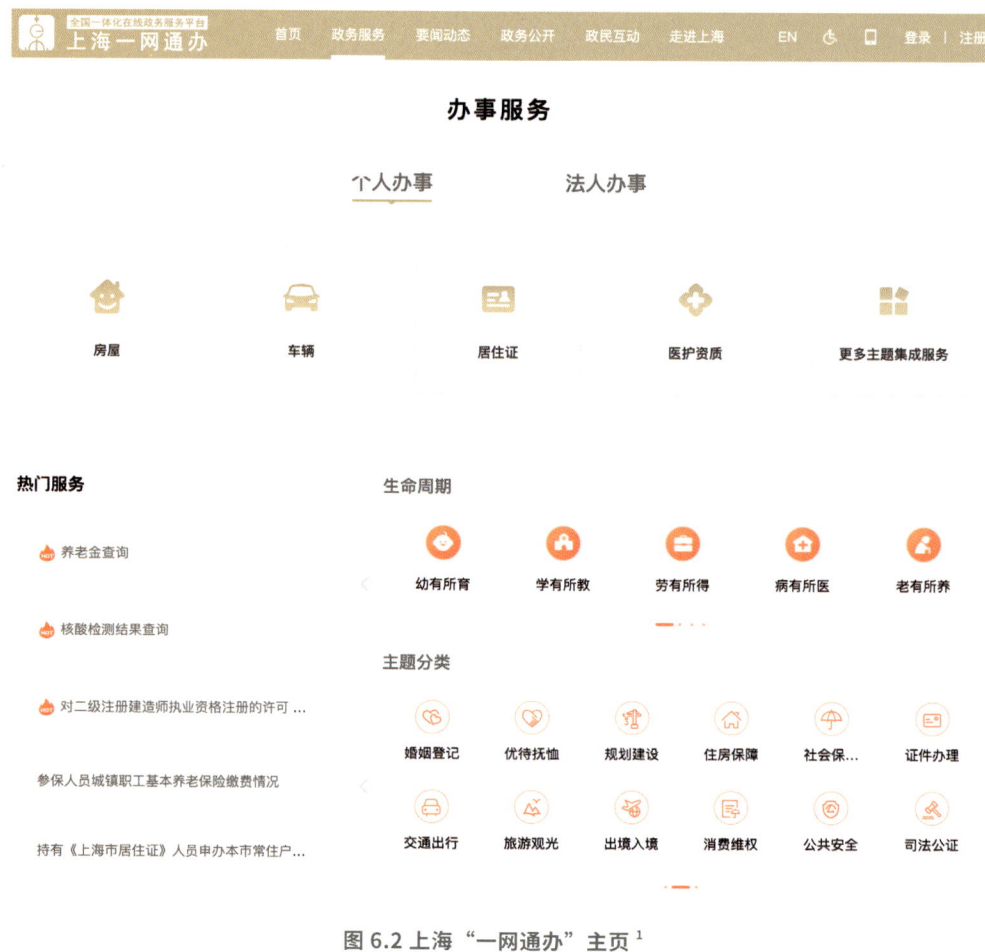

图 6.2 上海"一网通办"主页[1]

---

1. 上海政务网 https://zwdt.sh.gov.cn/govPortals/index.do.

### 专栏 6.5 上海政务"一网通办"的战略定位和新要求[1]

（1）要把"一网通办"作为深化政府自身改革的突破口。"一网通办"依托的是大数据、互联网等现代技术，整合的是政府部门职责权限，规范的是办事标准流程，是政府刀刃向内的自我革命，是政府管理体制机制的重大制度性变革，是政府服务模式的颠覆性创新。

（2）要把"一网通办"作为优化营商环境的重要抓手。通过"一网通办"业务流程再造、数据支撑和技术支持，进一步减环节、减时间，简化申报材料，降低办事成本，普惠更多企业，让"一网通办"的"上海速度"成为检验上海营商环境的试金石，推动上海营商环境实现整体性、根本性的改善。

（3）要把"一网通办"作为落实以人民为中心发展思想的具体实践，实现从"以部门为中心"向"以用户为中心"的转变，从"以管理者为本位"向"以服务对象为本位"的转变，切实转变作风，密切党群、干群关系，当好服务企业和群众的"店小二"，真正做到数据多跑路、干部迈开腿、群众零跑腿，用干部的"辛苦指数"换取企业的"发展指数"、群众的"幸福指数"。

（4）要坚持问题导向、需求导向和效果导向，把"一网通办"品牌打得更响。要通过业务流程再造，实现集成服务、只跑一次、一次办成。以高效办成一件事为目标，对各部门内部流程和跨部门、跨层级、跨区域协同办事流程进行重构优化。全方位拓展政务服务渠道，确保面向企业和市民的所有政务服务"进一网、能通办"。要在加强数据信息的安全管理上探索新机制，强化制度保障、技术支撑，完善应急预案，确保数据安全、系统安全、设施安全。

（5）推进"一网通办"目标任务已经明确，要按照高标准、高水平建设要求，合力抓落实抓推进。要强化评估考核，抓紧建立政务服务"好差评"制度，开辟多种渠道和方式接受群众监督，建立监督、整改、反馈的全流程闭环工作机制，加强与第三方专业测评机构合作，及时发现和解决问题，真正使"一网通办"成为上海政务服务响当当的金字招牌。

---

1. 节选于上海市市委书记李强在 2019 年 4 月 3 日上海"一网通办"工作推进会议上的讲话。

### 专栏 6.6 上海"一网通办"取得的效果 [1]

（1）2018年，上海组建市大数据中心，开通运行"一网通办"总门户。初步建立了公共数据汇聚、互联、共享机制，基本做到统一身份认证、统一总客服、统一公共支付平台、统一物流快递，初步实现公共数据从以部门管理为中心向以用户服务为中心转变。

（2）制定实施公共数据开放办法，建成数据共享交换平台和经济社会发展综合数据平台一期。至"一网通办"总门户接入事项达到2261个，线上办事651万件。审批事项提交材料和办理时限平均分别减少52.9%和59.8%，全市通办事项和业务流程再造事项分别新增177个和105个。

（3）"随申办市民云"是上海市政府"一网通办"推出的移动端App。目前，"随申办市民云"注册用户已突破2000万，是全国首个突破千万用户的政府服务移动平台。"随申办市民云"面向企业和群众，实现了统一实名认证、统一总客服、统一缴费支付、统一物流快递。

（4）上海电子政务网络实现全覆盖。2019年全市政府网站群首页访问量日均139.16万页次，页面访问量日均4180.39万页次。

（5）2019年，12345市民服务热线共受理市民诉求506.3万件，同比增长14.53%，多媒体渠道（网站和手机）受理37万件，同比增长26.56%，转送解决问题工单250.8万件，人工回访事项解决率80.63%，电话回访市民20.08万件，回访市民综合满意率为90.12%。

（6）2020年2月，依托移动端"随申办"打造的"随申码"在抗击新冠肺炎疫情期间试点上线，通过大数据建模分析评估后测算出红色、黄色、绿色三种参考风险状态，并根据不同颜色采取不同的管理措施。该功能在线下园区、街镇等多个场景试点应用，并开放给微信、支付宝、钉钉等平台及社会第三方机构使用，方便市民在疫情非常时期工作、生活、出行等需要。交通卡口防控人员、社区小区防控人员、科技园区、商务楼宇人员可以通过使用微信、支付宝、"随申办"App扫描用户出示的"随申码"核查获取用户基本信息、健康防控状态信息、当前定位信息，便于快速记录上报核查，为疫情防控提供有力支撑。

---

1. 信息来源：上海"一网通办"总门户网站。

### "一网统管"

上海把推进"一网统管"建设作为提高城市治理能力现代化水平的"牛鼻子"工程，充分发挥网格化管理的体制机制优势，紧紧围绕"一屏观全域，一网管全城"的目标定位，在升级改造城市网格化管理信息系统的基础上，加快推进城市综合管理信息系统建设，充分发挥网格化管理的体制机制优势，依托市、区、街镇三级网格化管理体系，着力在"数据汇聚、系统集成、联勤联动、共享开放"上下功夫，持续开发优化网格化综合管理平台，按照"三级平台、五级应用"的基本架构，打牢"云数网端"新基建基座，不断完善升级网格化管理信息系统，提供更高质量、更高水平、更高效率的精细化管理服务，为城市运行"观全面、管到位、防有效"提供支撑，不断增强人民群众的安全感、获得感和满意度[1]。图 6.3 为上海"一网统管"作业大厅。

图 6.3 上海"一网统管"作业大厅

---

1. 上海一网统管让城市生活更便捷 [N]. 经济日报，2020.12.24

# Appendix

Urban Sustainable Development Index under the Background of SDGs

# 附录

附表1："SDGs-城市指数"指标诠释

附表2：十大试点城市分档分级验算结果

附表3："SDGs-城市指数"试点城市数据溯源报告

主要参考文献

图例、表格和专栏

# 附表 1
## "SDGs - 城市指数"指标诠释

| 指标名称（S-1） | 人口密度 | | | | |
|---|---|---|---|---|---|
| 所属维度 | 社会 | | | | |
| 指标含义 | 城市人口密度是单位土地面积上的人口数量，它是衡量一个地区或城市人口分布状况的重要指标。人口密度的适度控制和调节是城市可持续发展的重要前提，也是人口流动、移民政策等诸多相关人口政策的重要决策依据，会影响整个城市社会经济发展的路径选择 | | | | |
| 以人为本（人民城市） | 人生出彩机会 | 有序参与治理 | 享有品质生活 | 切实感受温度 | 拥有归属认同 |
| | | | √ | √ | |
| 与 SDGs 的关联性 | SDGs 10.7 促进有序、安全、正常和负责的移民和人口流动，包括执行合理规划且管理完善的移民政策 | | | | |
| 与 NUA 的关联性 | NUA 52 我们鼓励制定空间开发战略，酌情考虑引导城市扩展，优先开展城市改造，通过规划确保便利和互联互通的基础设施和服务、可持续的人口密度、紧凑设计以及新社区融入城市结构，预防城市的无序扩张和边缘化 | | | | |
| 与 GUMF 的关联性 | GUMF 人口密度 | | | | |
| 相关国际机构（政府部门） | UN-Habitat　UNEP　UNICEF　UNESCO　WB　OECD　ILO　AIIB　MOHURD　其他 | | | | |
| 主流指数（指标）关联性 | √　　√　　√　　√　　√　　√　　√　　√　　√　　√ | | | | |
| 方法/模型 | $$人口密度 = \frac{常住人口（人）}{城市辖区面积（平方公里）}$$ | | | | |
| 主要数据来源 | 人口数据以国家、地区和城市官方统计年鉴或人口普查报告为准 | | | | |

| 指标名称（S-2） | 预期寿命 | | | | |
|---|---|---|---|---|---|
| 所属维度 | 社会 | | | | |
| 指标含义 | 预期寿命用来表述新出生人口平均预期可存活的年数，是衡量社会经济发展水平及医疗卫生服务水平的重要指标。预期寿命的不断提高是社会经济及健康医疗不断良性发展的结果，让人民群众能够健康长寿是城市可持续发展"以人为本"核心理念的精髓所在 | | | | |
| 以人为本（人民城市） | 人生出彩机会 | 有序参与治理 | 享有品质生活 | 切实感受温度 | 拥有归属认同 |
| | | | √ | √ | |
| 与 SDGs 的关联性 | SDGs 3.8 基本健康服务的覆盖面<br>SDG 3.d 遵守《国际卫生条例》的能力和保健方面的应急准备 | | | | |
| 与 NUA 的关联性 | NUA 14a 改善宜居环境、卫生和福祉，消除艾滋病、结核病和疟疾等流行病 | | | | |
| 与 GUMF 的关联性 | GUMF 预期寿命 | | | | |
| 相关国际机构（政府部门） | UN-Habitat　UNEP　UNICEF　UNESCO　WB　OECD　ILO　AIIB　MOHURD　其他 | | | | |
| 主流指数（指标）关联性 | √　　　　　　　　　　　　　　　　√　　　　　　　　　　　　　　　　√ | | | | |
| 方法/模型 | 对同时出生的一批人进行追踪调查，分别记下在各年龄段的死亡人数直至最后一个人的寿命结束，然后根据这一批人活到不同年龄的人数来计算人口的平均寿命，用这批人的平均寿命来假设一代人平均寿命即为平均预期寿命 | | | | |
| 主要数据来源 | 数据以国家、地区和城市官方统计年鉴或医疗卫生部门的年度工作（专题）报告为准，WHO 等国际或区域医疗健康卫生组织定期发布的统计报表作参考 | | | | |

| 指标名称（S-3） | 儿童健康水平 |
| --- | --- |
| 所属维度 | 社会 |
| 指标含义 | 儿童健康水平用 5 岁以下儿童死亡率来表示。5 岁以下儿童死亡率是联合国和世卫组织强调的反映儿童健康状况的核心指标之一，与儿童所在国家、地区或城市的妇幼儿童健康医疗水平息息相关 |
| 以人为本（人民城市） | 人生出彩机会　　　有序参与治理　　　享有品质生活　　　切实感受温度　　　拥有归属认同<br>　　　　　　　　　　　　　　　　　　　　　　　√　　　　　　　　　　√ |
| 与 SDGs 的关联性 | SDGs 3.2 到 2030 年，消除新生儿和 5 岁以下儿童可预防的死亡，各国争取将新生儿每 1000 例活产的死亡率至少降至 12 例，5 岁以下儿童每 1000 例活产的死亡率至少降至 25 例 |
| 与 NUA 的关联性 | NUA 55 我们承诺建设健康社会，依照世界卫生组织制定的相关准则提供社会基础设施和医疗保健服务等设施，以降低新生儿和孕产妇死亡率 |
| 与 GUMF 的关联性 | GUMF 5 岁以下儿童死亡率 |
| 相关国际机构（政府部门） | UN-Habitat　　UNEP　　UNICEF　　UNESCO　　WB　　OECD　　ILO　　AIIB　　MOHURD　　其他 |
| 主流指数（指标）关联性 | 　　√　　　　　　√　　　　　　　　　　　　　√　　　　　　　　　　　　　　　　　　　　　　　　　　　　√ |
| 方法/模型 | 儿童健康水平（5 岁以下儿童死亡率）＝ $\frac{\text{同年 5 岁以下儿童死亡数}}{\text{同年活产儿总数}} \times 1000‰$ |
| 主要数据来源 | 数据以国家、地区和城市官方统计年鉴或医疗卫生部门的年度工作（专题）报告为准，WHO、UNICEF 等国际或区域医疗健康卫生组织定期发布的统计报表作参考 |

| 指标名称（S-4） | 医疗设施供给率 |
| --- | --- |
| 所属维度 | 社会 |
| 指标含义 | 医疗设施供给率用每万人医疗机构床位数表示。医院、基层医疗卫生机构、社区卫生服务中心、专业公共卫生机构等床位数是城市医疗资源配置的重要指标之一。病床配置与医师、护士、药品、医疗设备等相关的医疗资源紧密相关 |
| 以人为本（人民城市） | 人生出彩机会　　　有序参与治理　　　享有品质生活　　　切实感受温度　　　拥有归属认同<br>　　　　　　　　　　　　　　　　　　　　　　　√　　　　　　　　　　√ |
| 与 SDGs 的关联性 | SDGs 3.8 实现全民健康保障，包括提供经济风险保护，人人享有优质的基本保健服务，人人获得安全、有效、优质和负担得起的基本药品和疫苗 |
| 与 NUA 的关联性 | NUA 34 我们承诺增进人人不受歧视地平等取用负担得起、可持续和基本的社会基础设施的机会，包括负担得起的医疗保健和计划生育。确保这些服务能适当满足妇女、儿童和青年、老年人和残疾人、移民、土著人民和地方社区以及其他处境脆弱者的权利和需求 |
| 与 GUMF 的关联性 | GUMF 医疗健康设施 |
| 相关国际机构（政府部门） | UN-Habitat　　UNEP　　UNICEF　　UNESCO　　WB　　OECD　　ILO　　AIIB　　MOHURD　　其他 |
| 主流指数（指标）关联性 | 　　√　　　　　　　　　　　　　　　　　　　　　　　　√　　　　　　　　　　　　　　√　　　　　√ |
| 方法/模型 | 医疗设施供给率（每万人拥有病床数量）＝ $\frac{\text{医疗卫生机构床位数}}{\text{人口数量}} \times 10000$ 人 |
| 主要数据来源 | 数据以国家、地区和城市官方统计年鉴或医疗卫生部门的年度工作（专题）报告为准，WHO 等国际或区域医疗健康卫生组织定期发布的统计报表作参考 |

| 指标名称（S-5） | 基础教育完成率 |
| --- | --- |
| 所属维度 | 社会 |
| 指标含义 | 基础教育是联合国可持续发展目标中的关键考核指标。主要以学前，小学和初中三个阶段的在校总人数在该年龄段的人口总数占比来间接评估。考虑到这三个阶段学生的年龄特点，暂以 14 岁为界限初步估算（可能部分初中学生年龄会超过 14 岁，但毕竟占比非常小，在误差允许的范围内暂时可以不考虑） |
| 以人为本（人民城市） | 人生出彩机会　　　有序参与治理　　　享有品质生活　　　切实感受温度　　　拥有归属认同<br>　　　　　　　　　　　　　　　　　　　　　　　√　　　　　　　　　　√ |
| 与 SDGs 的关联性 | SDGs 4.1 到 2030 年，确保所有男女童完成免费、公平和优质的中小学教育，并取得相关和有效的学习成果<br>SDGs 4.2 到 2030 年，确保所有男女童获得优质儿童早期发展、看护和学前教育，为他们接受初级教育做好准备 |
| 与 NUA 的关联性 | NUA 61 儿童和青年是创造更美好未来的重要变革驱动者，我们承诺适度利用城市人口红利，帮助他们接受教育、发展技能和获得就业，以此提高城市和人类住区的生产力并共享繁荣 |
| 与 GUMF 的关联性 | GUMF 教育完成率 |
| 相关国际机构（政府部门） | UN-Habitat　　UNEP　　UNICEF　　UNESCO　　WB　　OECD　　ILO　　AIIB　　MOHURD　　其他 |
| 主流指数（指标）关联性 | 　　√　　　　　　√　　　　　　√　　　　　　√　　　　　　　　　　　　　　　　　　　　　√　　　　　√ |
| 方法/模型 | 基础教育完成率 ＝ $\frac{\text{（学前、小学、初中）在校人数}}{\text{（0－14 岁）人口数量}} \times 100\%$ |
| 主要数据来源 | 教育数据主要以国家、地区和城市官方统计年鉴或教育部门的年度工作（专题）报告为准，UNESCO 等国际组织的统计报告作为补充 |

| 指标名称 (S-6) | 基本医保覆盖率 | | | | | | | | |
|---|---|---|---|---|---|---|---|---|---|
| 所属维度 | 社会 | | | | | | | | |
| 指标含义 | 基本医疗保障是整个社会基本保障制度的核心内容之一，是为居民提供社会医疗服务和资源的重要基础。基本医疗保障体系的完善程度和覆盖人群是城市可持续发展的重要评估指标 | | | | | | | | |
| 以人为本（人民城市） | 人生出彩机会 | | 有序参与治理 | | 享有品质生活 √ | | 切实感受温度 | | 拥有归属认同 |
| 与 SDGs 的关联性 | SDGs 1.3 执行适合本国国情的全民社会保障制度和措施，包括最低标准，到 2030 年在较大程度上覆盖穷人和弱势群体 | | | | | | | | |
| 与 NUA 的关联性 | NUA 13a 人人普遍享有安全和负担得起的卫生设施，以及人人平等获得公共产品和优质服务 | | | | | | | | |
| 与 GUMF 的关联性 | GUMF 基本健康医疗服务覆盖率 | | | | | | | | |
| 相关国际机构（政府部门） | UN-Habitat | UNEP | UNICEF | UNESCO | WB | OECD | ILO | AIIB | MOHURD 其他 |
| 主流指数（指标）关联性 | √ | | | √ | √ | √ | √ | | √ √ |
| 方法/模型 | 基本医保覆盖率 = $\frac{\text{基本医保参保总人数}}{\text{人口数量}} \times 100\%$ | | | | | | | | |
| 主要数据来源 | 数据以国家、地区和城市官方统计年鉴或医疗卫生部门的年度工作（专题）报告为准，WHO 等国际或区域医疗健康卫生组织定期发布的统计报表作参考 | | | | | | | | |

| 指标名称 (S-7) | 基本住房保障 | | | | | | | | |
|---|---|---|---|---|---|---|---|---|---|
| 所属维度 | 社会 | | | | | | | | |
| 指标含义 | 住房是城市居民最基本的生活保障之一，随着城市化进程不断发展和城市生活成本的不断提高，住房成本成为城市居民重要的家庭负担。保障基本的住房条件是实现城市可持续发展的重要评估指标，暂以人均住房面积来表示 | | | | | | | | |
| 以人为本（人民城市） | 人生出彩机会 | | 有序参与治理 | | 享有品质生活 √ | | 切实感受温度 √ | | 拥有归属认同 |
| 与 SDGs 的关联性 | SGDs 11.1 到 2030 年，确保人人获得适当、安全和负担得起的住房和基本服务，并改造贫民窟 | | | | | | | | |
| 与 NUA 的关联性 | NUA14a 使人人平等享有社会基础设施及基本服务，平等享有适和负担得起的住房 | | | | | | | | |
| 与 GUMF 的关联性 | GUMF 生活在贫民窟或居无定所的人口 | | | | | | | | |
| 相关国际机构（政府部门） | UN-Habitat | UNEP | UNICEF | UNESCO | WB | OECD | ILO | AIIB | MOHURD 其他 |
| 主流指数（指标）关联性 | | | | | | √ | √ | √ | √ |
| 方法/模型 | 基本住房保障（人均住房面积）= $\frac{\text{住房总面积}}{\text{人口数量}}$ | | | | | | | | |
| 主要数据来源 | 数据以国家、地区和城市官方统计年鉴或住房建设部门的年度工作、房地产领域专题报告为准 | | | | | | | | |

| 指标名称 (S-8) | 公共交通使用率 | | | | | | | | |
|---|---|---|---|---|---|---|---|---|---|
| 所属维度 | 社会 | | | | | | | | |
| 指标含义 | 公共交通泛指所有向大众开放、并提供乘客通勤服务的交通方式，例如地铁、公交车、市域内的铁路、船舶等。公共交通是整个城市居民交通出行便捷、顺畅的重要保障。未来的城市发展更加强调资源节约、低碳出行的公共交通工具。因此，暂以人均公共交通乘坐次数来表示公共交通使用率 | | | | | | | | |
| 以人为本（人民城市） | 人生出彩机会 | | 有序参与治理 | | 享有品质生活 √ | | 切实感受温度 √ | | 拥有归属认同 |
| 与 SDGs 的关联性 | SDGs 11.2 到 2030 年，向所有人提供安全、负担得起的、易于利用、可持续的交通运输系统，改善道路安全，特别是扩大公共交通规模，要特别关注处境脆弱者、妇女、儿童、残疾人和老年人的需要 | | | | | | | | |
| 与 NUA 的关联性 | NUA 114a 大幅增加便利、安全、高效、负担得起和可持续的公共交通基础设施以及步行和骑车等非机动化选择，优先采用这些选择而不是私人机动车交通 | | | | | | | | |
| 与 GUMF 的关联性 | GUMF 公共交通使用情况 | | | | | | | | |
| 相关国际机构（政府部门） | UN-Habitat | UNEP | UNICEF | UNESCO | WB | OECD | ILO | AIIB | MOHURD 其他 |
| 主流指数（指标）关联性 | | | | √ | | √ | √ | √ | √ |
| 方法/模型 | 公共交通使用率（人均公共交通乘坐次数）= $\frac{\text{公共交通客运总量}}{\text{人口数量}}$ | | | | | | | | |
| 主要数据来源 | 数据以国家、地区和城市官方统计年鉴或公共交通部门年度工作报告、交通行业领域专题报告为准 | | | | | | | | |

| 指标名称（S-9） | 社会公共事务参与度 | | | | |
|---|---|---|---|---|---|
| 所属维度 | 社会 | | | | |
| 指标含义 | 社会公共事务的公众参与是推进城市社会可持续发展的重要路径，具体可体现在社会公共监督、社区治理、公益宣传和培训等诸多方面的参与积极性 | | | | |
| 以人为本（人民城市） | 人生出彩机会 | 有序参与治理 | 享有品质生活 | 切实感受温度 | 拥有归属认同 |
| | √ | √ | | | √ |
| 与SDGs的关联性 | SDGs 5.5 确保妇女全面有效参与各级政治、经济和公共生活的决策，并享有进入以上各级决策领导层的平等机会<br>SDGs 5.c 采用和加强合理的政策和有执行力的立法，促进性别平等，在各级增强妇女和女童权能 | | | | |
| 与NUA的关联性 | NUA 26 承诺实现所有人权和基本自由，促进共处，结束一切形式的歧视和暴力，并增强所有人和各个社区的力量，同时使他们能够充分有效地参与 | | | | |
| 与GUMF的关联性 | GUMF 公民参与 | | | | |
| 相关国际机构（政府部门） | UN-Habitat　UNEP　UNICEF　UNESCO　WB　OECD　ILO　AIIB　MOHURD　其他 | | | | |
| 主流指数（指标）关联性 | √　　　　　　　　　　　　　　　　√　　　√　　√　　√　　√　　√ | | | | |
| 方法/模型 | 以随机抽样调查的方式分析公众对不同类型的社会公共事务参与积极性，最后用样本均值暂为表示 | | | | |
| 主要数据来源 | 主要以调查问卷方式获取相关信息，辅助使用已有国际权威机构的相关调查和统计数据 | | | | |

| 指标名称（EC-1） | GDP 增长率 | | | | |
|---|---|---|---|---|---|
| 所属维度 | 经济 | | | | |
| 指标含义 | 国内生产总值（GDP）增长率是指GDP的年度增长率，具体指一个时期到下一个时期百分比的变动，按可比价格计算的国内生产总值来计算。GDP增长率是宏观经济的重要评估指标 | | | | |
| 以人为本（人民城市） | 人生出彩机会 | 有序参与治理 | 享有品质生活 | 切实感受温度 | 拥有归属认同 |
| | √ | | √ | | |
| 与SDGs的关联性 | SDGs 8.1 根据各国国情维持人均经济增长，特别是将最不发达国家国内生产总值年增长率至少维持在7%<br>SDGs 9.2 促进包容可持续工业化，到2030年，根据各国国情，大幅提高工业在就业和国内生产总值中的比例，使最不发达国家的这一比例翻番 | | | | |
| 与NUA的关联性 | NUA 13d 能够迎接当前和未来的持久、包容和可持续经济增长的挑战和机遇，借助城市化促进结构转型、高生产力、增值活动和资源效率，发挥地方经济作用，并注意到非正规经济的贡献，同时支持其可持续地向正规经济过渡 | | | | |
| 与GUMF的关联性 | GUMF GDP 年均增长率 | | | | |
| 相关国际机构（政府部门） | UN-Habitat　UNEP　UNICEF　UNESCO　WB　OECD　ILO　AIIB　MOHURD　其他 | | | | |
| 主流指数（指标）关联性 | √　　　　　　　　　　　　　　　　√　　　√　　√　　√　　√　　√ | | | | |
| 方法/模型 | $$GDP\ 增长率 = \frac{当期 GDP 总量 - 上期 GDP 总量}{上期 GDP 总量} \times 100\%$$ | | | | |
| 主要数据来源 | 数据以国家、地区和城市官方统计年鉴或部门年度工作（专题）报告为准，参照世界银行、亚洲基础设施投资银行、经合组织等机构发布的相关专题报告 | | | | |

| 指标名称（EC-2） | 居民可支配收入增长率 | | | | |
|---|---|---|---|---|---|
| 所属维度 | 经济 | | | | |
| 指标含义 | 居民可支配收入指居民可用于最终消费支出和储蓄的总和，即居民可用于自由支配的收入。该指标是衡量城市经济发展成果的分配效果和决定居民生活水平和质量的重要决策依据 | | | | |
| 以人为本（人民城市） | 人生出彩机会 | 有序参与治理 | 享有品质生活 | 切实感受温度 | 拥有归属认同 |
| | √ | | √ | | |
| 与SDGs的关联性 | SDGs 1.4 到2030年，确保所有人，特别是穷人和弱势群体，享有平等获取经济资源的权利，享有基本服务，获得对土地和其他形式财产的所有权和控制权，继承遗产，获取自然资源、适当的新技术和包括小额信贷在内的金融服务<br>SDGs 10.1 到2030年，逐步实现和维持最底层40%人口的收入增长，并确保其增长率高于全国平均水平 | | | | |
| 与NUA的关联性 | NUA 27 我们保证不让任何一个人掉队，并承诺促进平等分享城市化可以提供的机会和福利，使所有居民无论住在正规还是非正规住区都能过上体面、有尊严和有收获的生活，并能充分发挥各自的潜力 | | | | |
| 与GUMF的关联性 | GUMF 平均家庭收入 | | | | |
| 相关国际机构（政府部门） | UN-Habitat　UNEP　UNICEF　UNESCO　WB　OECD　ILO　AIIB　MOHURD　其他 | | | | |
| 主流指数（指标）关联性 | √　　　　　　　　　　　　　　　　√　　　√　　√　　√　　√　　√ | | | | |
| 方法/模型 | $$居民可支配收入增长率 = \frac{当期可支配收入 - 上期可支配收入}{上期可支配收入} \times 100\%$$ | | | | |
| 主要数据来源 | 数据以国家、地区和城市官方统计年鉴或经济部门年度工作（专题）报告为准，参照世界银行、亚洲基础设施投资银行、经合组织等机构发布的相关专题报告 | | | | |

| 指标名称（EC-3） | 消费价格指数 | | | | |
|---|---|---|---|---|---|
| 所属维度 | 经济 | | | | |
| 指标含义 | 居民消费价格指数（CPI）是一个反映居民家庭一般所购买的消费品和服务项目价格水平变动情况的宏观经济指标。它是在特定时段内度量一组代表性消费商品及服务项目的价格水平随时间而变动的相对数，用来反映居民家庭购买消费商品及服务的价格水平的变动情况 | | | | |
| 以人为本（人民城市） | 人生出彩机会 | 有序参与治理 | 享有品质生活 √ | 切实感受温度 | 拥有归属认同 |
| 与SDGs的关联性 | SDGs 12.1 各国在照顾发展中国家发展水平和能力的基础上，落实《可持续消费和生产模式十年方案框架》，发达国家在此方面要做出表率 | | | | |
| 与NUA的关联性 | NUA 14b 确保可持续和包容型的城市经济，为此将利用规划良好的城市化集聚惠益，包括高生产力、竞争力和创新 | | | | |
| 与GUMF的关联性 | GUMF 人均物质消费 | | | | |
| 相关国际机构（政府部门） | UN-Habitat  UNEP  UNICEF  UNESCO  WB  OECD  ILO  AIIB  MOHURD  其他 | | | | |
| 主流指数（指标）关联性 | √        √      √      √     √    √    √    √ | | | | |
| 方法/模型 | $$居民消费价格指数 = \frac{一组固定商品按当期价格计算的价值}{一组固定商品按基期价格计算的价值} \times 100\%$$ | | | | |
| 主要数据来源 | 数据以国家、地区和城市官方统计年鉴或经济部门年度工作（专题）报告为准，参照世界银行、亚洲基础设施投资银行、经合组织等机构发布的相关专题报告 | | | | |

| 指标名称（EC-4） | 互联网渗透率 | | | | |
|---|---|---|---|---|---|
| 所属维度 | 经济 | | | | |
| 指标含义 | 互联网渗透率是数字经济、共享经济、电子商务等诸多新型业态发展的重要基础，互联网使用者的规模是这些经济形态可持续发展的重要保障和市场消费基础 | | | | |
| 以人为本（人民城市） | 人生出彩机会 | 有序参与治理 | 享有品质生活 √ | 切实感受温度 | 拥有归属认同 |
| 与SDGs的关联性 | SDGs 9.c 大幅提升信息和通信技术的普及度，为最不发达国家以低廉的价格普遍提供互联网服务<br>SDGs 17.8 促成最不发达国家技术库和科学、技术和创新能力建设机制运行，加强科技特别是信息和通信技术的使用 | | | | |
| 与NUA的关联性 | NUA 50 我们承诺鼓励城乡互动和连通，依托基于城市和地域综合办法的规划工具，加强技术和通信网络及基础设施，以期最大限度地发挥这些部门在提高生产力、加强社会、经济和地域聚合以及促进安全和环境可持续性方面的潜力 | | | | |
| 与GUMF的关联性 | GUMF 网民数量 | | | | |
| 相关国际机构（政府部门） | UN-Habitat  UNEP  UNICEF  UNESCO  WB  OECD  ILO  AIIB  MOHURD  其他 | | | | |
| 主流指数（指标）关联性 | √        √      √      √     √    √    √    √ | | | | |
| 方法/模型 | $$互联网渗透率 = \frac{网民数量}{常住人口数量} \times 100\%$$ | | | | |
| 主要数据来源 | 数据以国家、地区和城市官方统计年鉴或工业信息化部门年度工作（专题）报告为准，同时参照其他国际机构的相关统计数据 | | | | |

| 指标名称（EC-5） | 失业率 | | | | |
|---|---|---|---|---|---|
| 所属维度 | 经济 | | | | |
| 指标含义 | 失业率是指一定时期满足全部就业条件的就业人口中仍未有工作的劳动力数字，旨在衡量闲置中的劳动产能，是反映一个国家或地区失业状况和经济社会可持续发展的主要指标 | | | | |
| 以人为本（人民城市） | 人生出彩机会 | 有序参与治理 | 享有品质生活 √ | 切实感受温度 | 拥有归属认同 |
| 与SDGs的关联性 | SGDs 8.5 到2030年，所有男女，包括青年和残疾人实现充分和生产性就业，有体面工作，并做到同工同酬<br>SDGs 8.6 大幅减少未就业和未受教育或培训的青年人比例<br>SDGs 8.b 拟定和实施青年就业全球战略，并执行国际劳工组织的《全球就业契约》 | | | | |
| 与NUA的关联性 | NUA 57 我们承诺在城市和人类住区促进充分生产性就业，人人拥有体面工作和谋生机会，特别关注妇女、青年、残疾人、土著人民和地方社区、难民、境内流离失所者和移民，促进不受歧视地获得合法赚取收入的机会 | | | | |
| 与GUMF的关联性 | GUMF 失业人口数量 | | | | |
| 相关国际机构（政府部门） | UN-Habitat  UNEP  UNICEF  UNESCO  WB  OECD  ILO  AIIB  MOHURD  其他 | | | | |
| 主流指数（指标）关联性 | √              √   √    √    √    √ | | | | |
| 方法/模型 | $$失业率 = \frac{失业人数}{在业人数 + 失业人数} \times 100\%$$ | | | | |
| 主要数据来源 | 数据以国家、地区和城市官方统计年鉴或经济、劳动就业部门年度工作（专题）报告为准，参照世界银行、亚洲基础设施投资银行、经合组织、国际劳工组织等机构发布的相关专题报告 | | | | |

| 指标名称 (EC-6) | 外商直接投资贡献率 | | | | | | | | |
|---|---|---|---|---|---|---|---|---|---|
| 所属维度 | 经济 | | | | | | | | |
| 指标含义 | 外商直接投资是国外企业和经济组织或个人按企业所在国有关政策、法规，用现汇、实物、技术等在企业所在国直接投资的行为。包括在企业所在国开办外商独资企业，与企业所在国的其他企业或经济组织共同举办合资经营企业、合作经营企业或合作开发资源的投资，以及经政府有关部门批准的项目投资总额内企业从境外借入的资金 | | | | | | | | |
| 以人为本（人民城市） | 人生出彩机会 | | 有序参与治理 | | 享有品质生活 | | 切实感受温度 | | 拥有归属认同 |
| | √ | | | | √ | | | | |
| 与 SDGs 的关联性 | SDGs 10.b 鼓励根据最需要帮助的国家，特别是最不发达国家、非洲国家、小岛屿发展中国家和内陆发展中国家的国家计划和方案，向其提供官方发展援助和资金，包括外国直接投资 | | | | | | | | |
| 与 NUA 的关联性 | NUA 133 我们呼吁企业把创造力和创新用于解决可持续发展在城市地区面临的挑战，同时承认私营企业的活动、投资和创新是生产力、包容型增长和创造就业机会的主要驱动因素 | | | | | | | | |
| 与 GUMF 的关联性 | GUMF 外商直接投资 | | | | | | | | |
| 相关国际机构（政府部门） | UN-Habitat | UNEP | UNICEF | UNESCO | WB | OECD | ILO | AIIB | MOHURD | 其他 |
| 主流指数（指标）关联性 | √ | | | | √ | √ | | √ | √ | √ |
| 方法/模型 | 外商直接投资贡献率 = $\frac{外商直接投资额}{GDP\ 总额} \times 100\%$ | | | | | | | | |
| 主要数据来源 | 数据以国家、地区和城市官方统计年鉴或经济、对外贸易部门年度工作（专题）报告为准，参照世界银行、亚洲基础设施投资银行、经合组织等机构发布的相关专题报告 | | | | | | | | |

| 指标名称 (EC-7) | 固定资产投资贡献率 | | | | | | | | |
|---|---|---|---|---|---|---|---|---|---|
| 所属维度 | 经济 | | | | | | | | |
| 指标含义 | 固定资产投资贡献率是指本年固定资产投资净增加额占 GDP 的比率，通常指全社会固定资产投资，用以反映政府固定资产增长的速度和水平，也是城市经济社会可持续发展的重要基础 | | | | | | | | |
| 以人为本（人民城市） | 人生出彩机会 | | 有序参与治理 | | 享有品质生活 | | 切实感受温度 | | 拥有归属认同 |
| | | | | | | | | | |
| 与 SDGs 的关联性 | SDGs 9.1 发展优质、可靠、可持续和有抵御灾害能力的基础设施，包括区域和跨境基础设施，以支持经济发展和提升人类福祉，重点是人人可负担得起并公平利用上述基础设施 | | | | | | | | |
| 与 NUA 的关联性 | NUA 45 我们承诺借助内在潜力、竞争优势、文化遗产和地方资源以及资源节约型的有韧性基础设施，发展有活力、可持续和包容型的城市经济，促进可持续和包容型的工业发展及可持续的消费和生产模式 | | | | | | | | |
| 与 GUMF 的关联性 | GUMF 固定资产投资 | | | | | | | | |
| 相关国际机构（政府部门） | UN-Habitat | UNEP | UNICEF | UNESCO | WB | OECD | ILO | AIIB | MOHURD | 其他 |
| 主流指数（指标）关联性 | | | | √ | √ | | | √ | √ | √ |
| 方法/模型 | 固定资产投资贡献率 = $\frac{新增固定资产投资额}{GDP} \times 100\%$ | | | | | | | | |
| 主要数据来源 | 数据以国家、地区和城市官方统计年鉴或经济、投资部门年度工作（专题）报告为准，参照世界银行、亚洲基础设施投资银行、经合组织等机构发布的相关专题报告 | | | | | | | | |

| 指标名称 (EC-8) | 金融市场竞争力 | | | | | | | | |
|---|---|---|---|---|---|---|---|---|---|
| 所属维度 | 经济 | | | | | | | | |
| 指标含义 | 金融市场竞争力是指金融产业及其市场作为整体所显示出来的竞争力。金融在资源配置中发挥核心作用，引导生产要素的流向和流量，其对资源优化配置有极强的引导力 | | | | | | | | |
| 以人为本（人民城市） | 人生出彩机会 | | 有序参与治理 | | 享有品质生活 | | 切实感受温度 | | 拥有归属认同 |
| | | | | | | | | | |
| 与 SDGs 的关联性 | SDGs 8.10 加强国内金融机构的能力，鼓励并扩大全民获得银行、保险和金融服务的机会<br>SDGs 10.5 改善对全球金融市场和金融机构的监管和监测，并加强监管措施的执行 | | | | | | | | |
| 与 NUA 的关联性 | NUA 142 邀请国际多边金融机构、区域开发银行、发展金融机构和合作机构向执行《新城市议程》的方案和项目，尤其是在发展中国家的方案和项目，提供财政资助，包括通过创新金融机制提供资助 | | | | | | | | |
| 与 GUMF 的关联性 | GUMF 金融市场发展 | | | | | | | | |
| 相关国际机构（政府部门） | UN-Habitat | UNEP | UNICEF | UNESCO | WB | OECD | ILO | AIIB | MOHURD | 其他 |
| 主流指数（指标）关联性 | √ | | | √ | √ | | | | | |
| 方法/模型 | 参照全球金融中心指数（Global Financial Centers Index，GFCI），着重关注各金融中心的市场灵活度、适应性以及发展潜力等方面，涵盖营商环境、金融体系、基础设施、人力资本等指标 | | | | | | | | |
| 主要数据来源 | 数据将参照全球金融中心指数，但同时将以国家、地区和城市官方统计年鉴或经济、金融部门年度工作（专题）报告为基础进行数据核验 | | | | | | | | |

| 指标名称（EC-9） | 进出口贸易贡献率 |
|---|---|
| 所属维度 | 经济 |
| 指标含义 | 进出口贸易是指一个国家（地区）与另一个国家（地区）之间的商品、劳务和技术的交换活动。这种贸易由进口和出口两个部分组成。对运进商品或劳务的国家（地区）来说，就是进口；对运出商品或劳务的国家（地区）来说，就是出口。进出口贸易贡献率主要看进出口总额在 GDP 的比重 |
| 以人为本（人民城市） | 人生出彩机会　　　有序参与治理　　　享有品质生活　　　切实感受温度　　　拥有归属认同<br>　　　√　　　　　　　　　　　　　　　　√ |
| 与 SDGs 的关联性 | SDGs 17.12 按照世界贸易组织的各项决定，及时实现所有最不发达国家的产品永久免关税和免配额进入市场，包括确保对从最不发达国家进口产品的原产地优惠规则是简单、透明和有利于市场准入的 |
| 与 NUA 的关联性 | NUA 139 设立适当的城市融资金融中介，如区域、国家、国家以下和地方发展基金或开发银行，还包括集合筹资机制，此类机制可以促进公共和私人、国内和国际贸易和融资 |
| 与 GUMF 的关联性 | GUMF 进出口贸易 |
| 相关国际机构（政府部门） | UN-Habitat　UNEP　UNICEF　UNESCO　WB　OECD　ILO　AIIB　MOHURD　其他 |
| 主流指数（指标）关联性 | √　　　　　　　　　　　　　　　　　√　　　√　　　　　　　　　　　　　　　　　√ |
| 方法/模型 | 进出口贸易贡献率 $= \dfrac{\text{进出口贸易总额}}{\text{GDP 总额}} \times 100\%$ |
| 主要数据来源 | 数据以国家、地区和城市官方统计年鉴或经济、对外贸易部门年度工作（专题）报告为准，参照世界银行、亚洲基础设施投资银行、经合组织等机构发布的相关专题报告 |

| 指标名称（EN-1） | 生活污水产生量 |
|---|---|
| 所属维度 | 环境 |
| 指标含义 | 生活污水是居民日常生活中排出的废水，主要来源于居住建筑和公共建筑等。人均生活污水排放量的减少是从源头上节约水资源，是降低城市环境压力和处理成本的重要指标 |
| 以人为本（人民城市） | 人生出彩机会　　　有序参与治理　　　享有品质生活　　　切实感受温度　　　拥有归属认同<br>　　　　　　　　　　　　　　　　　　　　√ |
| 与 SDGs 的关联性 | SDGs 6.3 到 2030 年，通过以下方式改善水质：减少污染，消除倾倒废物现象，把危险化学品和材料的排放减少到最低限度，将未经处理废水比例减半，大幅增加全球废物回收和安全再利用<br>SDGs 6.5 到 2030 年，在各级进行水资源综合管理，包括适度开展跨境合作 |
| 与 NUA 的关联性 | NUA 73 我们承诺促进水资源的保护和可持续利用，为此将恢复城市、近郊和农村地区的水资源，减少并处理废水，最大限度地减少水损失，促进水资源再用，增加水的储存、保留和回补，并考虑到水循环 |
| 与 GUMF 的关联性 | GUMF 废水处理 |
| 相关国际机构（政府部门） | UN-Habitat　UNEP　UNICEF　UNESCO　WB　OECD　ILO　AIIB　MOHURD　其他 |
| 主流指数（指标）关联性 | √　　　√　　　　　　　　　　　　　　　　　　　　　　　　　√　　　　　　　　　　　√ |
| 方法/模型 | 人均生活污水产生量 $= \dfrac{\text{生活污水产生总量}}{\text{人口总数}}$ |
| 主要数据来源 | 数据以国家、地区和城市官方统计年鉴或生态环境部门年度工作（专题）报告为准，参照世界银行、人居署、联合国环境规划署等机构发布的相关专题报告 |

| 指标名称（EN-2） | 生活垃圾产生量 |
|---|---|
| 所属维度 | 环境 |
| 指标含义 | 城市生活垃圾是指在城市日常生活中或者为城市日常生活提供服务的活动中产生的固体废弃物。生活垃圾产生量对城市环境有直接影响，是城市环境可持续发展的重要指标 |
| 以人为本（人民城市） | 人生出彩机会　　　有序参与治理　　　享有品质生活　　　切实感受温度　　　拥有归属认同<br>　　　　　　　　　　　　　　　　√　　　　　　　　√ |
| 与 SDGs 的关联性 | SDGs 12.4 根据商定的国际框架，实现化学品和所有废物在整个存在周期的无害环境管理，并大幅减少它们排入大气以及渗漏到水和土壤的概率，尽可能降低它们对人类健康和环境造成的负面影响<br>SDGs 12.5 到 2030 年，通过预防、减排、回收和再利用，大幅减少废物的产生 |
| 与 NUA 的关联性 | NUA 74 我们承诺促进环境友好型废物管理和大幅减少废物产生，为此减少、再使用和回收处理废物，最大限度减少垃圾填埋，在废物无法被回收利用时或为达到最佳环境效果而将废物转化为能源 |
| 与 GUMF 的关联性 | GUMF 生活垃圾清运量 |
| 相关国际机构（政府部门） | UN-Habitat　UNEP　UNICEF　UNESCO　WB　OECD　ILO　AIIB　MOHURD　其他 |
| 主流指数（指标）关联性 | √　　　√　　　　　　　　　　　　　　　　　　　　　　√　　　　　　　　　√　　　√ |
| 方法/模型 | 人均生活垃圾产生量 $= \dfrac{\text{生活垃圾产生总量}}{\text{人口总数}}$ |
| 主要数据来源 | 数据以国家、地区和城市官方统计年鉴或生态环境部门年度工作（专题）报告为准，参照世界银行、人居署、联合国环境规划署等机构发布的相关专题报告 |

| 指标名称 (EN-3) | 空气质量 | | | | |
|---|---|---|---|---|---|
| 所属维度 | 环境 | | | | |
| 指标含义 | 空气质量指数（AQI）是定量描述空气质量的无量纲指数。参与空气质量评价的主要污染物为细颗粒物（$PM_{2.5}$）、可吸入颗粒物（$PM_{10}$）、二氧化硫、二氧化氮、臭氧、一氧化碳六项指标 | | | | |
| 以人为本（人民城市） | 人生出彩机会 | 有序参与治理 | 享有品质生活 | 切实感受温度 | 拥有归属认同 |
| | | √ | √ | | |
| 与SDGs的关联性 | SDGs 11.6 到2030年，减少城市的人均负面环境影响，包括特别关注空气质量以及城市废物管理等 | | | | |
| 与NUA的关联性 | NUA 65 我们承诺促进可持续管理城市和人类住区的自然资源，以利于保护和改善城市生态系统和环境服务，减少温室气体排放和空气污染 | | | | |
| 与GUMF的关联性 | GUMF 细颗粒物（$PM_{2.5}$等）年均浓度 | | | | |
| 相关国际机构（政府部门） | UN-Habitat　UNEP　UNICEF　UNESCO　WB　OECD　ILO　AIIB　MOHURD　其他 | | | | |
| 主流指数（指标）关联性 | √　　　　　√　　　　　　　　　　　　　　　　√　　　　　　　　　　　　　√　　　　√ | | | | |
| 方法/模型 | 依据官方公布的空气质量指数（AQI），暂以全年AQI均值表示 | | | | |
| 主要数据来源 | 数据以国家、地区和城市官方统计年鉴或生态环境部门年度工作（专题）报告为准，参照联合国人居署、环境规划署等机构发布的相关专题报告 | | | | |

| 指标名称 (EN-4) | 能耗强度 | | | | |
|---|---|---|---|---|---|
| 所属维度 | 环境 | | | | |
| 指标含义 | 能耗强度是指一定时期内，一个国家或地区每生产一个单位的国内生产总值所消费的能源。能耗强度是经济高质量发展的重要指标之一，也是低碳、绿色经济发展的重要评价依据 | | | | |
| 以人为本（人民城市） | 人生出彩机会 | 有序参与治理 | 享有品质生活 | 切实感受温度 | 拥有归属认同 |
| | | | √ | | |
| 与SDGs的关联性 | SDGs 7.3 到2030年，全球能效改善率提高一倍<br>SDGs 8.4 到2030年，逐步改善全球消费和生产的资源使用效率，按照《可持续消费和生产模式方案十年框架》，努力使经济增长和环境退化脱钩，发达国家应在上述工作中做出表率 | | | | |
| 与NUA的关联性 | NUA 44 凭借规模经济和集聚经济的效应，并通过促进能效、可再生能源、复原力、生产力、环境保护和城市经济可持续增长，城市形态、基础设施和建筑设计可在提高成本和资源效益方面发挥最重要的推动作用 | | | | |
| 与GUMF的关联性 | GUMF 能源消耗 | | | | |
| 相关国际机构（政府部门） | UN-Habitat　UNEP　UNICEF　UNESCO　WB　OECD　ILO　AIIB　MOHURD　其他 | | | | |
| 主流指数（指标）关联性 | √　　　　　√　　　　　　　　　　　　　　　√　　　　√　　　　√　　　　√　　　　√　　　　√ | | | | |
| 方法/模型 | 能耗强度（单位GDP能源消耗量）$= \dfrac{能源消费总量}{GDP总量}$ | | | | |
| 主要数据来源 | 数据以国家、地区和城市官方统计年鉴或生态环境、能源部门年度工作（专题）报告为准，参照国际能源署、人居署、联合国环境规划署等机构发布的相关专题报告 | | | | |

| 指标名称 (EN-5) | 二氧化碳排放量 | | | | |
|---|---|---|---|---|---|
| 所属维度 | 环境 | | | | |
| 指标含义 | 二氧化碳排放量是指在生产、运输、使用及回收某产品时所产生的平均温室气体排放量，是影响气候全球气候变化的重要因素。节能减排是实现城市可持续发展的重要举措 | | | | |
| 以人为本（人民城市） | 人生出彩机会 | 有序参与治理 | 享有品质生活 | 切实感受温度 | 拥有归属认同 |
| 与SDGs的关联性 | SDGs 13.2 将应对气候变化的举措纳入国家政策、战略和规划<br>SDGs 13.a 发达国家履行在《联合国气候变化框架公约》下的承诺，即每年从各种渠道共同筹资1000亿美元，满足发展中国家的需求，帮助其切实开展减缓行动，提高履约透明度并尽快向绿色气候基金注资，使其全面投入运行 | | | | |
| 与NUA的关联性 | NUA 79 我们承诺推动国际、国家、国家以下和地方各级的气候行动，包括适应和缓解气候变化，并支持城市和人类住区及其居民和所有地方利益攸关方发挥主要执行者的作用 | | | | |
| 与GUMF的关联性 | GUMF 全球温室气体排放 | | | | |
| 相关国际机构（政府部门） | UN-Habitat　UNEP　UNICEF　UNESCO　WB　OECD　ILO　AIIB　MOHURD　其他 | | | | |
| 主流指数（指标）关联性 | √　　　　　√　　　　　　　　　　　　　　　√　　　　√　　　　　　　　　　√　　　　√　　　　√ | | | | |
| 方法/模型 | 人均二氧化碳排放量 $= \dfrac{二氧化碳排放总量}{人口总数}$ | | | | |
| 主要数据来源 | 数据以国家、地区和城市官方统计年鉴或生态环境、能源部门年度工作（专题）报告为准，参照国际能源署、人居署、联合国环境规划署等机构发布的相关专题报告 | | | | |

| 指标名称（EN-6） | 可再生能源占有率 | | | | |
|---|---|---|---|---|---|
| 所属维度 | 环境 | | | | |
| 指标含义 | 可再生能源是指风能、太阳能、水能、生物质能、地热能等非化石能源，是清洁能源。可再生能源是绿色低碳能源，对于改善能源结构、保护生态环境、应对气候变化、实现经济社会可持续发展具有重要意义 | | | | |
| 以人为本（人民城市） | 人生出彩机会 | 有序参与治理 | 享有品质生活 √ | 切实感受温度 | 拥有归属认同 |
| 与SDGs的关联性 | SDGs 7.2 到2030年，大幅增加可再生能源在全球能源结构中的比例<br>SDGs 7.a 到2030年，加强国际合作，促进获取清洁能源的研究和技术，包括可再生能源、能效，以及先进和更清洁的化石燃料技术，并促进对能源基础设施和清洁能源技术的投资 | | | | |
| 与NUA的关联性 | NUA 121 我们将通过提高能源效率和推广可持续的可再生能源，确保人人获得负担得起、可靠的现代能源服务 | | | | |
| 与GUMF的关联性 | GUMF 可再生能源在能源消耗总量中的比重 | | | | |
| 相关国际机构（政府部门） | UN-Habitat | UNEP UNICEF UNESCO | WB OECD ILO | AIIB MOHURD | 其他 |
| 主流指数（指标）关联性 | √ | √ | √ | √ | √ |
| 方法/模型 | $可再生能源占有率 = \frac{可再生能源消费量}{能源消费总量} \times 100\%$ | | | | |
| 主要数据来源 | 数据以国家、地区和城市官方统计年鉴或生态环境、能源部门年度工作（专题）报告为准，参照国际能源署、人居署、联合国环境规划署等机构发布的相关专题报告 | | | | |

| 指标名称（EN-7） | 公共绿地空间 | | | | |
|---|---|---|---|---|---|
| 所属维度 | 环境 | | | | |
| 指标含义 | 公共绿地空间是城市中向公众开放的、以游憩为主要功能，有一定的游憩设施和服务设施，同时兼有生态维护、环境美化、减灾避难等综合作用的绿化用地，是展示城市整体环境水平和居民生活质量的一项重要指标 | | | | |
| 以人为本（人民城市） | 人生出彩机会 | 有序参与治理 | 享有品质生活 √ | 切实感受温度 | 拥有归属认同 |
| 与SDGs的关联性 | SDGs 11.7 到2030年，向所有人，特别是妇女、儿童、老年人和残疾人，普遍提供安全、包容、便利、绿色的公共空间<br>SDGs 15.1 根据国际协议规定的义务，保护、恢复和可持续利用陆地和内陆的淡水生态系统及其服务，特别是森林、湿地、山麓和旱地 | | | | |
| 与NUA的关联性 | NUA 37 我们承诺促进安全、包容、便利、绿色和优质的公共空间，包括街道、人行道和自行车道、广场、滨水区、花园和公园，这些公共空间促进了社会互动和包容 | | | | |
| 与GUMF的关联性 | GUMF 人均公共绿地面积 | | | | |
| 相关国际机构（政府部门） | UN-Habitat | UNEP UNICEF UNESCO | WB OECD ILO | AIIB MOHURD | 其他 |
| 主流指数（指标）关联性 | √ | √ | √ | √ | √ |
| 方法/模型 | $人均公共绿地面积 = \frac{城市公共绿地面积}{人口总数}$ | | | | |
| 主要数据来源 | 数据以国家、地区和城市官方统计年鉴或生态环境部门年度工作（专题）报告为准，参照联合国人居署、环境规划署等机构发布的相关专题报告 | | | | |

| 指标名称（EN-8） | 自然灾害防范知识熟知度 | | | | |
|---|---|---|---|---|---|
| 所属维度 | 环境 | | | | |
| 指标含义 | 自然灾害是指给人类生存带来危害或损害人类生活环境的自然现象，包括干旱、高温、寒潮、洪涝、台风、冰雹、地震、海啸、泥石流、沙尘暴、火山喷发等。公众对自然灾害防范知识的熟知程度对受灾程度和结果有非常重要的影响 | | | | |
| 以人为本（人民城市） | 人生出彩机会 | 有序参与治理 √ | 享有品质生活 | 切实感受温度 | 拥有归属认同 |
| 与SDGs的关联性 | SDGs 1.5 到2030年，增强穷人和弱势群体的抵御灾害能力，降低其遭受极端天气事件和其他经济、社会、环境冲击和灾害的概率和易受影响程度<br>SDGs 11.5 到2030年，大幅减少包括水灾在内的各种灾害造成的死亡人数和受灾人数，大幅减少上述灾害造成的与全球国内生产总值有关的直接经济损失，重点保护穷人和处境脆弱群体<br>SDGs 13.1 加强各国抵御和适应气候相关的灾害和自然灾害的能力 | | | | |
| 与NUA的关联性 | NUA 13g 能够采取和落实灾害风险减轻和管理措施，降低脆弱性，增强韧性以及对自然和人为灾害的反应能力，并促进减缓和适应气候变化 | | | | |
| 与GUMF的关联性 | GUMF 自然灾害预防 | | | | |
| 相关国际机构（政府部门） | UN-Habitat | UNEP UNICEF UNESCO | WB OECD ILO | AIIB MOHURD | 其他 |
| 主流指数（指标）关联性 | √ | √ | √ | √ | √ |
| 方法/模型 | 以随机抽样调查的方式分析公众对常见自然灾害防护知识及措施的熟知和掌握程度，用样本均值来暂为表示 | | | | |
| 主要数据来源 | 主要以调查问卷方式获取相关信息，辅助使用已有国际权威机构的相关调查和统计数据 | | | | |

| 指标名称（EN-9） | 环保活动公众参与意愿 |
|---|---|
| 所属维度 | 环境 |
| 指标含义 | 公众对环境保护活动的参与意愿是整个城市环境保护事业走向可持续的重要前提和基础，只有较为准确地掌握了环保活动的公众参与意愿，才有可能有的放矢，制定相应的推进策略，通过宣传、教育、培训、鼓励等多种方式来引导和提高公众的环保参与意愿 |

| 以人为本（人民城市） | 人生出彩机会 | 有序参与治理 | 享有品质生活 | 切实感受温度 | 拥有归属认同 |
|---|---|---|---|---|---|
| | √ | √ | | | √ |

| 与 SDGs 的关联性 | SDGs 6.b 支持和加强地方社区参与改进水和环境卫生管理<br>SDGs 16.7 确保各级的决策反应迅速，具有包容性、参与性和代表性 |
|---|---|
| 与 NUA 的关联性 | NUA13c 实现性别平等，增强妇女权能，确保妇女充分有效地参与所有领域和各级决策领导，并享有平等权利 |
| 与 GUMF 的关联性 | GUMF 公民参与 |

| 相关国际机构（政府部门） | UN-Habitat | UNEP | UNICEF | UNESCO | WB | OECD | ILO | AIIB | MOHURD | 其他 |
|---|---|---|---|---|---|---|---|---|---|---|
| 主流指数（指标）关联性 | | | | √ | | √ | | | √ | √ |

| 方法/模型 | 以随机抽样调查的方式分析公众对垃圾分类、节约用水用电、低碳出行、环保宣传等环保活动或行为的参与意愿，用样本均值来暂为表示 |
|---|---|
| 主要数据来源 | 主要以调查问卷方式获取相关信息，辅助使用已有国际权威机构的相关调查和统计数据 |

| 指标名称（C-1） | 城市文化认同感 |
|---|---|
| 所属维度 | 文化 |
| 指标含义 | 文化认同是人们在一个民族（城市）共同体中长期共同生活所形成的对本民族（城市）最有意义事物的肯定性认可，其核心是对一个民族（城市）的基本价值的认同，是凝聚这个民族（城市）共同体的精神纽带，是这个民族（城市）共同体生命延续的精神基础，增长城市凝聚力和软实力的重要体现 |

| 以人为本（人民城市） | 人生出彩机会 | 有序参与治理 | 享有品质生活 | 切实感受温度 | 拥有归属认同 |
|---|---|---|---|---|---|
| | | | √ | | √ |

| 与 SDGs 的关联性 | SDGs 4.7 到 2030 年，确保所有从事学习的人都掌握可持续发展所需的知识和技能，具体包括可持续生活方式、人权和性别平等方面的教育、弘扬和平和非暴力文化、提升全球公民意识，以及肯定文化多样性和文化对可持续发展的贡献 |
|---|---|
| 与 NUA 的关联性 | NUA 40 我们承诺拥护城市和人类住区的多元性，加强社会凝聚力、跨文化对话和理解、宽容、相互尊重、性别平等、创新、创业、包容、认同和安全以及所有人的尊严 |
| 与 GUMF 的关联性 | GUMF 文化的社会凝聚力 |

| 相关国际机构（政府部门） | UN-Habitat | UNEP | UNICEF | UNESCO | WB | OECD | ILO | AIIB | MOHURD | 其他 |
|---|---|---|---|---|---|---|---|---|---|---|
| 主流指数（指标）关联性 | √ | | √ | √ | | | | | √ | √ |

| 方法/模型 | 以随即抽样调查和访谈的方式分析公众对城市具有的重要文化价值、历史、传统等具有代表性的文化元素的理解和认同感，暂以样本均值来表示 |
|---|---|
| 主要数据来源 | 主要以调查问卷方式获取相关信息，辅助使用已有国际权威机构的相关调查和统计数据 |

| 指标名称（C-2） | 大众文化活动多样性 |
|---|---|
| 所属维度 | 文化 |
| 指标含义 | 大众文化是城市文化多样性的重要体现，流行、普及和亲民都是大众文化的重要特征。随着社会经济的发展，大众文化活动是否丰富，是否能够满足大众对文化活动的需求，民众有直观的感受和反馈，这些信息都是推进城市大众文化普及和推广的重要依据 |

| 以人为本（人民城市） | 人生出彩机会 | 有序参与治理 | 享有品质生活 | 切实感受温度 | 拥有归属认同 |
|---|---|---|---|---|---|
| | | | √ | √ | |

| 与 SDGs 的关联性 | SDGs 12.b 监测能创造就业机会、促进地方文化和产品的可持续旅游业对促进可持续发展产生的影响 |
|---|---|
| 与 NUA 的关联性 | NUA 26 我们承诺促进文化，尊重多样性和平等，将之作为我们城市和人类住区人性化的关键要素 |
| 与 GUMF 的关联性 | GUMF 文化参与 |

| 相关国际机构（政府部门） | UN-Habitat | UNEP | UNICEF | UNESCO | WB | OECD | ILO | AIIB | MOHURD | 其他 |
|---|---|---|---|---|---|---|---|---|---|---|
| 主流指数（指标）关联性 | | | √ | | | | | | √ | √ |

| 方法/模型 | 通过随即抽样调查和访谈等方式分析民众对城市大众文化活动种类多样性的评价，暂以样本均值来表示 |
|---|---|
| 主要数据来源 | 主要以调查问卷方式获取相关信息，辅助使用已有国际权威机构的相关调查和统计数据 |

| 指标名称（C-3） | 历史文物关注度 | | | | |
|---|---|---|---|---|---|
| 所属维度 | 文化 | | | | |
| 指标含义 | 历史文物是历史文化的遗存，对历史文物的关注是民众传承历史文化的重要体现。当下，城市民众可以通过多种方式来了解和关注历史文物，其中历史文化博物馆是一个聚集之地。在博物馆民众在观展历史文物的同时，了解历史文物所承载的故事和文化 | | | | |
| 以人为本（人民城市） | 人生出彩机会 | 有序参与治理 | 享有品质生活 | 切实感受温度 | 拥有归属认同 |
| | | √ | | | |
| 与 SDGs 的关联性 | SDGs 11.4 进一步努力保护和捍卫世界文化和自然遗产 | | | | |
| 与 NUA 的关联性 | NUA 124 我们将文化作为城市规划和战略的优先组成部分，保障各种有形和无形文化遗产和景观，并将保护其免受城市发展潜在破坏性影响 | | | | |
| 与 GUMF 的关联性 | GUMF 历史文物及遗产的传承和保护 | | | | |
| 相关国际机构（政府部门） | UN-Habitat　UNEP　UNICEF　UNESCO　WB　OECD　ILO　AIIB　MOHURD　其他 | | | | |
| 主流指数（指标）关联性 | √　　　　　　　　　　　　　　√　　　　　　　　　　　　　　　　　　　　　√　　　√ | | | | |
| 方法/模型 | 历史文物关注度 = $\frac{博物馆年度访问总人次}{人口总数} \times 10000$ 人 | | | | |
| 主要数据来源 | 数据以国家、地区和城市官方统计年鉴或历史文物保护部门年度工作（专题）报告为准，参照联合国教科文组织等国际机构的专题报告 | | | | |

| 指标名称（C-4） | 国际文化交流活跃度 | | | | |
|---|---|---|---|---|---|
| 所属维度 | 文化 | | | | |
| 指标含义 | 国际文化交流是城市可持续发展的重要方面，不同国家、民族、信仰、习俗的人汇集在一座城市，互相学习和交流，这是城市包容性的重要体现。当下，国际旅客数量是国际文化交流活跃度的一个重要指标 | | | | |
| 以人为本（人民城市） | 人生出彩机会 | 有序参与治理 | 享有品质生活 | 切实感受温度 | 拥有归属认同 |
| | √ | | √ | | √ |
| 与 SDGs 的关联性 | SDGs 17.16 加强全球可持续发展伙伴关系，以多利益攸关方伙伴关系作为补充，调动和分享知识、专长、技术和财政资源，以支持所有国家、尤其是发展中国家实现可持续发展目标 | | | | |
| 与 NUA 的关联性 | NUA 13b 具有参与性，促进市民参与，使所有居民都能产生归属感和主人翁意识，适当加强社会和代际互动、文化表达和政治参与，在和平与多元的社会里促进社会凝聚力、包容性和安全，让所有居民的需求都得到满足 | | | | |
| 与 GUMF 的关联性 | GUMF 文化交流 | | | | |
| 相关国际机构（政府部门） | UN-Habitat　UNEP　UNICEF　UNESCO　WB　OECD　ILO　AIIB　MOHURD　其他 | | | | |
| 主流指数（指标）关联性 | √　　　　　　　　　　　　　　√　　　　　　　　　　√　　　√　　　√　　　√　　　√ | | | | |
| 方法/模型 | 暂以国际旅游入境人次来表示 | | | | |
| 主要数据来源 | 数据以国家、地区和城市官方统计年鉴或文化旅游部门年度工作（专题）报告为准，参照联合国教科文组织等国际机构的专题报告 | | | | |

| 指标名称（C-5） | 公共文化设施覆盖率 | | | | |
|---|---|---|---|---|---|
| 所属维度 | 文化 | | | | |
| 指标含义 | 公共文化设施是公众文化交流和学习的重要场所，例如图书馆、博物馆、文化馆、艺术表演场馆等，对文化设施覆盖度的评估是推进城市文化基础设施建设的重要举措 | | | | |
| 以人为本（人民城市） | 人生出彩机会 | 有序参与治理 | 享有品质生活 | 切实感受温度 | 拥有归属认同 |
| | | | √ | | |
| 与 SDGs 的关联性 | SGDs 4.a 建立和改善兼顾儿童、残疾和性别平等的教育设施，为所有人提供安全、无暴力、包容和有效的学习环境 | | | | |
| 与 NUA 的关联性 | NUA 38 我们承诺在国家、国家以下和地方各级通过综合的城市和地域政策以及适当投资，妥善地可持续利用城市和人类住区中有形和无形的自然遗产和文化遗产，承诺保障和促进文化基础设施与场地、博物馆、土著文化和语言以及传统知识和艺术，强调它们在恢复和振兴城市地区活力以及在加强社会参与和践行公民精神方面发挥的作用 | | | | |
| 与 GUMF 的关联性 | GUMF 文化设施 | | | | |
| 相关国际机构（政府部门） | UN-Habitat　UNEP　UNICEF　UNESCO　WB　OECD　ILO　AIIB　MOHURD　其他 | | | | |
| 主流指数（指标）关联性 | √　　　　　　　　　√　　　　　　√　　　　　　　　　　　　　　　　　　　　√　　　√ | | | | |
| 方法/模型 | 文化设施覆盖度 = $\frac{公共文化设施（图书馆、博物馆、文化馆、艺术表演场馆等）数量}{人口总数} \times 10000$ 人 | | | | |
| 主要数据来源 | 数据以国家、地区和城市官方统计年鉴或历史文物主管部门年度工作（专题）报告为准，参照联合国教科文组织等国际机构的专题报告 | | | | |

| 指标名称（C-6） | 信息获取便利度 | | | | |
|---|---|---|---|---|---|
| 所属维度 | 文化 | | | | |
| 指标含义 | 信息获取便利程度成为影响文化学习和教育效果的重要因素。随着移动通信技术的发展和智能移动手机的普及，大众对信息获取的速度和方式更加得便捷。因此，可以从移动电话普及率来反映信息获取的便利程度 | | | | |
| 以人为本（人民城市） | 人生出彩机会 | 有序参与治理 | 享有品质生活 | 切实感受温度 | 拥有归属认同 |
| | | | √ | √ | |
| 与 SDGs 的关联性 | SDGs 5.b 加强技术特别是信息和通信技术的应用，以增强妇女权能 | | | | |
| | SDGs 12.8 到 2030 年，确保各国人民都能获取关于可持续发展以及与自然和谐的生活方式的信息 | | | | |
| | SDGs 16.10 根据国家立法和国际协议，确保公众获得各种信息，保障基本自由 | | | | |
| 与 NUA 的关联性 | NUA 125 我们将在土著人民和地方社区的参与下，通过利用新技术和工艺等，推广和传播有形和无形文化遗产知识，并保护传统表现形式和语言 | | | | |
| 与 GUMF 的关联性 | GUMF 信息获取 | | | | |
| 相关国际机构（政府部门） | UN-Habitat　UNEP　UNICEF　UNESCO　WB　OECD　ILO　AIIB　MOHURD　其他 | | | | |
| 主流指数（指标）关联性 | √　　　　　　　　　　　　　　√　　　　√　　　　　　　　　　√　　　　√　　　　√ | | | | |
| 方法/模型 | 移动电话普及率 = $\frac{移动电话用户数量}{人口总数} \times 100\%$ | | | | |
| 主要数据来源 | 数据以国家、地区和城市官方统计年鉴或信息化部门年度工作（专题）报告为准，并参照通信服务行业报告 | | | | |

| 指标名称（C-7） | 文创产业贡献率 | | | | |
|---|---|---|---|---|---|
| 所属维度 | 文化 | | | | |
| 指标含义 | 文化创意产业是一种在经济全球化背景下产生的以创造力为核心的新兴文化产业，强调一种主体文化或文化因素依靠个人（团队）通过技术、创意和产业化的方式开发、营销知识产权的行业。文创产业在文化多样性发展、劳动就业和经济发展中都具有重要的贡献 | | | | |
| 以人为本（人民城市） | 人生出彩机会 | 有序参与治理 | 享有品质生活 | 切实感受温度 | 拥有归属认同 |
| | √ | | | | |
| 与 SDGs 的关联性 | SDGs 12.6 鼓励各个公司，特别是大公司和跨国公司，采用可持续的做法，并将可持续文化性信息纳入各自报告 | | | | |
| 与 NUA 的关联性 | NUA 125-1 我们将支持利用文化遗产促进城市可持续发展，肯定文化遗产在提高参与度和责任感方面的作用 | | | | |
| 与 GUMF 的关联性 | GUMF 文化产品及服务贸易 | | | | |
| 相关国际机构（政府部门） | UN-Habitat　UNEP　UNICEF　UNESCO　WB　OECD　ILO　AIIB　MOHURD　其他 | | | | |
| 主流指数（指标）关联性 | √　　　　　　　　　　　　　　√　　　　√　　　　√　　　　　　　　　　　　　　　　√ | | | | |
| 方法/模型 | 文创产业贡献率 = $\frac{文创产业增加值}{GDP 总量} \times 100\%$ | | | | |
| 主要数据来源 | 数据以国家、地区和城市官方统计年鉴或文化旅游或产业经济部门年度工作（专题）报告为准，参照世界银行、联合国教科文组织等国际机构的专题报告 | | | | |

| 指标名称（C-8） | 旅游市场贡献率 | | | | |
|---|---|---|---|---|---|
| 所属维度 | 文化 | | | | |
| 指标含义 | 旅游市场其实是城市社会经济和文化综合发展的一个缩影。围绕国内外旅客所产生的一系列交通、住宿、商品等诸多市场交易活动和行为对城市可持续发展有重要的推动作用 | | | | |
| 以人为本（人民城市） | 人生出彩机会 | 有序参与治理 | 享有品质生活 | 切实感受温度 | 拥有归属认同 |
| | √ | | | | |
| 与 SDGs 的关联性 | SDGs 8.9 到 2030 年，制定和执行推广可持续旅游的政策，以创造就业机会，促进地方文化和产品 | | | | |
| | SDGs 14.7 到 2030 年，增加小岛屿发展中国家和最不发达国家通过可持续利用海洋资源获得的经济收益，包括可持续地管理渔业、水产养殖业和旅游业 | | | | |
| 与 NUA 的关联性 | NUA 125-2 我们将促进对建筑古迹和遗址进行创新和可持续的利用，旨在通过审慎的恢复和改造创造价值 | | | | |
| 与 GUMF 的关联性 | GUMF 旅游产业发展 | | | | |
| 相关国际机构（政府部门） | UN-Habitat　UNEP　UNICEF　UNESCO　WB　OECD　ILO　AIIB　MOHURD　其他 | | | | |
| 主流指数（指标）关联性 | √　　　　√　　　　　　　　　　√　　　　　　　　√　　　　　　　　　　　　　　　　√ | | | | |
| 方法/模型 | 旅游市场贡献率 = $\frac{旅游市场收入}{GDP 总量} \times 100\%$ | | | | |
| 主要数据来源 | 数据以国家、地区和城市官方统计年鉴或文化旅游部门年度工作（专题）报告为准，参照联合国教科文组织等国际机构的专题报告 | | | | |

| 指标名称（C-9） | 知识创新投入强度 | | | | |
|---|---|---|---|---|---|
| 所属维度 | 文化 | | | | |
| 指标含义 | 知识创新是指通过科学研究，包括基础研究和应用研究，获得新的基础科学和技术科学知识的过程。知识创新是技术创新的基础，是新技术和新发明的源泉，是促进科技进步和经济增长的重要力量，暂以社会研发（R&D）投入来表达 | | | | |
| 以人为本（人民城市） | 人生出彩机会 | 有序参与治理 | 享有品质生活 | 切实感受温度 | 拥有归属认同 |
| | √ | | √ | | |
| 与 SDGs 的关联性 | SDGs 8.2 通过多样化经营、技术升级和创新，包括重点发展高附加值和劳动密集型行业，实现更高水平的经济生产力<br>SDGs 9.b 支持发展中国家的国内技术开发、研究与创新，包括提供有利的政策环境<br>SDGs 12.a 支持发展中国家加强科学和技术能力，采用更可持续的生产和消费模式 | | | | |
| 与 NUA 的关联性 | NUA 157 我们将支持科学、研究和创新，包括重点关注社会、技术、数字和自然为本的创新，城市和地域规划、政策制定方面强有力的科学与政策对接以及分享和交流信息、知识和专门知识的制度化机制 | | | | |
| 与 GUMF 的关联性 | GUMF 文化知识 | | | | |
| 相关国际机构（政府部门） | UN-Habitat　UNEP　UNICEF　UNESCO　WB　OECD　ILO　AIIB　MOHURD　其他 | | | | |
| 主流指数（指标）关联性 | √　　　　　　　　√　　　　√　　　　√　　　　　　　　√　　　　√ | | | | |
| 方法/模型 | 知识创新投入强度 $= \dfrac{R\&D\text{经费支出}}{GDP\text{总量}} \times 100\%$ | | | | |
| 主要数据来源 | 数据以国家、地区和城市官方统计年鉴或科技研发部门年度工作（专题）报告为准，并参考世界银行、经合组织等机构的专题报告 | | | | |

| 指标名称（G-1） | 公共财政依存度 | | | | |
|---|---|---|---|---|---|
| 所属维度 | 治理 | | | | |
| 指标含义 | 财政依存度是衡量一个国家或一个地区经济运行质量的重要指标，在一定程度上反映了在国内生产总值分配中，国家（或地方）所占的比重。财政依存度的高低，不仅与国家（或地区）的产业结构、所有制结构以及经济运行质量有着直接的关系，而且受到国家财税政策、税收征管强度等多方面因素的影响 | | | | |
| 以人为本（人民城市） | 人生出彩机会 | 有序参与治理 | 享有品质生活 | 切实感受温度 | 拥有归属认同 |
| 与 SDGs 的关联性 | SDGs 10.4 采取政策，特别是财政、薪资和社会保障政策，逐步实现更大的平等<br>SDGs 11.c 通过财政和技术援助等方式，支持最不发达国家就地取材，建造可持续的、有抵御灾害能力的建筑<br>SDGs 17.1 通过向发展中国家提供国际支持等方式，以改善国内征税和提高财政收入的能力，加强筹集国内资源 | | | | |
| 与 NUA 的关联性 | NUA 15c-4 通过有效、创新和可持续的融资框架和工具提供支持，加强市政财政和地方财政系统，以包容的方式创造、维持和分享城市可持续发展所带来的价值 | | | | |
| 与 GUMF 的关联性 | GUMF 财政收入 | | | | |
| 相关国际机构（政府部门） | UN-Habitat　UNEP　UNICEF　UNESCO　WB　OECD　ILO　AIIB　MOHURD　其他 | | | | |
| 主流指数（指标）关联性 | √　　　　　　　　√　　　√　　　　√　　　√　　　√　　　√ | | | | |
| 方法/模型 | 公共财政依存度 $= \dfrac{\text{公共财政收入}}{GDP\text{总量}} \times 100\%$ | | | | |
| 主要数据来源 | 数据以国家、地区和城市官方统计年鉴或财政部门年度工作（专题）报告为准，并参照世界银行等机构的专题报告 | | | | |

| 指标名称（G-2） | 地方政府负债率 | | | | |
|---|---|---|---|---|---|
| 所属维度 | 治理 | | | | |
| 指标含义 | 地方政府负债率是衡量经济总规模对政府债务的承载能力或经济增长对政府举债依赖程度的指标。一定规模的负债对经济发展有促进作用，国际上通常以《马斯特里赫特条约》规定的负债率60%作为政府债务风险控制标准参考值 | | | | |
| 以人为本（人民城市） | 人生出彩机会 | 有序参与治理 | 享有品质生活 | 切实感受温度 | 拥有归属认同 |
| | | | √ | | |
| 与 SDGs 的关联性 | SDGs 17.4 通过政策协调，适度推动债务融资、债务减免和债务重组，以帮助发展中国家实现长期债务可持续性，处理重债穷国的外债问题以减轻其债务压力 | | | | |
| 与 NUA 的关联性 | NUA 139 我们将支持为可持续的国家和城市借贷创建强有力的法律和监管框架，这应以可持续债务管理为基础，以充足的收入和能力为支持，以地方信用度为依托，并酌情扩大可持续的城市债务市场 | | | | |
| 与 GUMF 的关联性 | GUMF 地方政府债务余额 | | | | |
| 相关国际机构（政府部门） | UN-Habitat　UNEP　UNICEF　UNESCO　WB　OECD　ILO　AIIB　MOHURD　其他 | | | | |
| 主流指数（指标）关联性 | √　　　　　　　　　　　　√　　　√　　　　　　　　　　　　√　　　√ | | | | |
| 方法/模型 | 地方政府负债率 $= \dfrac{\text{地方政府债务余额}}{GDP\text{总量}} \times 100\%$ | | | | |
| 主要数据来源 | 数据以国家、地区和城市官方统计年鉴或财政部门年度工作（专题）报告为准，并参照世界银行等机构的专题报告 | | | | |

| 指标名称（G-3） | 公共安全风险 | | | | |
|---|---|---|---|---|---|
| 所属维度 | 治理 | | | | |
| 指标含义 | 公共安全主要是指社会和公民个人从事和进行正常的生活、工作、学习、娱乐和交往所需要的稳定的外部环境和秩序，也是城市可持续发展的核心前提之一。其中，刑事案件发生数量是城市安全评估的一个重要指标 | | | | |
| 以人为本（人民城市） | 人生出彩机会 | 有序参与治理 | 享有品质生活 | 切实感受温度 | 拥有归属认同 |
| | | | √ | √ | |
| 与SDGs的关联性 | SDGs 16.1 在全球大幅减少一切形式的暴力和相关的死亡率<br>SDGs 16.2 制止对儿童进行虐待、剥削、贩卖以及一切形式的暴力和酷刑<br>SDGS 16.a 通过开展国际合作等方式加强相关国家机制，在各层级提高各国尤其是发展中国家的能力建设，以预防暴力，打击恐怖主义和犯罪行为 | | | | |
| 与NUA的关联性 | NUA 14a 促进安全以及消除歧视和一切形式的暴力 | | | | |
| 与GUMF的关联性 | GUMF 刑事犯罪案件数量 | | | | |
| 相关国际机构（政府部门） | UN-Habitat　UNEP　UNICEF　UNESCO　WB　OECD　ILO　AIIB　MOHURD　其他 | | | | |
| 主流指数（指标）关联性 | √　　　　　　　　　　　　　　　　　　　　　√　　　√　　　√　　　　　　√　　　　　√ | | | | |
| 方法/模型 | $$公共安全风险 = \frac{刑事案件发生数量}{人口数量} \times 10000 人$$ | | | | |
| 主要数据来源 | 数据以国家、地区和城市官方统计年鉴或公安、检察院、法院等部门年度工作（专题）报告为准 | | | | |

| 指标名称（G-4） | 法律服务供给 | | | | |
|---|---|---|---|---|---|
| 所属维度 | 治理 | | | | |
| 指标含义 | 法律服务供给是城市法治化治理的重要途径和举措。其中，专业的法律从业者，特别是职业律师成为法律服务的重要供给者，职业律师群体的规模是城市法治化进程的重要评估指标 | | | | |
| 以人为本（人民城市） | 人生出彩机会 | 有序参与治理 | 享有品质生活 | 切实感受温度 | 拥有归属认同 |
| | | | √ | √ | |
| 与SDGs的关联性 | SDGs 10.3 确保机会均等，减少结果不平等现象，包括取消歧视性法律、政策和做法，推动相关的立法、政策和行动。<br>SDGs 16.3 在国家和国际层面促进法治，确保所有人都有平等诉诸司法的机会 | | | | |
| 与NUA的关联性 | NUA 41 我们承诺在城市和人类住区促进机构、政治、法律和金融机制，以根据国家政策扩大包容型平台，使所有人都能切实参与决策、规划和落实进程，并加强公民参与、合作供应及合作生产 | | | | |
| 与GUMF的关联性 | GUMF 法律保护 | | | | |
| 相关国际机构（政府部门） | UN-Habitat　UNEP　UNICEF　UNESCO　WB　OECD　ILO　AIIB　MOHURD　其他 | | | | |
| 主流指数（指标）关联性 | √　　　　　　　　　　　　　　　　　　　　　√　　　√　　　√　　　　　　　　　　　　√ | | | | |
| 方法/模型 | $$法律服务供给 = \frac{职业律师数量}{人口数量} \times 10000 人$$ | | | | |
| 主要数据来源 | 数据以国家、地区和城市官方统计年鉴或律师行业年度工作（专题）报告为准 | | | | |

| 指标名称（G-5） | 专业人才分布密度 | | | | |
|---|---|---|---|---|---|
| 所属维度 | 治理 | | | | |
| 指标含义 | 研发人员的数量和质量是城市可持续发展和治理的重要人力资源保障，他们在城市经济社会发展的各个技术和管理岗位从事相应工作，城市治理体系的优化和治理能力的提高都需要专业化的人才队伍 | | | | |
| 以人为本（人民城市） | 人生出彩机会 | 有序参与治理 | 享有品质生活 | 切实感受温度 | 拥有归属认同 |
| | √ | | √ | | |
| 与SDGs的关联性 | SDGs 4.4 到2030年，大幅增加掌握就业、体面工作和创业所需相关技能，包括技术性和职业性技能的青年和成年人数<br>SDGs 9.5 在所有国家，特别是发展中国家，加强科学研究，提升工业部门的技术能力，包括到2030年，鼓励创新，大幅增加每100万人口中的研发人员数量，并增加公共和私人研发支出 | | | | |
| 与NUA的关联性 | NUA 60 我们承诺继续并支持城市经济通过高增值部门逐渐向高生产力转型，为此将促进多样化、技术升级、研究与创新，包括创造优质和体面的工作岗位 | | | | |
| 与GUMF的关联性 | GUMF 科技人才队伍 | | | | |
| 相关国际机构（政府部门） | UN-Habitat　UNEP　UNICEF　UNESCO　WB　OECD　ILO　AIIB　MOHURD　其他 | | | | |
| 主流指数（指标）关联性 | √　　　　　　　√　　　　　√　　　　　　√　　　√　　　　　　　　　　　　√　　　　√ | | | | |
| 方法/模型 | $$专业人才分布密度 = \frac{R\&D 人员全时当量数}{人口数量} \times 10000 人$$ | | | | |
| 主要数据来源 | 数据以国家、地区和城市官方统计年鉴或科技研发部门年度工作（专题）报告为准，并参考世界银行、经合组织等机构的专题报告 | | | | |

| 指标名称（G-6） | 数字化治理水平 | | | | |
|---|---|---|---|---|---|
| 所属维度 | 治理 | | | | |
| 指标含义 | 数字化治理是指利用计算机、通信、网络等技术，通过统计技术量化管理对象与管理行为，实现研发、计划、组织、生产、协调、服务、创新等职能的治理活动和方法。随着数字化技术的快速发展，数字化治理的高效率、低成本、易接受、高覆盖等诸多特点逐步显现。因此，数字化治理成为城市可持续治理的重要评估指标 | | | | |
| 以人为本（人民城市） | 人生出彩机会 | 有序参与治理 | 享有品质生活 | 切实感受温度 | 拥有归属认同 |
| | | √ | √ | | |
| 与SDGs的关联性 | SDGs 17.18 加强向发展中国家，包括最不发达国家和小岛屿发展中国家提供的能力建设支持，大幅增加获得按收入、性别、年龄、种族、民族、地理位置和各国国情有关的其他特征分类的高质量、及时和可靠的数据 | | | | |
| 与NUA的关联性 | NUA 66 我们承诺采用智能城市办法，利用数字化、清洁能源和技术以及创新交通技术所带来的机会，为居民做出更有益环境的选择和提振可持续经济增长提供备选方案，并使城市能够更好地提供服务 | | | | |
| 与GUMF的关联性 | GUMF 电子政务 | | | | |
| 相关国际机构（政府部门） | UN-Habitat　UNEP　UNICEF　UNESCO　WB　OECD　ILO　AIIB　MOHURD　其他 | | | | |
| 主流指数（指标）关联性 | √　　　　　　　√　　　　　　√　　　　　　√　　　　　√　　　　√　　　　　　　　　　　　　　　√ | | | | |
| 方法/模型 | 暂以联合国电子政务发展指数为主要参考方法，未来可对其模型进一步优化，从而更好地体现出城市数字化治理水平 | | | | |
| 主要数据来源 | 数据以国家、地区和城市官方统计年鉴或信息部门年度工作（专题）报告为准，同时参照联合国相关机构的专题报告 | | | | |

| 指标名称（G-7） | 社会组织参与度 | | | | |
|---|---|---|---|---|---|
| 所属维度 | 治理 | | | | |
| 指标含义 | 社会组织（非政府组织和社会团体）是人们为了有效地达到特定目标，按照一定的宗旨、制度、系统建立起来的共同活动集体，它有清楚的界限、明确的目标，内部实行明确的分工。社会组织在城市治理中扮演着非常重要的作用，也是不同利益群体协同推进城市治理进程的重要力量 | | | | |
| 以人为本（人民城市） | 人生出彩机会 | 有序参与治理 | 享有品质生活 | 切实感受温度 | 拥有归属认同 |
| | | √ | | | √ |
| 与SDGs的关联性 | SDGs 11.3 到2030年，在所有国家加强包容和可持续的城市建设，加强参与性、可持续的人类住区规划和管理能力<br>SDGs 17.17 借鉴伙伴关系的经验和筹资战略，鼓励和推动建立有效的公共、公私和民间社会伙伴关系 | | | | |
| 与NUA的关联性 | NUA 48 鼓励所有相关利益攸关方，包括地方政府、私营部门和民间社会、妇女、青年组织、残疾人组织、学术机构、工会、雇主组织、移民社团和文化社团，有效参与和协作确定城市经济发展机会，发现并解决现有和新出现的挑战 | | | | |
| 与GUMF的关联性 | GUMF 社会团体及组织参与 | | | | |
| 相关国际机构（政府部门） | UN-Habitat　UNEP　UNICEF　UNESCO　WB　OECD　ILO　AIIB　MOHURD　其他 | | | | |
| 主流指数（指标）关联性 | √　　　　　　　√　　　　　　√　　　　　　√　　　　　√　　　　　　　　　　　　　　　　　　　　　√ | | | | |
| 方法/模型 | $$社会组织参与度 = \frac{社会组织和团体数量}{人口数量} \times 10000人$$ | | | | |
| 主要数据来源 | 数据以国家、地区和城市官方统计年鉴或民政、社会组织管理部门年度工作（专题）报告为准 | | | | |

| 指标名称（G-8） | 公共突发事件应急响应公众认可度 | | | | |
|---|---|---|---|---|---|
| 所属维度 | 治理 | | | | |
| 指标含义 | 公共突然事件主要是指造成或者可能造成严重社会危害，需要采取应急处置措施予以应对的自然灾害、事故灾难、公共卫生事件、社会安全等重大公共事件。目前，绝大部分城市都有自己的公共突发事件应急响应机制，评价该机制的重要指标之一就是公众的认可度，认可度的高低将直接影响或倒逼城市公共应急响应机制的改进 | | | | |
| 以人为本（人民城市） | 人生出彩机会 | 有序参与治理 | 享有品质生活 | 切实感受温度 | 拥有归属认同 |
| | | √ | | √ | √ |
| 与SDGs的关联性 | SDGs 3.d 加强各国特别是发展中国家早期预警、减少风险，以及管理国家和全球健康风险的能力<br>SDGs 13.3 加强气候变化减缓、适应、减少影响和早期预警等方面的教育和宣传，加强人员和机构在此方面的能力 | | | | |
| 与NUA的关联性 | NUA 77-2 我们承诺加强城市和人类住区的韧性，特别是在风险易发区，包括贫民窟，使家庭、社区、机构和服务能够对冲击或潜在压力等灾患影响做出准备、反应、适应并迅速恢复 | | | | |
| 与GUMF的关联性 | GUMF 公共突发事件应急处理能力 | | | | |
| 相关国际机构（政府部门） | UN-Habitat　UNEP　UNICEF　UNESCO　WB　OECD　ILO　AIIB　MOHURD　其他 | | | | |
| 主流指数（指标）关联性 | √　　　　　　　√　　　　　　√　　　　　　√　　　　　√　　　　√　　　　√　　　　　　　　　　　√ | | | | |
| 方法/模型 | 以随机抽样调查的方式分析公众对城市管理者应对公共突发事件，特别是公共卫生事件所采取的应对措施的认可度，用样本均值来暂为表示 | | | | |
| 主要数据来源 | 主要以调查问卷方式获取相关信息，辅助使用已有国际权威机构的相关调查和统计数据 | | | | |

| 指标名称（G-9） | 城市综合治理公众满意度 | | | | |
|---|---|---|---|---|---|
| 所属维度 | 治理 | | | | |
| 指标含义 | 城市综合治理效果到底如何，公众是最有发言权的。通过对城市综合治理效率和效果的调查评估，从公众的角度对其进行评价，然后再根据结果倒逼城市综合治理能力的提升 | | | | |
| 以人为本（人民城市） | 人生出彩机会 | 有序参与治理 | 享有品质生活 | 切实感受温度 | 拥有归属认同 |
| | √ | √ | √ | √ | √ |
| 与SDGs的关联性 | **SDGs 11.a** 通过加强国家和区域发展规划，支持在城市、近郊和农村地区之间建立积极的经济、社会和环境联系<br>**SDGs 16.5** 大幅减少一切形式的腐败和贿赂行为<br>**SDGs 16.b** 推动和实施非歧视性法律和政策以促进可持续发展<br>**SDGs 17.14** 加强可持续发展政策的一致性 | | | | |
| 与NUA的关联性 | **NUA 147** 我们将促进能力建设，以此作为多元做法，用于提升多利益攸关方和各级机构的治理能力，并结合个人、社会和机构的能力制定、执行、加强、管理、监测和评价城市可持续发展的公共政策 | | | | |
| 与GUMF的关联性 | **GUMF** 公共服务满意度 | | | | |

| 相关国际机构（政府部门） | UN-Habitat | UNEP | UNICEF | UNESCO | WB | OECD | ILO | AIIB | MOHURD | 其他 |
|---|---|---|---|---|---|---|---|---|---|---|
| 主流指数（指标）关联性 | √ | √ | √ | √ | √ | √ | √ | √ | √ | √ |

| 方法/模型 | 以随机抽样调查的方式分析公众对城市治理效率、方式、服务等多个维度的评价，暂以样本均值来表示 |
|---|---|
| 主要数据来源 | 主要以调查问卷方式获取相关信息，辅助使用已有国际权威机构的相关调查和统计数据 |

## 附表 2
## 十大试点城市分档分级验算结果

| 综合指数 | 上海 | 北京 | 香港 | 新加坡 | 东京 | 首尔 | 纽约 | 伦敦 | 巴黎 | 柏林 |
|---|---|---|---|---|---|---|---|---|---|---|
| 2015 年 | B+ | B+ | B+ | B+ | B+ | B | B+ | A | B+ | B+ |
| | ↑ | − | − | ↑ | ↑ | − | − | − | ↑ | − |
| 2016 年 | A | B+ | B+ | A | A | B | B+ | A | A | B+ |
| | − | − | − | − | − | ↑ | − | − | − | − |
| 2017 年 | A | B+ | B+ | A | A | B | A | A | A | B+ |
| | − | − | − | − | − | ↑ | − | − | − | − |
| 2018 年 | A | B+ | B+ | A | A | B+ | A | A | A | B+ |
| | − | − | − | − | − | − | − | − | − | ↑ |
| 2019 年 | A | B+ | B+ | A | A | B+ | A | A | A | A |
| | − | − | − | − | − | − | − | − | − | ↓ |
| 2020 年 | A | B+ | B+ | A | A | B+ | A | A | A | B+ |
| 2015—2020 年 | ↑ | − | − | ↑ | ↑ | ↑ | ↑ | − | ↑ | − |

| 经济 | 上海 | 北京 | 香港 | 新加坡 | 东京 | 首尔 | 纽约 | 伦敦 | 巴黎 | 柏林 |
|---|---|---|---|---|---|---|---|---|---|---|
| 2015 年 | A | A | A | A | A | B | A | A | B | B+ |
| | − | − | − | − | − | ↑ | − | − | − | ↑ |
| 2016 年 | A | A | A | A | A | B+ | A | A | B | A |
| | − | − | − | − | − | − | − | − | − | ↓ |
| 2017 年 | A | A | A | A | A | B+ | A | A | B | B+ |
| | − | − | − | − | − | ↑ | − | − | − | − |
| 2018 年 | A | A | A | A | A | A | A | A | B | B+ |
| | − | − | − | − | − | − | − | − | ↑ | ↑ |
| 2019 年 | A | A | A | A | A | A | A | A | B+ | A |
| | − | ↓ | − | − | − | ↓ | − | − | − | ↓ |
| 2020 年 | A | B+ | A | A | A | B+ | A | A | B+ | B+ |
| 2015—2020 年 | − | ↓ | − | − | − | ↑ | − | − | ↑ | − |

| 社会 | 上海 | 北京 | 香港 | 新加坡 | 东京 | 首尔 | 纽约 | 伦敦 | 巴黎 | 柏林 |
|---|---|---|---|---|---|---|---|---|---|---|
| 2015 年 | A | B+ | B+ | A | A | B+ | A | A | A | B+ |
|  | – | – | – | – | – | – | – | – | – | – |
| 2016 年 | A | B+ | B+ | A | A | B+ | A | A | A | B+ |
|  | – | ↑ | – | – | – | – | – | – | – | – |
| 2017 年 | A | A | B+ | A | A | B+ | A | A | A | B+ |
|  | – | – | ↑ | – | – | – | – | – | – | – |
| 2018 年 | A | A | A | A | A | B+ | A | A | A | B+ |
|  | – | – | – | – | – | ↑ | – | – | – | – |
| 2019 年 | A | A | A | A | A | A | A | A | A | B+ |
|  | – | – | – | – | – | ↓ | – | – | – | – |
| 2020 年 | A | A | A | A | A | B+ | A | A | A | B+ |
| 2015—2020 年 | – | ↑ | ↑ | – | – | – | – | – | – | – |

| 环境 | 上海 | 北京 | 香港 | 新加坡 | 东京 | 首尔 | 纽约 | 伦敦 | 巴黎 | 柏林 |
|---|---|---|---|---|---|---|---|---|---|---|
| 2015 年 | B | B- | B+ | B+ | B | B- | B | B+ | A | B |
|  | – | – | – | ↑ | ↑ | – | – | ↑ | – | ↑ |
| 2016 年 | B | B- | B+ | A | B+ | B- | B | A | A | B+ |
|  | – | ↑ | – | – | – | ↑ | ↑ | – | – | – |
| 2017 年 | B | B | B+ | A | B+ | B | B+ | A | A | B+ |
|  | ↑ | – | – | – | – | ↓ | – | – | – | – |
| 2018 年 | B+ | B | B+ | A | B+ | B- | B+ | A | A | B+ |
|  | – | – | – | – | – | – | – | – | – | ↑ |
| 2019 年 | B+ | B | B+ | A | B+ | B- | B+ | A | A | A |
|  | – | – | – | – | – | – | – | – | – | ↓ |
| 2020 年 | B+ | B | B+ | A | B+ | B- | B+ | A | A | B+ |
| 2015—2020 年 | ↑ | ↑ | – | ↑ | ↑ | – | ↑ | ↑ | – | ↑ |

| 文化 | 上海 | 北京 | 香港 | 新加坡 | 东京 | 首尔 | 纽约 | 伦敦 | 巴黎 | 柏林 |
|---|---|---|---|---|---|---|---|---|---|---|
| 2015 年 | B+ | B+ | B | B+ | B+ | B+ | B+ | B+ | A | B+ |
|  | – | – | ↑ | – | – | – | – | ↑ | – | – |
| 2016 年 | B+ | B+ | B+ | B+ | B+ | B+ | B+ | A | A | B+ |
|  | – | ↑ | – | – | – | – | – | – | – | – |
| 2017 年 | B+ | A | B+ | B+ | B+ | B+ | B+ | A | A | B+ |
|  | ↑ | – | – | – | ↑ | ↑ | ↑ | – | – | ↑ |
| 2018 年 | A | A | B+ | B+ | A | A | A | A | A | A |
|  | – | – | – | – | – | – | – | – | – | – |
| 2019 年 | A | A | B+ | B+ | A | A | A | A | A | A |
|  | – | – | – | – | – | – | – | – | – | – |
| 2020 年 | A | A | B+ | B+ | A | A | A | A | A | A |
| 2015—2020 年 | ↑ | ↑ | ↑ | – | ↑ | ↑ | ↑ | ↑ | – | ↑ |

| 治理 | 上海 | 北京 | 香港 | 新加坡 | 东京 | 首尔 | 纽约 | 伦敦 | 巴黎 | 柏林 |
|---|---|---|---|---|---|---|---|---|---|---|
| 2015 年 | B+ | B | B- | B+ | B+ | C+ | B- | A | B | B- |
|  | ↑ | ↑ | - | ↑ | ↑ | ↑ | ↑ | - | ↑ | ↑ |
| 2016 年 | A | B+ | B- | A | A | B- | B | A | B+ | B |
|  | - | ↑ | ↑ | - | - | - | ↑ | ↓ | - | ↑ |
| 2017 年 | A | A | B | A | A | B- | B+ | B+ | B+ | B+ |
|  | - | - | - | - | - | ↑ | ↑ | ↑ | ↑ | ↑ |
| 2018 年 | A | A | B | A | A | B | A | A | A | A |
|  | - | - | - | - | - | ↑ | - | - | - | - |
| 2019 年 | A | A | B | A | A | B+ | A | A | A | A |
|  | - | - | - | - | - | ↓ | ↓ | - | ↓ | ↓ |
| 2020 年 | A | A | B | A | A | B | B+ | A | B+ | B+ |
| 2015—2020 年 | ↑ | ↑ | ↑ | ↑ | ↑ | ↑ | ↑ | - | ↑ | ↑ |

| 2015 年 | 国家/地区 | 综合指数 | 子指数 ||||| 
|---|---|---|---|---|---|---|---|
|  |  |  | 经济 | 社会 | 环境 | 文化 | 治理 |
| 伦敦 | 英国 | A | A | A | B+ | B+ | A |
| 新加坡 | 新加坡 | B+ | A | A | B+ | B+ | B+ |
| 东京 | 日本 | B+ | A | A | B | B+ | B+ |
| 上海 | 中国 | B+ | A | A | B | B+ | B+ |
| 巴黎 | 法国 | B+ | B | A | A | A | B |
| 纽约 | 美国 | B+ | A | A | B | B+ | B- |
| 香港 | 中国 | B+ | A | B+ | B+ | B | B- |
| 北京 | 中国 | B+ | A | B+ | B- | B+ | B |
| 柏林 | 德国 | B+ | B+ | B+ | B | B | B- |
| 首尔 | 韩国 | B | B | B+ | B- | B+ | C+ |

| 2016 年 | 国家/地区 | 综合指数 | 子指数 ||||| 
|---|---|---|---|---|---|---|---|
|  |  |  | 经济 | 社会 | 环境 | 文化 | 治理 |
| 伦敦 | 英国 | A | A | A | A | A | A |
| 新加坡 | 新加坡 | A | A | A | A | B+ | A |
| 东京 | 日本 | A | A | A | B+ | B+ | A |
| 上海 | 中国 | A | A | A | B | B+ | A |
| 巴黎 | 法国 | A | B | A | A | A | B+ |
| 纽约 | 美国 | B+ | A | A | B | B+ | B |
| 北京 | 中国 | B+ | A | B+ | B- | B+ | B+ |
| 柏林 | 德国 | B+ | A | B+ | B+ | B | B |
| 香港 | 中国 | B+ | A | B+ | B+ | B+ | B- |
| 首尔 | 韩国 | B | B+ | B+ | B- | B+ | B- |

| 2017 年 | 国家/地区 | 综合指数 | 子指数 | | | | |
|---|---|---|---|---|---|---|---|
| | | | 经济 | 社会 | 环境 | 文化 | 治理 |
| 新加坡 | 新加坡 | A | A | A | A | B+ | A |
| 伦敦 | 英国 | A | A | A | A | A | B+ |
| 东京 | 日本 | A | A | A | B+ | B+ | A |
| 上海 | 中国 | A | A | A | B | B+ | A |
| 纽约 | 美国 | A | A | A | B+ | B+ | B+ |
| 巴黎 | 法国 | A | B | A | A | A | B+ |
| 北京 | 中国 | B+ | A | A | B | A | A |
| 香港 | 中国 | B+ | A | B+ | B+ | B+ | B |
| 柏林 | 德国 | B+ | B+ | B+ | B+ | B+ | B+ |
| 首尔 | 韩国 | B | B+ | B+ | B | B+ | B- |

| 2018 年 | 国家/地区 | 综合指数 | 子指数 | | | | |
|---|---|---|---|---|---|---|---|
| | | | 经济 | 社会 | 环境 | 文化 | 治理 |
| 新加坡 | 新加坡 | A | A | A | A | B+ | A |
| 伦敦 | 英国 | A | A | A | A | A | A |
| 上海 | 中国 | A | A | A | B+ | A | A |
| 东京 | 日本 | A | A | A | B+ | A | A |
| 巴黎 | 法国 | A | B | A | A | A | A |
| 纽约 | 美国 | A | A | A | B+ | A | A |
| 北京 | 中国 | B+ | A | A | B | A | A |
| 香港 | 中国 | B+ | A | A | B+ | B+ | B |
| 柏林 | 德国 | B+ | B+ | B+ | B+ | A | A |
| 首尔 | 韩国 | B+ | A | B+ | B- | A | B |

| 2019 年 | 国家/地区 | 综合指数 | 子指数 | | | | |
|---|---|---|---|---|---|---|---|
| | | | 经济 | 社会 | 环境 | 文化 | 治理 |
| 伦敦 | 英国 | A | A | A | A | A | A |
| 新加坡 | 新加坡 | A | A | A | A | B+ | A |
| 巴黎 | 法国 | A | B+ | A | A | A | A |
| 上海 | 中国 | A | A | A | B+ | A | A |
| 东京 | 日本 | A | A | A | B+ | A | A |
| 纽约 | 美国 | A | A | A | B+ | A | A |
| 柏林 | 德国 | A | A | B+ | A | A | A |
| 北京 | 中国 | B+ | A | A | B | A | A |
| 香港 | 中国 | B+ | A | A | B+ | B+ | B |
| 首尔 | 韩国 | B+ | A | A | B- | A | B |

| 2020 年 | 国家/地区 | 综合指数 | 子指数 | | | | |
|---|---|---|---|---|---|---|---|
| | | | 经济 | 社会 | 环境 | 文化 | 治理 |
| 伦敦 | 英国 | A | A | A | A | A | A |
| 新加坡 | 新加坡 | A | A | A | A | B+ | A |
| 上海 | 中国 | A | A | A | B+ | A | A |
| 巴黎 | 法国 | A | B+ | A | A | A | B+ |
| 东京 | 日本 | A | A | A | B+ | A | A |
| 纽约 | 美国 | A | A | A | B+ | A | B+ |
| 北京 | 中国 | B+ | B+ | A | B | A | A |
| 柏林 | 德国 | B+ | B+ | B+ | B+ | A | B+ |
| 香港 | 中国 | A | A | A | B+ | B+ | B |
| 首尔 | 韩国 | B+ | B+ | B+ | B- | A | B |

| 上海（中国） | 综合指数 | | 子指数 | | | | | | | | | |
|---|---|---|---|---|---|---|---|---|---|---|---|---|
| | | | 经济 | | 社会 | | 环境 | | 文化 | | 治理 | |
| | 水平 | 变化 | 水平 | 变化 | 水平 | 变化 | 水平 | 变化 | 水平 | 变化 | 水平 | 变化 |
| 2015 年 | B+ | | A | | A | | B | | B+ | | B+ | |
| | | ↑ | | — | | — | | — | | — | | ↑ |
| 2016 年 | A | | A | | A | | B | | B+ | | A | |
| | | — | | — | | — | | — | | — | | — |
| 2017 年 | A | | A | | A | | B | | B+ | | A | |
| | | — | | — | | — | | ↑ | | ↑ | | — |
| 2018 年 | A | | A | | A | | B+ | | A | | A | |
| | | — | | — | | — | | — | | — | | — |
| 2019 年 | A | | A | | A | | B+ | | A | | A | |
| | | — | | — | | — | | — | | — | | — |
| 2020 年 | A | | A | | A | | B+ | | A | | A | |
| 2015—2020 年 | | ↑ | | — | | — | | ↑ | | ↑ | | ↑ |

| 北京（中国） | 综合指数 | | 子指数 | | | | | | | | | |
|---|---|---|---|---|---|---|---|---|---|---|---|---|
| | | | 经济 | | 社会 | | 环境 | | 文化 | | 治理 | |
| | 水平 | 变化 | 水平 | 变化 | 水平 | 变化 | 水平 | 变化 | 水平 | 变化 | 水平 | 变化 |
| 2015 年 | B+ | | A | | B+ | | B- | | B+ | | B | |
| | | — | | — | | — | | — | | — | | ↑ |
| 2016 年 | B+ | | A | | B+ | | B- | | B+ | | B+ | |
| | | — | | — | | ↑ | | ↑ | | ↑ | | ↑ |
| 2017 年 | B+ | | A | | A | | B | | A | | A | |
| | | — | | — | | — | | — | | — | | — |
| 2018 年 | B+ | | A | | A | | B | | A | | A | |
| | | — | | — | | — | | — | | — | | — |
| 2019 年 | B+ | | A | | A | | B | | A | | A | |
| | | — | | ↓ | | — | | — | | — | | — |
| 2020 年 | B+ | | B+ | | A | | B | | A | | A | |
| 2015—2020 年 | | — | | ↓ | | ↑ | | ↑ | | ↑ | | ↑ |

| 香港（中国） | 综合指数 | | 子指数 | | | | | | | | | |
|---|---|---|---|---|---|---|---|---|---|---|---|---|
| | | | 经济 | | 社会 | | 环境 | | 文化 | | 治理 | |
| | 水平 | 变化 | 水平 | 变化 | 水平 | 变化 | 水平 | 变化 | 水平 | 变化 | 水平 | 变化 |
| 2015 年 | B+ | | A | | B+ | | B+ | | B | | B- | |
| | | — | | — | | — | | — | | ↑ | | — | |
| 2016 年 | B+ | | A | | B+ | | B+ | | B+ | | B- | |
| | | — | | — | | — | | — | | — | | ↑ | |
| 2017 年 | B+ | | A | | B+ | | B+ | | B+ | | B | |
| | | — | | — | | ↑ | | — | | — | | — | |
| 2018 年 | B+ | | A | | A | | B+ | | B+ | | B | |
| | | — | | — | | — | | — | | — | | — | |
| 2019 年 | B+ | | A | | A | | B+ | | B+ | | B | |
| | | — | | — | | — | | — | | — | | — | |
| 2020 年 | B+ | | A | | A | | B+ | | B+ | | B | |
| 2015—2020 年 | | — | | — | | ↑ | | — | | ↑ | | ↑ | |

| 新加坡（新加坡） | 综合指数 | | 子指数 | | | | | | | | | |
|---|---|---|---|---|---|---|---|---|---|---|---|---|
| | | | 经济 | | 社会 | | 环境 | | 文化 | | 治理 | |
| | 水平 | 变化 | 水平 | 变化 | 水平 | 变化 | 水平 | 变化 | 水平 | 变化 | 水平 | 变化 |
| 2015 年 | B+ | | A | | A | | B+ | | B+ | | B+ | |
| | | ↑ | | — | | — | | ↑ | | — | | ↑ | |
| 2016 年 | A | | A | | A | | A | | B+ | | A | |
| | | — | | — | | — | | — | | — | | — | |
| 2017 年 | A | | A | | A | | A | | B+ | | A | |
| | | — | | — | | — | | — | | — | | — | |
| 2018 年 | A | | A | | A | | A | | B+ | | A | |
| | | — | | — | | — | | — | | — | | — | |
| 2019 年 | A | | A | | A | | A | | B+ | | A | |
| | | — | | — | | — | | — | | — | | — | |
| 2020 年 | A | | A | | A | | A | | B+ | | A | |
| 2015—2020 年 | | ↑ | | — | | — | | ↑ | | — | | ↑ | |

| 东京（日本） | 综合指数 | | 子指数 | | | | | | | | | |
|---|---|---|---|---|---|---|---|---|---|---|---|---|
| | | | 经济 | | 社会 | | 环境 | | 文化 | | 治理 | |
| | 水平 | 变化 | 水平 | 变化 | 水平 | 变化 | 水平 | 变化 | 水平 | 变化 | 水平 | 变化 |
| 2015 年 | B+ | | A | | A | | B | | B+ | | B+ | |
| | | ↑ | | — | | — | | ↑ | | — | | ↑ | |
| 2016 年 | A | | A | | A | | B+ | | B+ | | A | |
| | | — | | — | | — | | — | | — | | — | |
| 2017 年 | A | | A | | A | | B+ | | B+ | | A | |
| | | — | | — | | — | | — | | ↑ | | — | |
| 2018 年 | A | | A | | A | | B+ | | A | | A | |
| | | — | | — | | — | | — | | — | | — | |
| 2019 年 | A | | A | | A | | B+ | | A | | A | |
| | | — | | — | | — | | — | | — | | — | |
| 2020 年 | A | | A | | A | | B+ | | A | | A | |
| 2015—2020 年 | | ↑ | | — | | — | | ↑ | | ↑ | | ↑ | |

| 首尔（韩国） | 综合指数 | | 子指数 | | | | | | | | | |
|---|---|---|---|---|---|---|---|---|---|---|---|---|
| | | | 经济 | | 社会 | | 环境 | | 文化 | | 治理 | |
| | 水平 | 变化 | 水平 | 变化 | 水平 | 变化 | 水平 | 变化 | 水平 | 变化 | 水平 | 变化 |
| 2015 年 | B | | B | | B+ | | B- | | B+ | | C+ | |
| | | – | | ↑ | | – | | – | | – | | ↑ |
| 2016 年 | B | | B+ | | B+ | | B- | | B+ | | B- | |
| | | – | | – | | – | | ↑ | | – | | – |
| 2017 年 | B | | B+ | | B+ | | B | | B+ | | B- | |
| | | ↑ | | ↑ | | – | | ↓ | | ↑ | | ↑ |
| 2018 年 | B+ | | A | | B+ | | B- | | A | | B | |
| | | – | | – | | ↑ | | – | | – | | ↑ |
| 2019 年 | B+ | | A | | A | | B- | | A | | B+ | |
| | | – | | ↓ | | ↓ | | – | | – | | ↓ |
| 2020 年 | B+ | | B+ | | B+ | | B- | | A | | B | |
| 2015—2020 年 | | ↑ | | ↑ | | – | | – | | ↑ | | ↑ |

| 纽约（美国） | 综合指数 | | 子指数 | | | | | | | | | |
|---|---|---|---|---|---|---|---|---|---|---|---|---|
| | | | 经济 | | 社会 | | 环境 | | 文化 | | 治理 | |
| | 水平 | 变化 | 水平 | 变化 | 水平 | 变化 | 水平 | 变化 | 水平 | 变化 | 水平 | 变化 |
| 2015 年 | B+ | | A | | A | | B | | B+ | | B- | |
| | | – | | – | | – | | – | | – | | ↑ |
| 2016 年 | B+ | | A | | A | | B | | B+ | | B | |
| | | ↑ | | – | | – | | ↑ | | – | | ↑ |
| 2017 年 | A | | A | | A | | B+ | | B+ | | B+ | |
| | | – | | – | | – | | – | | ↑ | | ↑ |
| 2018 年 | A | | A | | A | | B+ | | A | | A | |
| | | – | | – | | – | | – | | – | | – |
| 2019 年 | A | | A | | A | | B+ | | A | | A | |
| | | – | | – | | – | | – | | – | | ↓ |
| 2020 年 | A | | A | | A | | B+ | | A | | B+ | |
| 2015—2020 年 | | ↑ | | – | | – | | ↑ | | ↑ | | ↑ |

| 伦敦（英国） | 综合指数 | | 子指数 | | | | | | | | | |
|---|---|---|---|---|---|---|---|---|---|---|---|---|
| | | | 经济 | | 社会 | | 环境 | | 文化 | | 治理 | |
| | 水平 | 变化 | 水平 | 变化 | 水平 | 变化 | 水平 | 变化 | 水平 | 变化 | 水平 | 变化 |
| 2015 年 | A | | A | | A | | B+ | | B+ | | A | |
| | | – | | – | | – | | ↑ | | ↑ | | – |
| 2016 年 | A | | A | | A | | A | | A | | A | |
| | | – | | – | | – | | – | | – | | ↓ |
| 2017 年 | A | | A | | A | | A | | A | | B+ | |
| | | – | | – | | – | | – | | – | | ↑ |
| 2018 年 | A | | A | | A | | A | | A | | A | |
| | | – | | – | | – | | – | | – | | – |
| 2019 年 | A | | A | | A | | A | | A | | A | |
| | | – | | – | | – | | – | | – | | – |
| 2020 年 | A | | A | | A | | A | | A | | A | |
| 2015—2020 年 | | – | | – | | – | | ↑ | | – | | – |

| 巴黎（法国） | 综合指数 | | 子指数 | | | | | | | | |
|---|---|---|---|---|---|---|---|---|---|---|---|
| | | | 经济 | | 社会 | | 环境 | | 文化 | | 治理 |
| | 水平 | 变化 | 水平 | 变化 | 水平 | 变化 | 水平 | 变化 | 水平 | 变化 | 水平 | 变化 |
| 2015 年 | B+ | | B | | A | | A | | A | | B | |
| | | ↑ | | - | | - | | - | | - | | ↑ |
| 2016 年 | A | | B | | A | | A | | A | | B+ | |
| | | - | | - | | - | | - | | - | | - |
| 2017 年 | A | | B | | A | | A | | A | | B+ | |
| | | - | | - | | - | | - | | - | | ↑ |
| 2018 年 | A | | B | | A | | A | | A | | A | |
| | | - | | ↑ | | - | | - | | - | | - |
| 2019 年 | A | | B+ | | A | | A | | A | | A | |
| | | - | | - | | - | | - | | - | | ↓ |
| 2020 年 | A | | B+ | | A | | A | | A | | B+ | |
| 2015—2020 年 | | ↑ | | ↑ | | - | | - | | - | | ↑ |

| 柏林（德国） | 综合指数 | | 子指数 | | | | | | | | |
|---|---|---|---|---|---|---|---|---|---|---|---|
| | | | 经济 | | 社会 | | 环境 | | 文化 | | 治理 |
| | 水平 | 变化 | 水平 | 变化 | 水平 | 变化 | 水平 | 变化 | 水平 | 变化 | 水平 | 变化 |
| 2015 年 | B+ | | B+ | | B+ | | B | | B+ | | B- | |
| | | - | | ↑ | | - | | ↑ | | - | | ↑ |
| 2016 年 | B+ | | A | | B+ | | B+ | | B+ | | B | |
| | | - | | ↓ | | - | | - | | - | | ↑ |
| 2017 年 | B+ | | B+ | | B+ | | B+ | | B+ | | B+ | |
| | | - | | - | | - | | - | | ↑ | | ↑ |
| 2018 年 | B+ | | B+ | | B+ | | B+ | | A | | A | |
| | | ↑ | | ↑ | | - | | ↑ | | - | | - |
| 2019 年 | A | | A | | B+ | | A | | A | | A | |
| | | ↓ | | ↓ | | - | | ↓ | | - | | ↓ |
| 2020 年 | B+ | | B+ | | B+ | | B+ | | A | | B+ | |
| 2015—2020 年 | | - | | - | | - | | ↑ | | ↑ | | ↑ |

## 附表 3
## "SDGs-城市指数"试点城市数据溯源报告

| | 全球性数据平台 | |
|---|---|---|
| 1 | 世界银行（World Bank） | https://data.worldbank.org/ |
| 2 | Statista 数据平台（Statista） | https://www.statista.com/ |
| 3 | 联合国儿童基金（UNICEF）数据库 | https://childmortality.org/ |
| 4 | 世界粮农组织（FAO）数据库 | http://www.fao.org/aquastat/statistics/query/results.html |
| 5 | 欧盟公共数据平台（Eurostat） | https://ec.europa.eu/eures/public/homepage |
| 6 | 经合组织（OECD）数据平台 | https://data.oecd.org/ |
| 7 | 世界卫生组织(WHO)健康数据平台 | https://www.who.int/data/gho/data/themes/world-health-statistics |
| 8 | 全球经济贸易数据平台 | https://zh.tradingeconomics.com/ |
| 9 | 联合国贸易发展委员会（UNCTAD）数据平台 | https://unctad.org/ |
| 10 | Knoema 数据平台 | https://knoema.com/ |

| 上海 | 经济 | 主要数据来源 | 对应数据链接 |
|---|---|---|---|
| 1 | GDP 增长率 | 上海市统计局<br>Shanghai Municipal Bureau of Statistics | http://tjj.sh.gov.cn/tjnj/index.html |
| 2 | 居民可支配收入增长率 | 上海市统计局<br>Shanghai Municipal Bureau of Statistics | http://tjj.sh.gov.cn/tjnj/index.html |
| 3 | 消费价格指数 | 上海市统计局<br>Shanghai Municipal Bureau of Statistics | http://tjj.sh.gov.cn/tjnj/index.html |
| 4 | 互联网渗透率 | 中国互联网络信息中心；上海市统计局<br>China Internet Network Information Center (CNNIC)<br>Shanghai Municipal Bureau of Statistics | http://www.cnnic.net.cn/hlwfzyj/<br>http://tjj.sh.gov.cn/tjnj/index.html |
| 5 | 失业率 | 上海市统计局<br>Shanghai Municipal Bureau of Statistics | http://tjj.sh.gov.cn/tjnj/index.html |
| 6 | 外商直接投资贡献率 | 上海市统计局<br>Shanghai Municipal Bureau of Statistics | http://tjj.sh.gov.cn/tjnj/index.html<br>http://tjj.sh.gov.cn/ydsj55/index.html |
| 7 | 固定资产投资贡献率 | 上海市统计局<br>Shanghai Municipal Bureau of Statistics | http://tjj.sh.gov.cn/ydsj41/index.html<br>http://tjj.sh.gov.cn/tjnj/index.html |
| 8 | 金融市场竞争力 | Z/Yen 智库 | https://www.longfinance.net/ |
| 9 | 进出口贸易贡献率 | 中华人民共和国上海海关统计<br>Shanghai Customs District P. R. China | http://tjj.sh.gov.cn/tjgb/index.html |

| 上海 | 社会 | 主要数据来源 | 对应数据链接 |
|---|---|---|---|
| 1 | 人口密度 | 上海市统计局<br>Shanghai Municipal Bureau of Statistics | http://tjj.sh.gov.cn/tjnj/index.html |
| 2 | 预期寿命 | 上海市卫生和计划委员会<br>Shanghai Municipal Commission of Health and Family Planning | http://tjj.sh.gov.cn/tjnj/index.html |
| 3 | 儿童健康水平 | 上海市卫生健康委员会<br>Shanghai Municipal Health Commission | https://wsjkw.sh.gov.cn/ |
| 4 | 医疗设施供给率 | 上海市统计局<br>Shanghai Municipal Bureau of Statistics | http://tjj.sh.gov.cn/tjnj/index.html |
| 5 | 基础教育完成率 | 上海市教育委员会；国家统计局<br>Shanghai Municipal Education Commission; National Bureau of Statistic | http://edu.sh.gov.cn/<br>http://www.stats.gov.cn/tjsj/ndsj/ |
| 6 | 基本医保覆盖率 | 上海市人力资源和社会保障局；上海市统计局<br>Shanghai Municipal Human Resources and Social Security Bureau<br>Shanghai Municipal Bureau of Statistics | http://rsj.sh.gov.cn/<br>http://tjj.sh.gov.cn/ |
| 7 | 基本住房保障 | 上海市住房公积金网；上海市统计局<br>Shanghai Housing Provident Fund<br>Shanghai Municipal Bureau of Statistics | http://www.shgjj.com/<br>http://tjj.sh.gov.cn/tjgb/index.html |
| 8 | 公共交通共享率 | 上海市交通委员会<br>Shanghai Municipal Transportation Commission | http://jtw.sh.gov.cn/jttj/index.html |
| 9 | 社会公共事务参与度 | 调查问卷及访谈 | |

| 上海 | 环境 | 主要数据来源 | 对应数据链接 |
|---|---|---|---|
| 1 | 生活污水产生量 | 上海市水务局<br>Shanghai Water Authority | http://swj.sh.gov.cn/index.html |
| 2 | 生活垃圾产生量 | 上海市绿化和市容管理局<br>Shanghai Landscaping &City Appearance Administrative Bureau | http://lhsr.sh.gov.cn/ |
| 3 | 空气质量指数 | 上海市生态环境局；上海市气象局<br>Shanghai Municipal Bureau of Ecology and Environment<br>Shanghai Meteorological Service | https://sthj.sh.gov.cn/index.html<br>https://www.aqistudy.cn/historydata/ |
| 4 | 可再生能源占有率 | 上海市核电办公室<br>Shanghai Nuclear Power Office | http://www.smnpo.cn/fzgh/652815.htm<br>http://www.smnpo.cn/fzgh/1659671.htm |
| 5 | 能耗强度 | 上海市统计局<br>Shanghai Municipal Bureau of Statistics | http://tjj.sh.gov.cn/index.html |
| 6 | 二氧化碳排放量 | 上海市生态环境局<br>Shanghai Municipal Bureau of Ecology and Environment | https://sthj.sh.gov.cn/index.html |
| 7 | 公共绿地空间 | 上海市统计局<br>Shanghai Municipal Bureau of Statistics | http://tjj.sh.gov.cn/tjnj/index.html |
| 8 | 自然灾害防范知识熟知度 | 调查问卷及访谈 | |
| 9 | 环保活动公众参与意愿 | 调查问卷及访谈 | |

| 上海 | 文化 | 主要数据来源 | 对应数据链接 |
|---|---|---|---|
| 1 | 城市文化认同感 | 调查问卷及访谈 | |
| 2 | 大众文化丰富度 | 调查问卷及访谈 | |
| 3 | 历史文物关注度 | 上海市统计局<br>Shanghai Municipal Bureau of Statistics | http://tjj.sh.gov.cn/tjnj/index.html |
| 4 | 国际文化交流活跃度 | 上海市统计局<br>Shanghai Municipal Bureau of Statistics | http://tjj.sh.gov.cn/tjnj/index.html |
| 5 | 文化设施覆盖率 | 上海市文化和旅游局；上海市统计局<br>Shanghai Municipal Administration of Culture and Tourism<br>Shanghai Municipal Bureau of Statistics | http://whlyj.sh.gov.cn/index.html<br>http://tjj.sh.gov.cn/tjnj/index.html |
| 6 | 信息获取便利度 | 上海市统计局<br>Shanghai Municipal Bureau of Statistics | http://tjj.sh.gov.cn/tjnj/index.html |
| 7 | 文创产业贡献率 | 上海市文化和旅游局；国家统计局<br>Shanghai Municipal Administration of Culture and Tourism<br>National Bureau of Statistic | http://whlyj.sh.gov.cn/index.html<br>http://www.stats.gov.cn/ |
| 8 | 旅游市场贡献率 | 上海市统计局<br>Shanghai Municipal Bureau of Statistics | http://tjj.sh.gov.cn/tjnj/index.html |
| 9 | 知识创新投入强度 | 上海市财政局<br>Shanghai Municipal Bureau of Finance | https://czj.sh.gov.cn/ |

| 上海 | 治理 | 主要数据来源 | 对应数据链接 |
|---|---|---|---|
| 1 | 财政依存度 | 上海市财政局<br>Shanghai Municipal Bureau of Finance | https://czj.sh.gov.cn/ |
| 2 | 地方政府负债率 | 上海市财政局<br>Shanghai Municipal Bureau of Finance | https://czj.sh.gov.cn/ |
| 3 | 公共安全风险控制 | 上海市公安局；上海市统计局<br>Shanghai Municipal Public Security Bureau<br>Shanghai Municipal Bureau of Statistics | https://gaj.sh.gov.cn/shga/toIndex<br>http://tjj.sh.gov.cn/tjnj/index.html |
| 4 | 法律服务供给 | 上海市统计局<br>Shanghai Municipal Bureau of Statistics | http://tjj.sh.gov.cn/tjnj/index.html |
| 5 | 专业人才分布密度 | 上海市科会技术委员会<br>Shanghai Science and Technology Committee | http://stcsm.sh.gov.cn/ |
| 6 | 数字化治理水平 | 联合国电子政务发展平台<br>EGOVKB-Unite Nations | https://publicadministration.un.org/egovkb/en-us/ |
| 7 | 社会组织参与度 | 上海社会组织公共服务平台<br>Shanghai Social Organization Public Service Platform | https://mzj.sh.gov.cn/st-gzfw-ywsj/index.html |
| 8 | 公共突发事件应急响应公众认可度 | 调查问卷及访谈 | |
| 9 | 城市综合治理公众满意度 | 调查问卷及访谈 | |

| 北京 | 经济 | 主要数据来源 | 对应数据链接 |
|---|---|---|---|
| 1 | GDP 增长率 | 北京市统计局<br>Beijing Municipal Bureau Statistic | http://nj.tjj.beijing.gov.cn/nj/main/2020-tjnj/zk/indexch.htm |
| 2 | 居民可支配收入增长率 | 北京市统计局<br>Beijing Municipal Bureau Statistic | http://nj.tjj.beijing.gov.cn/nj/main/2020-tjnj/zk/indexch.htm |
| 3 | 消费价格指数 | 北京市统计局<br>Beijing Municipal Bureau Statistic | http://tjj.beijing.gov.cn/tjsj_31433/yjdsj_31440/cpi/2021/index.html |
| 4 | 互联网渗透率 | 中国互联网络信息中心<br>China Internet Network Information Center (CNNIC) | http://www.cnnic.net.cn/hlwfzyj/ |
| 5 | 失业率 | 北京市人力资源和社会保障局<br>Beijing Human Resources and Social Security Bureau | http://rsj.beijing.gov.cn/ |
| 6 | 外商直接投资贡献率 | 北京市统计局<br>Beijing Municipal Bureau Statistic | http://nj.tjj.beijing.gov.cn/nj/main/2020-tjnj/zk/indexch.htm |
| 7 | 固定资产投资贡献率 | 北京市统计局<br>Beijing Municipal Bureau Statistic | http://nj.tjj.beijing.gov.cn/nj/main/2020-tjnj/zk/indexch.htm |
| 8 | 金融市场竞争力 | Z/Yen 智库 | https://www.longfinance.net/ |
| 9 | 进出口贸易贡献率 | 中华人民共和国北京海关<br>Beijing Customs District P. R. China | http://jckspj.customs.gov.cn/beijing_customs/2020bjhgsy/index.html |

| 北京 | 社会 | 主要数据来源 | 对应数据链接 |
|---|---|---|---|
| 1 | 人口密度 | 北京统计局<br>Beijing Municipal Bureau Statistic | http://nj.tjj.beijing.gov.cn/nj/main/2020-tjnj/zk/indexch.htm |
| 2 | 预期寿命 | 北京市卫生健康委员会<br>Beijing Municipal Health Commission | http://wjw.beijing.gov.cn/ |
| 3 | 儿童健康水平 | 北京市统计局<br>Beijing Municipal Bureau Statistic | http://nj.tjj.beijing.gov.cn/nj/main/2020-tjnj/zk/indexch.htm |
| 4 | 医疗设施供给率 | 北京市卫生健康委员会<br>Beijing Municipal Health Commission | http://wjw.beijing.gov.cn/ |
| 5 | 基础教育完成率 | 北京市教育委员会<br>Beijing Municipal Education Commission | http://jw.beijing.gov.cn/xxgk/ |
| 6 | 基本医保覆盖率 | 北京市医疗保障局<br>Beijing Municipal Medical Insurance Bureau | http://ybj.beijing.gov.cn/ |
| 7 | 基本住房保障 | CEIC 数据中心 | https://www.ceicdata.com/ |
| 8 | 公共交通共享率 | 北京市交通委员会<br>Beijing Municipal Commission of Transport | http://jtw.beijing.gov.cn/xxgk/ |
| 9 | 社会公共事务参与度 | 调查问卷及访谈 | |

| 北京 | 环境 | 主要数据来源 | 对应数据链接 |
|---|---|---|---|
| 1 | 生活污水产生量 | 北京市水务局水务统计年鉴<br>Beijing Water Authority Water Statistics Yearbook | http://swj.beijing.gov.cn/ |
| 2 | 生活垃圾产生量 | 北京市统计局城市管理委员会<br>Beijing Municipal Commission of Urban Management | http://csglw.beijing.gov.cn/ |
| 3 | 空气质量指数 | 北京市生态环境局<br>Beijing Municipal Ecology and Environment Bureau | http://bj.cma.gov.cn/<br>http://sthjj.beijing.gov.cn/ |
| 4 | 可再生能源占有率 | 国家统计局<br>National Bureau of Statistic | http://www.stats.gov.cn/ |
| 5 | 能耗强度 | 北京市统计局<br>Beijing Municipal Bureau Statistic | http://nj.tjj.beijing.gov.cn/ |
| 6 | 二氧化碳排放量 | 北京市发展改革委员会；北京市生态环境局<br>Beijing Commission of Development and Reform<br>Beijing Municipal Ecology and Environment Bureau | http://fgw.beijing.gov.cn/<br>http://sthjj.beijing.gov.cn/ |
| 7 | 公共绿地空间 | 北京市统计局<br>Beijing Municipal Bureau Statistic | http://nj.tjj.beijing.gov.cn/nj/main/2020-tjnj/zk/indexch.htm |
| 8 | 自然灾害防范知识熟知度 | 北京市园林绿化局<br>Beijing Municipal Forestry and Parks Bureau | http://yllhj.beijing.gov.cn/ |
| 9 | 环保活动公众参与意愿 | 调查问卷及访谈 | |

| 北京 | 文化 | 主要数据来源 | 对应数据链接 |
|---|---|---|---|
| 1 | 城市文化认同感 | 调查问卷及访谈 | |
| 2 | 大众文化丰富度 | 调查问卷及访谈 | |
| 3 | 历史文物关注度 | 北京市文物局<br>Beijing Municipal Administration of Culture Heritage | http://wwj.beijing.gov.cn/ |
| 4 | 国际文化交流活跃度 | 北京市文化和旅游局<br>Beijing Municipal Bureau of Culture and Tourism | http://whlyj.beijing.gov.cn/ |
| 5 | 文化设施覆盖率 | 北京市统计局；北京市文化和旅游局<br>Beijing Municipal Bureau Statistic<br>Beijing Municipal Bureau of Culture and Tourism | http://whlyj.beijing.gov.cn/<br>http://nj.tjj.beijing.gov.cn/nj/main/2020-tjnj/zk/indexch.htm |
| 6 | 信息获取便利度 | 北京市统计局<br>Beijing Municipal Bureau Statistic | http://nj.tjj.beijing.gov.cn/nj/main/2020-tjnj/zk/indexch.htm |
| 7 | 文创产业贡献率 | 北京市文化和旅游局<br>Beijing Municipal Bureau of Culture and Tourism | http://whlyj.beijing.gov.cn/ |
| 8 | 旅游市场贡献率 | 北京市文化和旅游局<br>Beijing Municipal Bureau of Culture and Tourism | http://nj.tjj.beijing.gov.cn/nj/main/2020-tjnj/zk/indexch.htm |
| 9 | 知识创新投入强度 | 北京市科技委员会<br>Beijing Municipal Science &Technology Commission | http://nj.tjj.beijing.gov.cn/nj/main/2020-tjnj/zk/indexch.htm |

| 北京 | 治理 | 主要数据来源 | 对应数据链接 |
|---|---|---|---|
| 1 | 财政依存度 | 北京市财政局<br>Beijing Municipal Finance Bureau | http://www.beijing.gov.cn/gongkai/caizheng/czxx/sjbmjs/ |
| 2 | 地方政府负债率 | 北京市财政局<br>Beijing Municipal Finance Bureau | http://www.beijing.gov.cn/gongkai/caizheng/czxx/sjbmjs/ |
| 3 | 公共安全风险控制 | 北京市公安局；北京市统计局<br>Beijing Municipal Public Security Bureau<br>Beijing Municipal Bureau Statistic | http://nj.tjj.beijing.gov.cn/nj/main/2020-tjnj/zk/indexch.htm |
| 4 | 法律服务供给 | 北京市司法局；北京市统计局<br>Beijing Judicature Bureau；Beijing Municipal Bureau Statistic | http://nj.tjj.beijing.gov.cn/nj/main/2020-tjnj/zk/indexch.htm |
| 5 | 专业人才分布密度 | 北京市科技委员会<br>Beijing Municipal Science&Technology Commission | http://kw.beijing.gov.cn/ |
| 6 | 数字化治理水平 | 联合国电子政务发展平台<br>EGOVKB-Unite Nations | https://publicadministration.un.org/egovkb/en-us/ |
| 7 | 社会组织参与度 | 北京市民政局<br>Beijing Municipal Civil Affairs Bureau | http://mzj.beijing.gov.cn/col/col659/index.html |
| 8 | 公共突发事件应急响应公众认可度 | 调查问卷及访谈 | |
| 9 | 城市综合治理公众满意度 | 调查问卷及访谈 | |

| 东京 | 经济 | 主要数据来源 | 对应数据链接 |
|---|---|---|---|
| 1 | GDP 增长率 | 东京都政府<br>Tokyo Metropolitan Government | https://www.toukei.metro.tokyo.lg.jp/index.htm |
| 2 | 居民可支配收入增长率 | 东京都统计局<br>Statistic of Tokyo | https://www.toukei.metro.tokyo.lg.jp/keizaik/kk-index-en.htm |
| 3 | 消费价格指数 | 东京都统计局<br>Statistic of Tokyo | https://www.toukei.metro.tokyo.lg.jp/index.htm |
| 4 | 互联网渗透率 | Statista 统计平台<br>Statista | https://www.statista.com/statistics/255857/internet-penetration-in-japan/ |
| 5 | 失业率 | 日本总务省<br>Ministry of Home Affairs | https://www.sangyo-rodo.metro.tokyo.lg.jp/toukei/Employment%20in%20Tokyo.pdf |
| 6 | 外商直接投资贡献率 | 日本财务省<br>Ministry of Finance Japan | https://www.mof.go.jp/english/policy/international_policy/reference/iip/index.htm |
| 7 | 固定资产投资贡献率 | 东京都统计局<br>Statistic of Tokyo | https://www.toukei.metro.tokyo.lg.jp/index.htm |
| 8 | 金融市场竞争力 | Z/Yen 智库 | https://www.longfinance.net/ |
| 9 | 进出口贸易贡献率 | 东京都统计局<br>Statistic of Tokyo | https://www.toukei.metro.tokyo.lg.jp/index.htm |

| 东京 | 社会 | 主要数据来源 | 对应数据链接 |
|---|---|---|---|
| 1 | 人口密度 | 东京都总务局统计部人口统计部<br>Bureau of General Affairs, TMG | https://www.toukei.metro.tokyo.lg.jp/index.htm |
| 2 | 预期寿命 | 东京都统计局<br>Statistic of Tokyo | https://www.toukei.metro.tokyo.lg.jp |
| 3 | 儿童健康水平 | 东京都福祉保健局；东京统计局<br>Bureau of Social Welfare and Public Health；Statistic of Tokyo | https://www.fukushihoken.metro.tokyo.lg.jp |
| 4 | 医疗设施供给率 | 东京都统计局<br>statistic of Tokyo | https://www.toukei.metro.tokyo.lg.jp/tnenkan/2019/tn19q3i002.htm |
| 5 | 基础教育完成率 | 东京都统计局<br>Statistic of Tokyo | https://www.toukei.metro.tokyo.lg.jp/tnenkan/tn-eindex.htm |
| 6 | 基本医保覆盖率 | 东京都福祉保健局<br>Bureau of Social Welfare and Public Health | https://www.fukushihoken.metro.tokyo.lg.jp |
| 7 | 基本住房保障 | 东京都统计局；东京都都市整备局<br>Statistic of Tokyo；Tokyo Metropolitan Preparedness Bureau | https://www.toukei.metro.tokyo.lg.jp/tnenkan/tn-eindex.htm<br>https://www.toshiseibi.metro.tokyo.lg.jp/ |
| 8 | 公共交通共享率 | 东京都统计局<br>Statistic of Tokyo | https://www.toukei.metro.tokyo.lg.jp/tnenkan/tn-eindex.htm |
| 9 | 社会公共事务参与度 | 调查问卷及访谈 | |

| 东京 | 环境 | 主要数据来源 | 对应数据链接 |
|---|---|---|---|
| 1 | 生活污水产生量 | 东京都污水管理局<br>Bureau of Sewerage | https://www.toukei.metro.tokyo.lg.jp/tnenkan/tn-index.htm |
| 2 | 生活垃圾产生量 | 东京都统计局<br>Statistic of Tokyo | https://www.toukei.metro.tokyo.lg.jp/tnenkan/tn-index.htm |
| 3 | 空气质量指数 | 空气质量监测平台 | https://aqicn.org/city/tokyo/cn/ |
| 4 | 可再生能源占有率 | 东京都环境局；Statista 数据平台<br>Bureau of Environment；Statista | https://www.statista.com/statistics/1193711/japan |
| 5 | 能耗强度 | 东京都环境局<br>Bureau of Environment | https://www.kankyo.metro.tokyo.lg.jp/data/index.html |
| 6 | 二氧化碳排放量 | 东京都环境局<br>Bureau of Environment | https://www.kankyo.metro.tokyo.lg.jp/data/index.html |
| 7 | 公共绿地空间 | 东京都建设局<br>Bureau of Construction | https://www.kensetsu.metro.tokyo.lg.jp/jigyo/park/ |
| 8 | 自然灾害防范知识熟知度 | 调查问卷及访谈 | |
| 9 | 环保活动公众参与意愿 | 调查问卷及访谈 | |

| 东京 | 文化 | 主要数据来源 | 对应数据链接 |
|---|---|---|---|
| 1 | 城市文化认同感 | 调查问卷及访谈 | |
| 2 | 大众文化丰富度 | 调查问卷及访谈 | |
| 3 | 历史文物关注度 | 东京都统计局<br>Statistic of Tokyo | https://www.toukei.metro.tokyo.lg.jp/tnenkan/2017/tn17q3e017.htm |
| 4 | 国际文化交流活跃度 | 东京都劳动产业局<br>Tokyo Labor Bureau | https://www.sangyo-rodo.metro.tokyo.lg.jp/toukei/tourism/ |
| 5 | 文化设施覆盖率 | Statista 统计平台；东京都统计局<br>Statista; Statistic of Tokyo | https://www.statista.com/topics/7030/art-and-culture-industry-in-japan/ |
| 6 | 信息获取便利度 | 都道府县市区町村 | https://uub.jp/pdr/i/p.html#2 |
| 7 | 文创产业贡献率 | 日本文化厅<br>Agency for cultural Affairs, Government of Japan | https://www.bunka.go.jp/ |
| 8 | 旅游市场贡献率 | 东京都劳动产业局<br>Tokyo Labor Bureau | https://www.sangyo-rodo.metro.tokyo.lg.jp/toukei/tourism/ |
| 9 | 知识创新投入强度 | 东京都统计局<br>Statistic of Tokyo | https://www.toukei.metro.tokyo.lg.jp/tnenkan/tn-index.htm |

| 东京 | 治理 | 主要数据来源 | 对应数据链接 |
|---|---|---|---|
| 1 | 财政依存度 | 东京都财政局<br>Bureau of Finance | https://www.zaimu.metro.tokyo.lg.jp/zaisei/zaisei.html#zaisei_3 |
| 2 | 地方政府负债率 | 东京都财务局<br>Bureau of Finance | https://www.zaimu.metro.tokyo.lg.jp/syukei1/zaisei |
| 3 | 公共安全风险控制 | 东京警视厅总务部文书部<br>Metropolitan Police Department, TMG | https://www.keishicho.metro.tokyo.jp/index.html |
| 4 | 法律服务供给 | 日本律师联合会<br>Japan Federation of Bar Associations | https://www.nichibenren.or.jp/document/statistics.html |
| 5 | 专业人才分布密度 | 东京都统计局<br>Statistic of Tokyo | https://www.toukei.metro.tokyo.lg.jp/tnenkan/tn-index.htm |
| 6 | 数字化治理水平 | 联合国电子政务发展平台<br>EGOVKB-Unite Nations | https://publicadministration.un.org/egovkb/en-us/ |
| 7 | 社会组织参与度 | 内阁府 NPO<br>Cabinet Office, Government of Japan | https://www.npo-homepage.go.jp/ |
| 8 | 公共突发事件应急响应公众认可度 | 调查问卷及访谈 | |
| 9 | 城市综合治理公众满意度 | 调查问卷及访谈 | |

| 首尔 | 经济 | 主要数据来源 | 对应数据链接 |
|---|---|---|---|
| 1 | GDP 增长率 | 首尔统计局；韩国统计厅<br>Korea National Bureau of Statistics; Statistics Korea | http://data.seoul.go.kr/dataList/524/S/2/datasetView.do |
| 2 | 居民可支配收入增长率 | 全球经济贸易数据平台<br>Trading Economics | https://zh.tradingeconomics.com/south-korea/disposable-personal-income |
| 3 | 消费价格指数 | 首尔统计局；韩国统计厅<br>Korea National Bureau of Statistics; Statistics Korea | http://data.seoul.go.kr/dataList/524/S/2/datasetView.do |
| 4 | 互联网渗透率 | 韩国统计厅；Statista 统计平台<br>Statistics Korea；Statista | https://kosis.kr/index/index.do |
| 5 | 失业率 | 韩国统计厅<br>Statistics Korea | http://data.seoul.go.kr/dataList/59/S/2/datasetView.do# |
| 6 | 外商直接投资贡献率 | 首尔特别市招商引资科<br>Seoul Investment | http://data.seoul.go.kr/dataList/95/S/2/datasetView.do# |
| 7 | 固定资产投资贡献率 | 韩国统计厅<br>Statistics Korea | https://kosis.kr/index/index.do |
| 8 | 金融市场竞争力 | Z/Yen 智库 | https://www.longfinance.net/ |
| 9 | 进出口贸易贡献率 | 韩国贸易协会贸易统计<br>Korea Trade Association Trade Statistics | http://data.seoul.go.kr/dataList/10731/S/2/datasetView.do |

| 首尔 | 社会 | 主要数据来源 | 对应数据链接 |
|---|---|---|---|
| 1 | 人口密度 | 首尔统计局<br>Korea National Bureau of Statistics | http://data.seoul.go.kr/dataList/419/S/2/datasetView.do# |
| 2 | 预期寿命 | Knoema 统计平台 | https://knoema.com/atlas/Republic-of-Korea/Seoul/topics/Health |
| 3 | 儿童健康水平 | 韩国统计厅<br>Statistics Korea | http://data.seoul.go.kr/dataList/datasetList.do |
| 4 | 医疗设施供给率 | 首尔特别市保健政策科<br>Seoul Health Policy Division | http://data.seoul.go.kr/dataList/173/S/2/datasetView.do# |
| 5 | 基础教育完成率 | 首尔特别市教育厅<br>Seoul Metropolitan Education Authority | http://data.seoul.go.kr/dataList/199/S/2/datasetView.do# |
| 6 | 基本医保覆盖率 | 国民健康保险公团<br>National Health Insurance | http://data.seoul.go.kr/dataList/2066/S/2/datasetView.do# |
| 7 | 基本住房保障 | 韩国统计厅<br>Statistics Korea | https://kosis.kr/index/index.do |
| 8 | 公共交通共享率 | 首尔统计局<br>Korea National Bureau of Statistics | http://data.seoul.go.kr/ |
| 9 | 社会公共事务参与度 | 调查问卷及访谈 | |

| 首尔 | 环境 | 主要数据来源 | 对应数据链接 |
|---|---|---|---|
| 1 | 生活污水产生量 | 首尔污水再生计划科<br>Sewerage Treatment Planning Division | http://data.seoul.go.kr/dataList/348/S/2/datasetView.do# |
| 2 | 生活垃圾产生量 | 韩国环境部<br>Ministry of Environment | http://stat.me.go.kr/nesis/main.do |
| 3 | 空气质量指数 | 空气质量监测平台 | https://aqicn.org/city/seoul |
| 4 | 可再生能源占有率 | 韩国能源公团可再生能源中心<br>Korea Energy Management Corporation | https://kosis.kr/index/index.do |
| 5 | 能耗强度 | 韩国能源公团<br>Korea Energy Agency | https://www.energy.or.kr |
| 6 | 二氧化碳排放量 | 首尔环境局<br>Korea Environment Bureau | https://news.seoul.go.kr/env/ |
| 7 | 公共绿地空间 | 首尔市公园绿地政策科<br>Parks & landscape Planning Division | http://data.seoul.go.kr |
| 8 | 自然灾害防范知识熟知度 | 调查问卷及访谈 | |
| 9 | 环保活动公众参与意愿 | 调查问卷及访谈 | |

| 首尔 | 文化 | 主要数据来源 | 对应数据链接 |
|---|---|---|---|
| 1 | 城市文化认同感 | 调查问卷及访谈 | |
| 2 | 大众文化丰富度 | 调查问卷及访谈 | |
| 3 | 历史文物关注度 | 韩国文化体育观光部<br>Ministry of Culture, Sports and Tourism | http://data.seoul.go.kr/dataList/10653/S/2/datasetView.do# |
| 4 | 国际文化交流活跃度 | 韩国观光公社<br>Korea Tourism Organization | http://data.seoul.go.kr/dataList/10206/S/2/datasetView.do |
| 5 | 文化设施覆盖率 | 首尔特别市文化政策科<br>Seoul Cultural Policy Division | http://data.seoul.go.kr/dataList/388/S/2/datasetView.do |
| 6 | 信息获取便利度 | Statista 统计平台<br>Statista | https://www.statista.com/statistics |
| 7 | 文创产业贡献率 | 首尔统计局<br>Korea National Bureau of Statistics | http://data.seoul.go.kr/dataList/11058/S/2/datasetView.do |
| 8 | 旅游市场贡献率 | 韩国统计厅收入统计科<br>Statistics Korea Income Statistics | http://data.seoul.go.kr/dataList/101/S/2/datasetView.do# |
| 9 | 知识创新投入强度 | 首尔特别市财政科<br>Seoul Finance Department | http://data.seoul.go.kr/ |

| 首尔 | 治理 | 主要数据来源 | 对应数据链接 |
|---|---|---|---|
| 1 | 财政依存度 | 地方行政司预算科<br>Budget Division, Local Autonomy | http://data.seoul.go.kr/dataList/178/S/2/datasetView.do# |
| 2 | 地方政府负债率 | Statista 统计平台<br>Statista | https://www.statista.com/statistics/1227929/south-korea-local-governments-debts/ |
| 3 | 公共安全风险控制 | 首尔地方警察厅<br>Seoul Metropolitan Police Agency | http://data.seoul.go.kr/dataList/581/S/2/datasetView.do |
| 4 | 法律服务供给 | 韩国司法部<br>Korea Ministry of Justice | http://search-home.moj.go.kr/search.jsp# |
| 5 | 专业人才分布密度 | 韩国科学技术企划评价院<br>Korea Institute of S&T Planning Evaluation | http://data.seoul.go.kr/dataList/142/S/2/datasetView.do |
| 6 | 数字化治理水平 | 联合国电子政务发展平台<br>EGOVKB-Unite Nations | https://publicadministration.un.org/egovkb/en-us/ |
| 7 | 社会组织参与度 | Statista 统计平台<br>Statista | https://www.statista.com/statistics/1227922/south-korea-number-of-ngos/ |
| 8 | 公共突发事件应急响应公众认可度 | 调查问卷及访谈 | |
| 9 | 城市综合治理公众满意度 | 调查问卷及访谈 | |

| 纽约 | 经济 | 主要数据来源 | 对应数据链接 |
|---|---|---|---|
| 1 | GDP 增长率 | 美国经济分析局<br>Bureau of Economic Analysis（BEA） | https://www.bea.gov/ |
| 2 | 居民可支配收入增长率 | 美国经济分析局<br>Bureau of Economic Analysis（BEA） | https://www.bea.gov/tools |
| 3 | 消费价格指数 | 美国劳工部<br>United States Department of Labor（BLS） | https://data.bls.gov/pdq/SurveyOutputServlet |
| 4 | 互联网渗透率 | 纽约市政厅<br>New York City Hall（NYC） | https://www1.nyc.gov/ |
| 5 | 失业率 | 美国劳工部<br>United States Department of Labor | http://stats.bls.gov/ |
| 6 | 外商直接投资贡献率 | Statista 统计平台<br>Statista | https://www.statista.com/statistics/188870/foreign-direct-investment-in-the-united-states-since-1990/ |
| 7 | 固定资产投资贡献率 | 纽约主计长办公室<br>New York city comptroller | https://comptroller.nyc.gov/ |
| 8 | 金融市场竞争力 | Z/Yen 智库 | https://www.longfinance.net/ |
| 9 | 进出口贸易贡献率 | 美国商务部<br>U.S. Department of Commerce | https://www.commerce.gov |

| 纽约 | 社会 | 主要数据来源 | 对应数据链接 |
|---|---|---|---|
| 1 | 人口密度 | 美国统计局<br>STAT USA | https://datausa.io/ |
| 2 | 预期寿命 | 纽约市儿童公民委员会<br>Citizens' Committee for Children of New York（CCCNY） | https://data.cccnewyork.org/ |
| 3 | 儿童健康水平 | 联合国儿童基金会<br>The United Nations Children's Fund (UNICEF) | https://data.unicef.org/country/usa/ |
| 4 | 医疗设施供给率 | 纽约卫生档案中心<br>NYS Health Profiles | https://profiles.health.ny.gov/ |
| 5 | 基础教育完成率 | 国家教育统计中心<br>National Centre for Education Statistic（NCES） | https://nces.ed.gov/ccd/elsi/tableGenerator.aspx |
| 6 | 基本医保覆盖率 | 美国统计局<br>STAT USA | https://datausa.io/profile/geo/new-york-ny#health |
| 7 | 基本住房保障 | Statista 统计平台<br>Statista | https://www.statista.com/topics/4801/residential-real-estate-in-new-york-city/ |
| 8 | 公共交通共享率 | 纽约城市交通中心<br>New York City Transit | https://new.mta.info/agency/new-york-city-transit |
| 9 | 社会公共事务参与度 | 调查问卷及访谈 | |

| 纽约 | 环境 | 主要数据来源 | 对应数据链接 |
|---|---|---|---|
| 1 | 生活污水产生量 | 纽约市政厅<br>New York City Hall（NYC） | https://www1.nyc.gov/assets/dsny/site/resources/statistics/annual-dsny-non-dsny-collection |
| 2 | 生活垃圾产生量 | 美国环境保护署<br>U.S Environmental Protection Agency（EPA） | https://www.epa.gov/ |
| 3 | 空气质量指数 | 空气质量监测平台 | https://aqicn.org/city/usa/newyork/cn/ |
| 4 | 可再生能源占有率 | 美国能源信息管理局<br>U.S. Energy Information Administration（EIA） | https://www.eia.gov/state/seds/seds-data-complete.php#StatisticsIndicators |
| 5 | 能耗强度 | 纽约市政厅<br>New York City Hall（NYC） | https://www1.nyc.gov/assets/dcas/downloads/pdf/energy/reportsandpublication/EnergyCoreReport_2020.pdf |
| 6 | 二氧化碳排放量 | 纽约市政厅<br>New York City Hall（NYC） | https://nyc-ghg-inventory.cusp.nyu.edu/#data |
| 7 | 公共绿地空间 | 联合国人居署<br>UN-HABITAT | https://data.humdata.org/dataset/green-area-per-capita-square-meters-per-capita |
| 8 | 自然灾害防范知识熟知度 | 调查问卷及访谈 | |
| 9 | 环保活动公众参与意愿 | 调查问卷及访谈 | |

| 纽约 | 文化 | 主要数据来源 | 对应数据链接 |
|---|---|---|---|
| 1 | 城市文化认同感 | 调查问卷及访谈 | |
| 2 | 大众文化丰富度 | 调查问卷及访谈 | |
| 3 | 历史文物关注度 | 纽约市官方指南<br>NYC The Official Guide | https://www.nycgo.com/articles/the-big-5-most-visited-museums-in-nyc/ |
| 4 | 国际文化交流跃度 | 纽约办事处<br>Office of New York | https://www.osc.state.ny.us/reports/osdc/tourism-industry-new-york-city |
| 5 | 文化设施覆盖率 | 纽约市政厅<br>New York City Hall | https://www.baruch.cuny.edu/nycdata/culture/index.html |
| 6 | 信息获取便利度 | 美国统计局<br>STAT USA | https://data.census.gov/cedsci |
| 7 | 文创产业贡献率 | 美国经济分析局；Statista 统计平台<br>Bureau of Economic Analysis (BEA); Statista | https://www.statista.com/statistics/1129056/new-york-arts-and-cultural-production-industry-value-added-to-us-gdp/ |
| 8 | 旅游市场贡献率 | 纽约办事处<br>Office of New York | https://www.osc.state.ny.us/reports/osdc/tourism-industry-new-york-city |
| 9 | 知识创新投入强度 | 美国国家科学基金会<br>U.S National Science Foundation（NSF） | https://ncses.nsf.gov/pubs/nsf21301 |

| 纽约 | 治理 | 主要数据来源 | 对应数据链接 |
|---|---|---|---|
| 1 | 财政依存度 | 纽约主计长办公室<br>New York City Comptroller | https://comptroller.nyc.gov |
| 2 | 地方政府负债率 | 纽约主计长办公室<br>New York City Comptroller | https://comptroller.nyc.gov/wp-content/uploads/documents/CAFR2019.pdf |
| 3 | 公共安全风险控制 | 纽约市警察局<br>New York Police Department（NYPD） | https://www1.nyc.gov/site/nypd/stats/crime-statistics/historical.page |
| 4 | 法律服务供给 | 纽约市劳工部<br>Department of Labour | https://statistics.labor.ny.gov/cesemp.asp |
| 5 | 专业人才分布密度 | 国家科学基金会<br>U.S National Science Foundation | https://ncses.nsf.gov/pubs/nsf21301 |
| 6 | 数字化治理水平 | 联合国电子政务发展平台<br>EGOVKB-Unite Nations | https://publicadministration.un.org/egovkb/en-us/ |
| 7 | 社会组织参与度 | Statista 统计平台<br>Statista | https://www.statista.com/statistics/189245/number-of-non-profit-organizations-in-the-united-states-since-1998/ |
| 8 | 公共突发事件应急响应公众认可度 | 调查问卷及访谈 | |
| 9 | 城市综合治理公众满意度 | 调查问卷及访谈 | |

| 伦敦 | 经济 | 主要数据来源 | 对应数据链接 |
|---|---|---|---|
| 1 | GDP 增长率 | 伦敦市政厅<br>London City Hall | https://www.london.gov.uk/ |
| 2 | 居民可支配收入增长率 | 伦敦市政厅<br>London City Hall | https://www.london.gov.uk/ |
| 3 | 消费价格指数 | 英国国家统计局<br>Office for National Statistic | https://www.ons.gov.uk/economy/inflationandpriceindices |
| 4 | 互联网渗透率 | 英国国家统计局<br>Office for National Statistics | https://www.ons.gov.uk |
| 5 | 失业率 | 英国国家统计局<br>Office for National Statistic | https://www.ons.gov.uk/employmentandlabourmarket |
| 6 | 外商直接投资贡献率 | CEIC 数据平台<br>CEIC Data | https://www.ceicdata.com/zh-hans |
| 7 | 固定资产投资贡献率 | 英国国家统计局<br>Office for National Statistic | https://www.ons.gov.uk/ |
| 8 | 金融市场竞争力 | Z/Yen 智库 | https://www.longfinance.net/ |
| 9 | 进出口贸易贡献率 | 英国贸易统计<br>UK Trade Information | https://www.uktradeinfo.com/trade-data/regional/ |

| 伦敦 | 社会 | 主要数据来源 | 对应数据链接 |
|---|---|---|---|
| 1 | 人口密度 | 大伦敦管理局人口普查小组<br>Census Team, Greater London Authority (GLA) | https://data.london.gov.uk/ |
| 2 | 预期寿命 | 英国国家统计局<br>Office for National Statistic | https://www.ons.gov.uk/peoplepopulationandcommunity/healthandsocialcare/healthandlifeexpectancies |
| 3 | 儿童健康水平 | Knoema 统计平台；英国国家统计局<br>Knoema； Office for National Statistic | https://www.ons.gov.uk/peoplepopulationandcommunity |
| 4 | 医疗设施供给率 | Statista 统计平台<br>Statista | https://www.statista.com/statistics/473264/number-of-hospital-beds-in-the-united-kingdom-uk/ |
| 5 | 基础教育完成率 | 伦敦教育局<br>Department for Education (DfE) | https://data.london.gov.uk/publisher/department-for-education |
| 6 | 基本医保覆盖率 | 英国国家统计局<br>Office for National Statistic | https://www.ons.gov.uk |
| 7 | 基本住房保障 | 英国国家统计局<br>Office for National Statistic | https://www.ons.gov.uk |
| 8 | 公共交通共享率 | 伦敦交通局<br>Transport for London | https://data.london.gov.uk/publisher/tfl |
| 9 | 社会公共事务参与度 | 调查问卷及访谈 | |

| 伦敦 | 环境 | 主要数据来源 | 对应数据链接 |
|---|---|---|---|
| 1 | 生活污水产生量 | 联合国粮农组织数据库<br>Food and Agriculture Organization of United Nations | http://www.fao.org/home/en/ |
| 2 | 生活垃圾产生量 | 环境、粮食和农村事务部<br>Department for Environment, Food and Rural Affairs | https://data.london.gov.uk/dataset/household-waste-recycling-rates-borough |
| 3 | 空气质量指数 | 空气质量监测平台 | https://aqicn.org/city/london/ |
| 4 | 可再生能源占有率 | 商业、能源和工业战略部<br>Department of Business, Energy and Industrial Strategy | https://data.london.gov.uk/dataset/total-energy-consumption-borough |
| 5 | 能耗强度 | 大伦敦管理局环境小组<br>Environment Team, Greater London Authority (GLA) | https://data.london.gov.uk/dataset/leggi |
| 6 | 二氧化碳排放量 | 大伦敦管理局环境小组<br>Environment Team, Greater London Authority (GLA) | https://data.london.gov.uk |
| 7 | 公共绿地空间 | 大伦敦管理局<br>Greater London Authority (GLA) | https://data.london.gov.uk/dataset/green-and-blue-cover |
| 8 | 自然灾害防范知识熟知度 | 调查问卷及访谈 | |
| 9 | 环保活动公众参与意愿 | 调查问卷及访谈 | |

| 伦敦 | 文化 | 主要数据来源 | 对应数据链接 |
|---|---|---|---|
| 1 | 城市文化认同感 | 调查问卷及访谈 | |
| 2 | 大众文化丰富度 | 调查问卷及访谈 | |
| 3 | 历史文物关注度 | 文化、体育和媒体部<br>Department for Culture, Media and Sport | https://data.london.gov.uk/dataset/ |
| 4 | 国际文化交流活跃度 | 大伦敦管理局（GLA）文化基础设施地图<br>Greater London Authority Cultural Infrastructure Map | https://data.london.gov.uk/dataset/tourism-trips-borough |
| 5 | 文化设施覆盖率 | 大伦敦管理局（GLA）<br>Greater London Authority | https://data.london.gov.uk/dataset/cultural-infrastructure-map |
| 6 | 信息获取便利度 | Statista 统计平台 | https://www.statista.com/statistics/ |
| 7 | 文创产业贡献率 | 国家统计局<br>Office for National Statistic | https://www.ons.gov.uk/businessindustryandtrade/business |
| 8 | 旅游市场贡献率 | 大伦敦管理局（GLA）<br>Greater London Authority | https://data.london.gov.uk/dataset/tourism-spend-estimates |
| 9 | 知识创新投入强度 | 国家统计局<br>Office for National Statistic | https://www.ons.gov.uk/economy |

| 伦敦 | 治理 | 主要数据来源 | 对应数据链接 |
|---|---|---|---|
| 1 | 财政依存度 | 国家统计局<br>Office for National Statistic | https://www.ons.gov.uk/economy/governmentpublicsectorandtaxes |
| 2 | 地方政府负债率 | 国家统计局<br>Office for National Statistic | https://www.ons.gov.uk/economy/governmentpublicsectorandtaxes |
| 3 | 公共安全风险控制 | 警察局<br>Metropolitan Police | https://data.london.gov.uk/publisher/mps |
| 4 | 法律服务供给 | 国家统计局<br>Office for National Statistic | https://www.ons.gov.uk/ |
| 5 | 专业人才分布密度 | 国家统计局<br>Office for National Statistic | https://data.london.gov.uk/dataset/workplace-employment-industry-borough |
| 6 | 数字化治理水平 | 联合国电子政务发展平台<br>EGOVKB-Unite Nations | https://publicadministration.un.org/egovkb/en-us/About/Overview/-E-Government-Development-Index |
| 7 | 社会组织参与度 | Statista 数据平台 | https://www.statista.com/topics/3781/charities-in-the-uk/ |
| 8 | 公共突发事件应急响应公众认可度 | 调查问卷及访谈 | |
| 9 | 城市综合治理公众满意度 | 调查问卷及访谈 | |

| 巴黎 | 经济 | 主要数据来源 | 对应数据链接 |
|---|---|---|---|
| 1 | GDP 增长率 | 欧盟统计局<br>Eurostat | https://ec.europa.eu/eurostat/databrowser/view/nama_10r_2gdp/default/table?lang=en |
| 2 | 居民可支配收入增长率 | 欧盟统计局<br>Eurostat | https://ec.europa.eu/eurostat/databrowser/view/tgs00026/default/table?lang=en |
| 3 | 消费价格指数 | 欧盟统计局价格统计<br>Eurostat 'Price Statistic' | https://ec.europa.eu/eurostat/databrowser/view/tec00027/default/table?lang=en |
| 4 | 互联网渗透率 | Statista 统计平台<br>Statista | https://www.statista.com/statistics/566947/predicted-number-of-internet-users-in-france/ |
| 5 | 失业率 | 欧盟统计局<br>Eurostat | https://appsso.eurostat.ec.europa.eu/nui/submitViewTableAction.do |
| 6 | 外商直接投资贡献率 | 桑坦德贸易平台<br>Santandertrade | https://santandertrade.com/en/portal/establish-overseas/france/foreign-investment |
| 7 | 固定资产投资贡献率 | 欧盟统计局<br>Eurostat | https://ec.europa.eu/eurostat/databrowser/view/nama_10r_2gfcf/default/table?lang=en |
| 8 | 金融市场竞争力 | Z/Yen 智库 | https://www.longfinance.net/ |
| 9 | 进出口贸易贡献率 | 法国海关处<br>French Customs | https://en.institutparisregion.fr/fileadmin/NewEtudes/000pack2/Etude_2339/PRFF2020_FINAL_ZH.pdf |

| 巴黎 | 社会 | 主要数据来源 | 对应数据链接 |
|---|---|---|---|
| 1 | 人口密度 | 法国国家统计与经济研究所 Insee | https://www.insee.fr/fr/statistiques/1893198 |
| 2 | 预期寿命 | 欧盟统计局 Eurostat | https://ec.europa.eu/eurostat/cache/RCI/myregion/#?reg=FR10&ind=4-2_demo_r_mlifexp |
| 3 | 儿童健康水平 | 欧盟统计局 Eurostat | https://ec.europa.eu/eurostat/databrowser/ |
| 4 | 医疗设施供给率 | 欧盟统计局 Eurostat | https://appsso.eurostat.ec.europa.eu/nui/show.do?dataset=hlth_rs_bdsrg&lang=en |
| 5 | 基础教育完成率 | 欧盟统计局 Eurostat | https://ec.europa.eu/eurostat/databrowser/view/educ_uoe_enrp03/default/table?lang=en |
| 6 | 基本医保覆盖率 | 法国卫生部 Ministry of Health | https://solidarites-sante.gouv.fr/ |
| 7 | 基本住房保障 | Statista 统计平台 Statista | https://www.statista.com/statistics/ |
| 8 | 公共交通共享率 | 巴黎地区研究中心 Institute of Paris Region | https://en.institutparisregion.fr/fileadmin/NewEtudes/ |
| 9 | 社会公共事务参与度 | 调查问卷及访谈 | |

| 巴黎 | 环境 | 主要数据来源 | 对应数据链接 |
|---|---|---|---|
| 1 | 生活污水产生量 | 联合国粮食及农业组织 FAO | http://www.fao.org/aquastat/statistics/query/results.html |
| 2 | 生活垃圾产生量 | 巴黎地区研究所 ORDIF Institute of Paris Region ORDIF | https://www.ordif.com/ |
| 3 | 空气质量指数 | 空气质量监测平台 | https://aqicn.org/city/paris/cn/ |
| 4 | 可再生能源占有率 | Statista 统计平台 | https://www.statista.com/statistics/274036/renewable-energy-consumption-in-france/ |
| 5 | 能耗强度 | 我们的数据世界 Our Word in Date | https://ourworldindata.org/energy/country/france?country=~FRA |
| 6 | 二氧化碳排放量 | 欧洲环境署 European Environment Agency | https://www.eea.europa.eu/data-and-maps/data/data-viewers/greenhouse-gases-viewer |
| 7 | 公共绿地空间 | 巴黎地区研究中心；巴黎大区工商会 Paris Region Institute; Cci-paris-idf.fr | https://www.institutparisregion.fr/nos-travaux/publications/les-espaces-verts-dile-de-france/ |
| 8 | 自然灾害防范知识熟知度 | 调查问卷及访谈 | |
| 9 | 环保活动公众参与意愿 | 调查问卷及访谈 | |

| 巴黎 | 文化 | 主要数据来源 | 对应数据链接 |
|---|---|---|---|
| 1 | 城市文化认同感 | 调查问卷及访谈 | |
| 2 | 大众文化丰富度 | 调查问卷及访谈 | |
| 3 | 历史文物关注度 | 欧盟统计局 Eurostat | https://ec.europa.eu/eurostat/databrowser/view/urb_ctour/default/table?lang=en |
| 4 | 国际文化交流活跃度 | 巴黎大区旅游委员会 Paris Regional Tourism Commission | https://en.institutparisregion.fr/resources/key-figures/ |
| 5 | 文化设施覆盖率 | 巴黎大区研究所 Institute of Paris Region | https://en.institutparisregion.fr/fileadmin/NewEtudes/ |
| 6 | 信息获取便利度 | 巴黎地区研究所 Statista 数据平台 | https://www.statista.com/statistics/426253/mobile-internet-penetration-urban-area-size-france/ |
| 7 | 文创产业贡献率 | 法国文化艺术中心 National Center for Circus, Street and Theater Arts | https://www.artcena.fr/ |
| 8 | 旅游市场贡献率 | 巴黎地区研究中心 Institute of Paris Region | https://en.institutparisregion.fr/fileadmin/ |
| 9 | 知识创新投入强度 | 巴黎地区研究中心 Institute of Paris Region | https://en.institutparisregion.fr/fileadmin/NewEtudes |

| 巴黎 | 治理 | 主要数据来源 | 对应数据链接 |
|---|---|---|---|
| 1 | 财政依存度 | 巴黎地区研究中心<br>Institute of Paris Region | https://www.iledefrance.fr/sites/default/files/medias/ |
| 2 | 地方政府负债率 | 巴黎地区研究中心<br>Institute of Paris Region | https://www.iledefrance.fr/sites/default/files/medias/ |
| 3 | 公共安全风险控制 | 法国司法部<br>French Ministry of Justice | http://www.justice.gouv.fr |
| 4 | 法律服务供给 | 法国司法部<br>French Ministry of Justice | http://www.justice.gouv.fr/art_pix/1_1_commentaire2019_avocats.pdf |
| 5 | 专业人才分布密度 | 法国高等教育研究部<br>Higher Education and Research | https://en.institutparisregion.fr/fileadmin/NewEtudes/ |
| 6 | 数字化治理水平 | 联合国电子政务发展平台<br>EGOVKB-Unite Nations | https://publicadministration.un.org/egovkb/en-us/ |
| 7 | 社会组织参与度 | 法国 AREC | https://www.arec-idf.fr/nos-travaux/publications/ |
| 8 | 公共突发事件应急响应公众认可度 | 调查问卷及访谈 | |
| 9 | 城市综合治理公众满意度 | 调查问卷及访谈 | |

| 柏林 | 经济 | 主要数据来源 | 对应数据链接 |
|---|---|---|---|
| 1 | GDP 增长率 | 欧盟统计局<br>Eurostat | https://ec.europa.eu/eurostat/databrowser/view/nama_10r_2gdp/default/table?lang=en |
| 2 | 居民可支配收入增长率 | 柏林统计局<br>Bureau of Statistics of Berlin | https://www.statistik-berlin-brandenburg.de/ |
| 3 | 消费价格指数 | 柏林统计局<br>Bureau of Statistics of Berlin | https://www.statistik-berlin-brandenburg.de/ |
| 4 | 互联网渗透率 | Statista 统计平台<br>Statista | https://www.statista.com/statistics/567776/predicted-mobile-internet-user-penetration-rate-in-germany/ |
| 5 | 失业率 | 欧盟统计局<br>Eurostat | https://ec.europa.eu/eurostat/web/products-datasets/-/tipsun20 |
| 6 | 外商直接投资贡献率 | 柏林统计局；世界银行<br>Bureau of Statistics of Berlin; World bank | https://www.statistik-berlin-brandenburg.de/<br>https://www.indexmundi.com/facts/indicators/BX.KLT.DINV.CD.WD/compare?country=de |
| 7 | 固定资产投资贡献率 | 柏林统计局<br>Bureau of Statistics of Berlin | https://www.statistik-berlin-brandenburg.de/ |
| 8 | 金融市场竞争力 | Z/Yen 智库 | https://www.longfinance.net/ |
| 9 | 进出口贸易贡献率 | 柏林统计局<br>Bureau of Statistics of Berlin | https://www.statistik-berlin-brandenburg.de/ |

| 柏林 | 社会 | 主要数据来源 | 对应数据链接 |
|---|---|---|---|
| 1 | 人口密度 | 柏林统计局<br>Bureau of Statistics of Berlin | https://www.statistik-berlin-brandenburg.de/ |
| 2 | 预期寿命 | 欧盟统计局<br>Eurostat | https://ec.europa.eu/eurostat/web/products-datasets/-/demo_r_mlifexp |
| 3 | 儿童健康水平 | 欧盟统计局<br>Eurostat | https://ec.europa.eu/eurostat/web/products-datasets/-/demo_r_mlife |
| 4 | 医疗设施供给率 | 欧盟统计局<br>Eurostat | https://appsso.eurostat.ec.europa.eu/nui/show.do?dataset=hlth_rs_bdsrg&lang=en |
| 5 | 基础教育完成率 | 欧盟统计局<br>Eurostat | https://ec.europa.eu/eurostat/databrowser/view/educ_uoe_enrp03/default/table?lang=en |
| 6 | 基本医保覆盖率 | 柏林统计局<br>Bureau of Statistics of Berlin | https://www.statistik-berlin-brandenburg.de/ |
| 7 | 基本住房保障 | 柏林统计局<br>Bureau of Statistics of Berlin | https://www.statistik-berlin-brandenburg.de/publikationen |
| 8 | 公共交通共享率 | 柏林统计局<br>Bureau of Statistics of Berlin | https://www.statistik-berlin-brandenburg.de/publikationen |
| 9 | 社会公共事务参与度 | 调查问卷及访谈 | |

| 柏林 | 环境 | 主要数据来源 | 对应数据链接 |
|---|---|---|---|
| 1 | 生活污水产生量 | 柏林统计局<br>Bureau of Statistics of Berlin | https://www.statistik-berlin-brandenburg.de/ |
| 2 | 生活垃圾产生量 | 欧盟统计局<br>Eurostat | https://ec.europa.eu/eurostat/databrowser/view/urb_cenv/default/table?lang=en |
| 3 | 空气质量指数 | 空气质量监测平台 | https://aqicn.org/city/paris/cn/ |
| 4 | 可再生能源占有率 | Statista 统计平台<br>Statista | https://www.statista.com/statistics/274035/renewable-energy-consumption-in-germany/ |
| 5 | 能耗强度 | 经合组织数据库"可再生能源"<br>OECD-database Renewable Energy | https://data.oecd.org/energy/renewable-energy.htm |
| 6 | 二氧化碳排放量 | 柏林统计局；欧盟统计局<br>Bureau of Statistics of Berlin；Eurostat | https://ec.europa.eu/eurostat/databrowser/view/env_ac_ainah_r2/default/table?lang=en |
| 7 | 公共绿地空间 | 欧盟统计局<br>Eurostat | https://ec.europa.eu/eurostat/databrowser/view/ |
| 8 | 自然灾害防范知识熟知度 | 调查问卷及访谈 | |
| 9 | 环保活动公众参与意愿 | 调查问卷及访谈 | |

| 柏林 | 文化 | 主要数据来源 | 对应数据链接 |
|---|---|---|---|
| 1 | 城市文化认同感 | 调查问卷及访谈 | |
| 2 | 大众文化丰富度 | 调查问卷及访谈 | |
| 3 | 历史文物关注度 | 柏林统计局<br>Bureau of Statistics of Berlin | https://www.statistik-berlin-brandenburg.de/ |
| 4 | 国际文化交流活跃度 | Statista 统计平台<br>Statista | https://www.statista.com/statistics/568463/tourism-arrivals-berlin-germany-by-origin/ |
| 5 | 文化设施覆盖率 | 柏林统计局<br>Bureau of Statistics of Berlin | https://www.statistik-berlin-brandenburg.de/ |
| 6 | 信息获取便利度 | Statista 统计平台<br>Statista | https://www.statista.com/statistics/640154/mobile-cellular-subscriptions-per-100-inhabitant-germany/ |
| 7 | 文创产业贡献率 | 柏林统计局<br>Bureau of Statistics of Berlin | https://www.statistik-berlin-brandenburg.de/ |
| 8 | 旅游市场贡献率 | 柏林统计局<br>Bureau of Statistics of Berlin | https://www.statistik-berlin-brandenburg.de/ |
| 9 | 知识创新投入强度 | 欧盟统计局<br>Eurostat | http://appsso.eurostat.ec.europa.eu/nui/show.do?dataset=rd_e_gerdreg |

| 柏林 | 治理 | 主要数据来源 | 对应数据链接 |
|---|---|---|---|
| 1 | 财政依存度 | 柏林财政局<br>Berlin Finance Department | https://www.berlin.de/sen/finanzen/ |
| 2 | 地方政府负债率 | 柏林财政局<br>Berlin Finance Department | https://www.berlin.de/sen/finanzen/ |
| 3 | 公共安全风险控制 | 柏林统计局<br>Bureau of Statistics of Berlin | https://www.statistik-berlin-brandenburg.de/ |
| 4 | 法律服务供给 | Statista 统计平台<br>Statista | https://de.statista.com/statistik/daten/studie/37293/umfrage/entwicklung-der-zahl-zugelassener-rechtsanwaelte/ |
| 5 | 专业人才分布密度 | 欧盟统计局<br>Eurostat | https://ec.europa.eu/eurostat/databrowser/view/SBS_R_NUTS06_R2__custom_1030779/ |
| 6 | 数字化治理水平 | 联合国电子政务发展平台<br>EGOVKB-Unite Nations | https://publicadministration.un.org/egovkb/en-us/ |
| 7 | 社会组织参与度 | 柏林统计局<br>Bureau of Statistics of Berlin | https://www.statistik-berlin-brandenburg.de/ |
| 8 | 公共突发事件应急响应公众认可度 | 调查问卷及访谈 | |
| 9 | 城市综合治理公众满意度 | 调查问卷及访谈 | |

| 香港 | 经济 | 主要数据来源 | 对应数据链接 |
|---|---|---|---|
| 1 | GDP 增长率 | 香港统计处国民收入统计科<br>National Income Branch, Census and Statistics Department | https://www.censtatd.gov.hk/sc/ |
| 2 | 居民可支配收入增长率 | 统计处国际收支平衡组<br>Balance of payments, Census and Statistics Department | https://www.censtatd.gov.hk/sc/ |
| 3 | 消费价格指数 | 香港统计处消费物价指数组<br>Consumer Price Index Section, CSD | https://www.censtatd.gov.hk/sc/ |
| 4 | 互联网渗透率 | 香港统计处社会统计调查组<br>Social Surveys Section, Census and Statistics Department | https://www.censtatd.gov.hk/sc/ |
| 5 | 失业率 | 统计处住户统计分析组<br>Household Statistics Analysis Section, CSD | https://www.censtatd.gov.hk/sc/ |
| 6 | 外商直接投资贡献率 | 香港统计处<br>Census and Statistics Department | https://www.censtatd.gov.hk/sc/ |
| 7 | 固定资产投资贡献率 | 香港统计处国民收入统计科<br>National Income Branch, Census and Statistics Department | https://www.censtatd.gov.hk/sc/ |
| 8 | 金融市场竞争力 | Z/Yen 智库 | https://www.longfinance.net/ |
| 9 | 进出口贸易贡献率 | 香港统计处<br>Census and Statistics Department | https://www.censtatd.gov.hk/sc/ |

| 香港 | 社会 | 主要数据来源 | 对应数据链接 |
|---|---|---|---|
| 1 | 人口密度 | 香港统计处人口统计组<br>Demographic Statistics Section, Census and Statistics | https://www.censtatd.gov.hk/sc/ |
| 2 | 预期寿命 | 香港统计处人口统计组<br>Demographic Statistics Section, Census and Statistics | https://www.censtatd.gov.hk/sc/ |
| 3 | 儿童健康水平 | 香港统计处<br>Census and Statistics Department | https://www.censtatd.gov.hk/sc/ |
| 4 | 医疗设施供给率 | 香港卫生署；医院管理局<br>Department of Health; Hospital Authority | https://www.dh.gov.hk/chs/index.html<br>https://www.ha.org.hk/visitor/ha_index.asp |
| 5 | 基础教育完成率 | 政府总部教育局<br>Education Bureau, Government Secretariat | https://www.edb.gov.hk/tc/about-edb/publications-stat/figures/index.html |
| 6 | 基本医保覆盖率 | 香港统计处<br>Census and Statistics Department | https://www.censtatd.gov.hk/sc/EIndexbySubject.html?pcode=C0000056&scode=453 |
| 7 | 基本住房保障 | 中国统计年鉴香港专篇<br>China Statistic Yearbook -Hongkong | http://www.stats.gov.cn/tjsj/ndsj/ |
| 8 | 公共交通共享率 | 香港运输局<br>Department Transport | https://www.censtatd.gov.hk/sc/page_1273.html |
| 9 | 社会公共事务参与度 | 调查问卷及访谈 | |

| 香港 | 环境 | 主要数据来源 | 对应数据链接 |
|---|---|---|---|
| 1 | 生活污水产生量 | 香港渠务署<br>Drainage Services Department | https://www.dsd.gov.hk/TC/Home/index.html |
| 2 | 生活垃圾产生量 | 香港环境保护署<br>Environmental Protection Department | https://www.wastereduction.gov.hk/tc/assistancewizard/waste_red_sat.htm |
| 3 | 空气质量指数 | 空气质量监测平台 | https://aqicn.org/city/hongkong/cn/ |
| 4 | 可再生能源占有率 | 香港渠务署<br>Drainage Services Department | https://www.dsd.gov.hk/TC/Publicity_and_Publications/Publicity/DSD_Sustainability_Reports/20/key_statistics_and_data.html |
| 5 | 能耗强度 | 香港统计处<br>Census and Statistics Department | https://www.censtatd.gov.hk/sc/EIndexbySubject.html?pcode=B1100002&scode=90 |
| 6 | 二氧化碳排放量 | Knoema 统计平台<br>Knoema | https://knoema.com/atlas/Hong-Kong/CO2-emissions |
| 7 | 公共绿地空间 | 香港统计处<br>Census and Statistics Department | https://www.censtatd.gov.hk/sc/EIndexbySubject.html?scode=420&pcode=D5600563 |
| 8 | 自然灾害防范知识熟知度 | 调查问卷及访谈 | |
| 9 | 环保活动公众参与意愿 | 调查问卷及访谈 | |

| 香港 | 文化 | 主要数据来源 | 对应数据链接 |
|---|---|---|---|
| 1 | 城市文化认同感 | 调查问卷及访谈 | |
| 2 | 大众文化丰富度 | 调查问卷及访谈 | |
| 3 | 历史文物关注度 | 香港统计处<br>Census and Statistics Department | https://www.censtatd.gov.hk/sc/ |
| 4 | 国际文化交流活跃度 | 香港旅游发展局<br>Hong Kong Tourism Board | https://www.censtatd.gov.hk/sc/ |
| 5 | 文化设施覆盖率 | 香港康乐及文化事务署<br>Leisure and Culture Services Department | https://www.lcsd.gov.hk/sc/aboutlcsd/ppr/statistics.html |
| 6 | 信息获取便利度 | 通讯事务管理局办公室<br>Office of the Communications Authority | https://www.ofca.gov.hk/sc/home/index.html |
| 7 | 文创产业贡献率 | 香港统计处<br>Census and Statistics Department | https://www.censtatd.gov.hk/en |
| 8 | 旅游市场贡献率 | 香港旅游发展局<br>Hong Kong Tourism Board | https://www.censtatd.gov.hk/sc/ |
| 9 | 知识创新投入强度 | 香港统计处科技统计组<br>Science and Technology Statistics Section, CSD | https://www.censtatd.gov.hk/sc/web_table.html?id=207# |

| 香港 | 治理 | 主要数据来源 | 对应数据链接 |
|---|---|---|---|
| 1 | 财政依存度 | 中国统计年鉴香港<br>China Statistic Yearbook -Hongkong | http://www.stats.gov.cn/tjsj/ndsj/ |
| 2 | 地方政府负债率 | 香港统计处<br>Census and Statistics Department | https://www.censtatd.gov.hk/sc/ |
| 3 | 公共安全风险控制 | 香港统计处<br>Census and Statistics Department | https://www.censtatd.gov.hk/sc/ |
| 4 | 法律服务供给 | 香港贸易发展局<br>Hongkong Trade Development Commission | https://research.hktdc.com/sc/article/MzEzODc5NTk5 |
| 5 | 专业人才分布密度 | 香港统计处科技统计组<br>Science and Technology Statistics Section, CSD | https://www.censtatd.gov.hk/sc/web_table.html?id=207# |
| 6 | 数字化治理水平 | 联合国电子政务发展平台<br>EGOVKB-Unite Nations | https://publicadministration.un.org/egovkb/en-us/ |
| 7 | 社会组织参与度 | 香港警务处<br>Hongkong Police Force | https://www.police.gov.hk/ppp_sc/11_useful_info/licences/list_of_societies.html |
| 8 | 公共突发事件应急响应公众认可度 | 调查问卷及访谈 | |
| 9 | 城市综合治理公众满意度 | 调查问卷及访谈 | |

| 新加坡 | 经济 | 主要数据来源 | 对应数据链接 |
|---|---|---|---|
| 1 | GDP 增长率 | Knoema 统计平台 | https://knoema.com/atlas/Singapore/Real-GDP-growth |
| 2 | 居民可支配收入增长率 | 新加坡统计部<br>Singapore Department of Statistic | https://www.singstat.gov.sg/-/media/files/visualising_data/infographics/households/key-household-income-trends-2020.pdf |
| 3 | 消费价格指数 | 新加坡统计部<br>Singapore Department of Statistic | http://www.tablebuilder.singstat.gov.sg:80/publicfacing/createDataTable.action?refId=16858 |
| 4 | 互联网渗透率 | 信息通信媒体发展局<br>Info-communication Media Development Authority | https://www.tablebuilder.singstat.gov.sg |
| 5 | 失业率 | 新加坡人力部人力资源调查<br>Labor Force Survey, MOM | https://stats.mom.gov.sg/Pages/Unemployment-Summary-Table.aspx |
| 6 | 外商直接投资贡献率 | 新加坡统计部<br>Singapore Department of Statistic | https://www.singstat.gov.sg/modules/infographics/singapore-international-trade |
| 7 | 固定资产投资贡献率 | Statista 统计平台 | https://www.statista.com/statistics/1199166/singapore-yearly-fixed-asset-investment-commitments/ |
| 8 | 金融市场竞争力 | Z/Yen 智库 | https://www.longfinance.net/ |
| 9 | 进出口贸易贡献率 | 新加坡统计部<br>Singapore Department of Statistic | https://www.singstat.gov.sg/modules/infographics/singapore-international-trade |

| 新加坡 | 社会 | 主要数据来源 | 对应数据链接 |
|---|---|---|---|
| 1 | 人口密度 | 新加坡统计部<br>Singapore Department of Statistic | https://www.tablebuilder.singstat.gov.sg/publicfacing/createDataTable.action?refId=14912 |
| 2 | 预期寿命 | 新加坡统计部<br>Singapore Department of Statistic | https://www.singstat.gov.sg/ |
| 3 | 儿童健康水平 | Knoema 统计平台 | https://knoema.com/atlas/Singapore/topics/Health/Health-Status/Under-5-mortality-rate |
| 4 | 医疗设施供给率 | 新加坡卫生部<br>Ministry of Health | https://www.moh.gov.sg/resources-statistics |
| 5 | 基础教育完成率 | 新加坡教育部<br>Ministry of Education | https://www.tablebuilder.singstat.gov.sg/publicfacing/createDataTable.action?refId=15202 |
| 6 | 基本医保覆盖率 | 新加坡卫生部<br>Ministry of Health | https://www.moh.gov.sg/ |
| 7 | 基本住房保障 | 新加坡建屋发展局（HDB）<br>Housing& Development Board | www.hdb.gov.sg |
| 8 | 公共交通共享率 | 新加坡陆路交通管理局<br>Land Transport Authority | https://www.tablebuilder.singstat.gov.sg/publicfacing/createDataTable.action?refId=14582 |
| 9 | 社会公共事务参与度 | 调查问卷及访谈 | |

| 新加坡 | 环境 | 主要数据来源 | 对应数据链接 |
|---|---|---|---|
| 1 | 生活污水产生量 | 新加坡水务局<br>Singapore's National Water Agency | https://www.pub.gov.sg/watersupply/waterprice |
| 2 | 生活垃圾产生量 | 新加坡国家环境局<br>National Environment Agency | https://www.nea.gov.sg/docs/default-source/our-services/waste-management/waste-recycling-statistics-2016-to-2019.pdf |
| 3 | 空气质量指数 | 空气质量监测平台 | https://aqicn.org/city/singapore/central/cn/ |
| 4 | 可再生能源占有率 | 新加坡能源市场管理局<br>Energy Market Authority | http://www.tablebuilder.singstat.gov.sg:80/publicfacing/createDataTable.action?refId=17119 |
| 5 | 能耗强度 | 新加坡能源市场管理局，新加坡统计部<br>Energy Market Authority, SDS | https://www.tablebuilder.singstat.gov.sg/publicfacing/createDataTable.action?refId=17120 |
| 6 | 二氧化碳排放量 | 新加坡国家环境局;新加坡统计部<br>National Environment Agency, SDS | https://www.tablebuilder.singstat.gov.sg/publicfacing/createDataTable.action?refId=17066 |
| 7 | 公共绿地空间 | 新加坡国家环境局<br>National Environment Agency | https://www.nea.gov.sg/ |
| 8 | 自然灾害防范知识熟知度 | 调查问卷及访谈 | |
| 9 | 环保活动公众参与意愿 | 调查问卷及访谈 | |

| 新加坡 | 文化 | 主要数据来源 | 对应数据链接 |
|---|---|---|---|
| 1 | 城市文化认同感 | 调查问卷及访谈 | |
| 2 | 大众文化丰富度 | 调查问卷及访谈 | |
| 3 | 历史文物关注度 | Statista 统计平台<br>Statista | https://www.statista.com/statistics/1025584/national-museum-of-singapore-visitor-numbers/ |
| 4 | 国际文化交流活跃度 | 新加坡旅游局<br>Singapore Tourism Board | https://www.tablebuilder.singstat.gov.sg/publicfacing/createDataTable.action?refId=5691 |
| 5 | 文化设施覆盖率 | 新加坡统计部<br>Singapore Department of Statistics | https://www.tablebuilder.singstat.gov.sg/ |
| 6 | 信息获取便利度 | 新加坡信息通信媒体发展局<br>Info-Communications Media Development Authority | https://www.tablebuilder.singstat.gov.sg/publicfacing/createDataTable.action?refId=15268 |
| 7 | 文创产业贡献率 | 新加坡统计部<br>Singapore Department of Statistics | https://www.tablebuilder.singstat.gov.sg/ |
| 8 | 旅游市场贡献率 | 新加坡旅游局<br>Singapore Tourism Board | https://www.tablebuilder.singstat.gov.sg/publicfacing/createDataTable.action?refId=15280 |
| 9 | 知识创新投入强度 | 新加坡统计部<br>Singapore Department of Statistics | https://www.singstat.gov.sg/ |

| 新加坡 | 治理 | 主要数据来源 | 对应数据链接 |
|---|---|---|---|
| 1 | 财政依存度 | 新加坡财政部，新加坡统计部<br>Ministry of Finance, SDS | https://www.tablebuilder.singstat.gov.sg/publicfacing/createDataTable.action?refId=15192 |
| 2 | 地方政府负债率 | 新加坡统计部<br>Singapore Department of Statistics | https://www.tablebuilder.singstat.gov.sg/ |
| 3 | 公共安全风险控制 | 新加坡警察部队<br>Singapore Police Force | https://www.tablebuilder.singstat.gov.sg/publicfacing/createDataTable.action?refId=15649 |
| 4 | 法律服务供给 | Asia law Network | https://learn.asialawnetwork.com/2017/08/30/how-many-lawyers-singapore-infographic/ |
| 5 | 专业人才分布密度 | 新加坡统计部<br>Singapore Department of Statistics | https://www.tablebuilder.singstat.gov.sg/ |
| 6 | 数字化治理水平 | 联合国（UN）<br>United Nations | https://publicadministration.un.org/egovkb/en-us/Data-Center |
| 7 | 社会组织参与度 | Statista 统计平台<br>Statista | https://www.statista.com/statistics/1013350/number-of-charities-total-singapore/ |
| 8 | 公共突发事件应急响应公众认可度 | 调查问卷及访谈 | |
| 9 | 城市综合治理公众满意度 | 调查问卷及访谈 | |

# 主要参考文献

[1] Agarwala M, Atkinson G, Ba Ldock C, et al. Natural capital accounting and climate change[J]. Nature Climate Change, 2014(4): 520-522.

[2] Brondizio E S, Tourneau F M L. Environmental governance for all[J]. Science, 2016(352): 1272-1273.

[3] Brown L R. Plan B 4.0: mobilizing to save civilization[M]. New York: Earth Policy Institute, 2009.

[4] Janssen C, Daamen T A, Verdaas C. Planning for urban social sustainability: Towards a human-centred operational approach[J]. Sustainability, 2021(13): 9083-9083.

[5] Chen H Y. Sustainable common resources governance: Theories, methods and cases[M]. Shanghai: Tongji University Press, 2019.

[6] Chen Y, Wang J. Ecological security early-warning in central Yunnan province, china, based on the gray model[J]. Ecological Indicators, 2020(111): 106000.

[7] Chile S. Monitoring the shift to sustainable consumption and production patterns in the context of the SDGs[R].2016.

[8] Coyle D. Economics: GDP in the dock[J]. Nature, 2016(534): 472-474.

[9] Costanza R, D'Arge R, Groot R D, et al. The value of the world's ecosystem services and natural capital[J]. Nature, 1997(387): 253-260.

[10] Daly H. Beyond growth: The Economics of sustainable development[M]. Boston: Beacon Press, 1997.

[11] Daron J D, Sutherland K, Jack C, et al. The role of regional climate projections in managing complex socio-ecological systems[J]. Regional Environmental Change, 2015(15): 1-12.

[12] Denis M, et al. Sustainable urban development: a review of urban sustainability indicator frameworks[J]. Sustainability, 2021(13): 9348.

[13] Ellwood W. The no-nonsense guide to degrowth and sustainability[M]. Oxford: New Internationalist, 2014.

[14] Erickson A. Efficient and resilient governance of social-ecological systems[J]. AMBIO, 2015(44): 343-352.

[15] European Commission. science for environment policy in-depth report: indicators for sustainable cities[R]. 2018.

[16] Feng Y, Yang Q, Tong X, et al. Evaluating land ecological security and examining its relationships with driving factors using GIS and generalized additive model[J]. Science of the Total Environment, 2018(633): 1469-1479.

[17] Guerry A D, Polasky S, Lubchenco J, et al. Natural capital and ecosystem services informing decisions: From promise to practice[J]. PNAS, 2015(112): 7348-7355.

[18] Hardin G. The tragedy of the commons[J]. Science, 1968(162): 1243-1248.

[19] He J, Chen J, Peng H, et al. Exploring the effect of renewable energy on low-carbon sustainable development in the Belt and Road Initiative countries: evidence from the spatial-temporal perspective[J]. Environmental Science and Pollution Research, 2021(13):7957.

[20] Hoornweg D, Hosseini M, Kennedy C, et al. An urban approach to planetary boundaries[J]. AMBIO, 2016(5): 567-580.

[21] IREA (International Renewable Energy Agency). Global energy transformation: A roadmap to 2050[R].2019.

[22] Jiang Y, Swallow S K. Impact fees coupled with conservation payments to sustain ecosystem structure: a conceptual and numerical application at the urban-rural fringe[J]. Ecological Economics, 2017(136): 136-147.

[23] Justin Y L, Monga C, Standaert S. The inclusive sustainable transformation index[J]. Social Indicators Research, 2019(143): 47-80.

[24] Kim D H, Lin S C. Natural resources and economic development: New panel evidence[J]. Environmental and Resource Economics, 2017(66): 363-391.

[25] Kumagai S, Iorio F. Building trust in government through citizen engagement[R]. World Bank, Washington, DC, 2020.

[26] Liu J G, Mooney H, Hull V, et al. Systems integration for global sustainability[J]. Science, 2015(347): 12588231-9.

[27] Marco H, Albrecht J N. Sustainable tourism product development: An application of product design concepts[J]. Sustainability, 2021(13): 7957.

[28] Martin M. Hidden debt: Solutions to avert the next financial crisis in south Asia[M]. South Asia Development Matters. Washington, DC: World Bank, 2021.

[29] Mauerhofer V. 3-D sustainability: an approach for priority setting in situation of conflicting interests towards a sustainable development[J]. Ecological economics, 2008, 64(3): 496-506.

[30] Morton S, Pencheon D, Squires N. Sustainable Development Goals (SDGs) and their implementation: a national global framework for health, development and equity needs a systems approach at every level[J]. British Medical Bulletin, 2017(1): 81-90.

[31] Mylevaganam S. The analysis of Human Development Index (HDI) for categorizing the member states of the United Nations (UN)[J]. Open Journal of Applied Sciences, 2017(7): 661-690.

[32] NASEM (National Academies of Sciences, Engineering, and Medicine). Pathways to urban sustainability: challenges and opportunities for the united states[M]. Washington, DC: The National Academies Press. 2016.

[33] Nass M, Löffler J. Ecosystem services in coupled social-ecological systems: closing the cycle of service provision and societal feedback[J]. AMBIO, 2015(44):737-749.

[34] OECD. A territorial approach to the sustainable development goals: synthesis report[R]. OECD Urban Policy Reviews. 2020.

[35] Ostrom E. Governing the commons: the evolution of institutions for collective action[M]. Cambridge: Cambridge University Press, 1990.

[36] Pauliuk S, Arvesen A, Stadler K, et al. Industrial ecology in integrated assessment models[J]. Nature Climate Change, 2017(7): 13-20.

[37] Pradhan P, Costa L, Rybski D, et al. A systematic study of Sustainable Development Goal (SDG) Interactions[J]. Earth Future, 2017(5): 1169-1179.

[38] Raworth L. Doughnut economics: seven ways to think like a 21st-century economist[M]. London: Random House Business Books, 2017.

[39] Rockstrom J, et al. A safe operating space for humanity[J]. Nature, 2009(461): 472-475.

[40] Sepetis A. A holistic sustainable finance model for the sustainable capital market[J]. Financial Risk Management, 2020(9):99-125.

[41] Skanavis C, Zacharaki P, Giannoulis C, et al. Education on sustainable development based on local agenda 21[J]. Journal of Environmental Protection, 2011(2):371-378.

[42] Simon D, et al. Developing and testing the urban sustainable development goal's targets and indicators: a five-city study[J]. Environment and Urbanization, 2016(28): 49-63.

[43] Steffen W, Richardson K, Rockstrom J, et al. Planetary boundaries: guiding human development on a changing planet[J]. Science, 2015(347): 1259855.

[44] Sun J K. Sustainable urban development and residential space demand in the untact era: the case of South Korea[J]. Journal of Asian Finance, Economics and Business, 2021(8): 675-682.

[45] UN. Transforming our world by 2030: a new agenda for global action[R]. 2015.

[46] UN. The Future is now: science for achieving sustainable development[R].2019.

[47] UN. Department of economic and social affairs. SDG good practices, a compilation of success stories and lessons learned in SDG implementation[R]. 2020.

[48] UNDESA. The future is now: science for achieving sustainable development [R].2019.

[49] UN-Division for public institutions and digital government. UN E-Government Survey [R].2020.

[50] UNDP. human development report 2016: human development for everyone[R]. 2016.

[51] UNDP. Human development report 2020: the next frontier: human development and the anthropocene[R]. 2020.

[52] UNESCO. Transforming lives through education[R].2018.

[53] UNESCO. The united nations world water development report 2020: water and climate change[R].2020.

[54] UN-Habitat. Measurement of city prosperity: methodology and metadata[R].2016.

[55] UNICEF. Levels & trends in child mortality[R]. Estimates developed by the UN Inter-agency Group for Child Mortality Estimation, 2020.

[56] UNRSDI. Sendai framework for disaster risk reduction 2015-2030[R].2015.

[57] Verma P, Raghubanshi A S. Urban sustainability indicators: challenges and opportunities[J]. Ecological Indicators, 2018(93): 282-291.

[58] WCED. Our common future[M]. Oxford: Oxford University Press, 1987.

[59] World Bank. World development report 2021: data for better lives[R]. 2021.

[60] World Bank. Bridging the gap in solid waste management: governance requirements for results[R]. 2021.

[61] Yang W, Ban L. The Green sustainable economic development model under sustainable use of energy and pollution control[J]. Theoretical Economics Letters, 2013(1): 19-27.

[62] Zhang C, Zhong L, Liang S, et al. Virtual scarce water embodied in inter-provincial electricity transmission in China[J]. Applied Energy. 2017(187): 438-448.

[63] Zhang C, Zhong L, Wang J. Decoupling between water use and thermoelectric power generation growth in China[J]. Nature Energy, 2018(3): 792-799.

[64] 毕明丽，谢高地，姚翠友. 人类可持续发展指数的改进及国际比较 [J]. 自然资源学报，2020(5): 1017-1029.

[65] 陈海云.《上海手册：21世纪城市可持续发展指南》要做好"加减乘除"[N]. 中国建设报，2019.

[66] 陈军，任惠茹，耿雯，等. 基于地理信息的可持续发展目标(SDGs)量化评估 [J]. 地理信息世界，2018(1): 1-7.

[67] 杜栋，陈燕丽. 城市资源环境承载力是怎么算的？一个需要深度研究的真命题——基于大数据和人工智能背景的分析和建议 [J]. 中国生态文明，2020(2):61-64.

[68] 董亮. 协同治理:2030年可持续发展议程与应对气候变化的国际制度分析 [J]. 中国人口·资源与环境，2020(4): 16-25.

[69] 房乐宪，吴学锐，张越. 欧盟国家层面可持续发展战略：评估纬度及政策启示 [J]. 和平与发展，2017(6): 90-107.

[70] 方行明，魏静，郭丽丽. 可持续发展理论的反思与重构 [J]. 经济学家，2017(3): 24-31.

[71] 傅伯杰，于丹丹. 生态系统服务权衡与集成方法 [J]. 资源科学，2016(1): 1-9.

[72] 龚锋，余锦亮. 人口老龄化、税收负担与财政可持续性 [J]. 经济研究，2015(8): 16-30.

[73] 顾铁军，夏媛，徐柯伟. 上海市政府从信息公开走向数据开放的可持续发展探究——基于49家政府部门网站和上海政府数据服务网的实践调研 [J]. 电子政务，2015(9):14-21.

[74] 郭慧文，严力蛟. 城市发展指数和生态足迹在直辖市可持续发展评估中的应用. 生态学报，2016(14) : 4288-4297.

[75] 何砚，赵弘. 京津冀城市可持续发展效率动态测评及比较研究——基于超效率CCR-DEA模型和Malmquist指数的度量 [J]. 工业技术经济，2017(11): 27-36.

[76] 黄燕玲，张丞国. "城市繁荣指数"体系：指标、分析及政策的联结 [J]. 国际城市规划，2018，33(3).

[77] 黄云凤，张项童，崔胜辉，等. 绿色城市评价指标体系的构建与权重 [J]. 环境科学学报，2020, 40(12)：4603-4612.

[78] 黄志烨，李桂君，李玉龙，等. 基于DPSIR模型的北京市可持续发展评价. 城市发展研究，2016(9):20-24.

[79] 江波，陈海云，吴赟. 可持续发展导论——社会，组织和领导力 [M]. 上海：同济大学出版社，2018.

[80] 高晓明，王志鹏，赵继龙，等. 城市代谢导向下的荷兰可持续城市规划与设计理念探析 [J]. 国际城市规划，2020(4):1-14.

[81] 管青春. 面向国土空间规划的生态系统服务可持续性评估框架研究 [J]. 2020(1): 23-28.

[82] 姜长云. 生活性服务业现状、问题与"十四五"时期发展对策 [J]. 经济纵横，2020(5): 87-99.

[83] 赖俊明，徐保红，陈稼瑜，等. 城市可持续性指数对中国区域经济发展的影响 [J]. 技术经济，2019(2): 100-111.

[84] 李俊莉，丁桂英. 日照国家可持续发展实验区发展状态评估研究 [J]. 生态经济，2016(12): 83-86.

[85] 李双成，王珏，朱文博，等. 基于空间与区域视角的生态系统服务地理学框架 [J]. 地理学报，2014(11): 1628-1639.

[86] 李天星. 国内外可持续发展指标体系研究进展 [J]. 生态环境学报，2013(6): 1085-1092.

[87] 李迅. 防控重大风险，建设韧性城市 [J]. 城市发展研究，2020(4): 1-6.

[88] 李颖. 城市生态环境保护与可持续发展的关系研究 [J]. 资源节约与环保，2021 (2): 128-129.

[89] 李佐军. 生态文明建设评价与考核的基本思路 [J]. 经济纵横，2014(9): 18-23.

[90] 林卫斌，苏剑，张琪惠. 绿色发展水平测度研究——绿色发展指数的一种构建 [J]. 学习与探索，2019(11): 106-113.

[91] 陆大道，樊杰. 区域可持续发展研究的兴起与作用 [J]. 中国科学院院刊，2012(27): 290-300.

[92] 马文静，刘娟. 基于能值分析的中国生态经济系统可持续发展评估 [J]. 应用生态学，2020·(3):1-14.

[93] 牛文元. 中国可持续发展论 [M]. 北京：科学出版社，2012.

[94] 戚红年，方遥，王维，陈伟. 长江经济带可持续发展能力综合评价及其影响因素 [J]. 环境与发展，2020(3): 1-8.

[95] 盛馥来，诸大建. 绿色经济：联合国视野中的理论、方法与案例 [M]. 北京：中国财政经济出版社，2015.

[96] 孙晓，刘旭升，李锋，等. 中国不同规模城市可持续发展综合评价 [J]. 生态学报，2016(17): 1-11.

[97] 孙湛, 马海涛. 基于 BP 神经网络的京津冀城市群可持续发展综合评价. 生态学报, 2018(12): 4434-4444.

[98] 王鹏龙等. 面向 SDGs 的城市可持续发展评价指标体系进展研究. 遥感技术与应用, 2018(5): 784-792.

[99] 王如松, 欧阳志云. 社会-经济-自然复合生态系统与可持续发展 [J]. 中国科学院院刊, 2012(27): 337-345.

[100] 王晓云, 张雪梅. 城市可持续发展能力评价——基于三维空间结构模型 [J]. 国土与自然资源研究, 2014(1): 4-6.

[101] 吴凡, 苗韧. 城市可持续发展能力评估体系构建研究 [J]. 生态经济, 2017(3):105-109.

[102] 鲜祖德, 王全众, 成金璟. 联合国可持续发展目标 (SDG) 统计监测的进展与思考 [J]. 统计研究. 2020(5): 3-13.

[103] 薛澜, 俞晗之. 迈向公共管理范式的全球治理——基于"问题—主体—机制"框架的分析 [J]. 中国社会科学, 2015(11): 76-91.

[104] 杨远峰. 基于可持续发展理论的城市生态景观空间重构 [J]. 城市建筑, 2020(2): 115-116.

[105] 杨振山, 丁悦, 李娟. 城市可持续发展研究的国际动态评述 [J]. 经济地理, 2016(7): 9-18.

[106] 曾鹏, 毕超. 中国十大城市群可持续发展能力比较研究 [J]. 华东经济管理, 2015(5): 63-68.

[107] 张康之. 基于社会转型的制度重建之构想 [J]. 天津社会科学, 2013(4): 53-60.

[108] 张晓玲. 可持续发展理论：概念演变, 维度与展望 [J]. 中国科学院院刊, 2018(1): 10-19.

[109] 张晓彤, 姚娜, 张茜, 等. 构建国家可持续发展实验区评估工具的研究 [J]. 中国人口·资源与环境, 2018(9): 40-51.

[110] 曾鹏, 朱玉鑫. 中国十大城市群生态发展状况比较研究 [J]. 地域研究与开发, 2013(1): 45-51.

[111] 周李, 陆林, 黄剑锋, 等. 可持续城市化评估——安徽 5 座城市实证研究 [J]. 安徽师范大学学报 (自然科学版), 2016(3): 270-277.

[112] 诸大建. 序言：探讨全球可持续发展目标的理论基础、指标体系与区域实践 [J]. 中国科学院院刊, 2018(1): 9.

[113] 诸大建. 可持续性科学：基于对象—过程—主体的分析模型 [J]. 中国人口·资源与环境, 2016(7): 1-9.

[114] 诸大建. 重构城市可持续发展理论模型：自然资本新经济与中国发展 C 模式 [J]. 探索与争鸣, 2015(6): 18-21.

[115] 诸大建. 用国际可持续发展研究的新成果和通用语言解读生态文明 [J]. 中国环境管理, 2019(3): 5-12.

[116] 诸大建. 世界进入了实质性推进可持续发展的进程. 世界环境 [J], 2016(1):19-21.

[117] 诸大建, 陈海云. 聚焦生态损益, 助力可持续发展的生态文明体制建设 [N]. 人民论坛, 2018.07.04.

[118] 诸大建, 陈海云, 许洁, 等. 可持续发展与治理研究：可持续性科学的理论与方法 [M]. 上海：同济大学出版社, 2015.

[119] 诸大建, 陈海云, 屠启宇, 等. 上海手册：21 世纪可持续发展指南. 2018 年度报告 (联合国、国展局、住建部、上海市政府联合支持)[M]. 北京：商务印书馆, 2018.

# 图例、表格和专栏

## 图例

图 2.1 联合国 2030 年可持续发展目标（SDGs）
图 2.2 联合国人居Ⅲ大会发布的《新城市议程》报告
图 4.1 "SDGs - 城市指数"概念框架
图 4.2 "SDGs - 城市指数"整体架构
图 5.1 十大试点城市辖区面积对比图
图 5.2 十大试点城市人口数量对比图
图 5.3 十大试点城市 GDP 体量对比图
图 5.4 十大试点城市 GDP 增长率对比图
图 5.5 十大试点城市居民可支配收入增长率对比图
图 5.6 十大试点城市失业率对比图
图 5.7 十大试点城市人口密度对比图
图 6.1 上海外滩
图 6.2 上海"一网通办"主页
图 6.3 上海"一网统管"作业大厅

## 表格

表 2.1 联合国《2030 年可持续发展议程》中的 17 个目标
表 3.1 城市可持续发展相关指数对比分析
表 4.1 "SDGs - 城市指数"指标体系基本框架
表 4.2 "SDGs - 城市指数"指标遴选机制
表 4.3 "SDGs - 城市指数"指标体系的主要关联机构（部门）
表 4.4 "SDGs - 城市指数"指标体系
表 4.5 "SDGs - 城市指数"指标界定及关联性分析样表
表 4.6 "SDGs - 城市指数"分档分级参考标准
表 5.1 十大试点城市验算结果（综合指数）
表 5.2 十大试点城市验算结果（经济子指数）
表 5.3 十大试点城市验算结果（社会子指数）
表 5.4 十大试点城市验算结果（环境子指数）
表 5.5 十大试点城市验算结果（文化子指数）
表 5.6 十大试点城市验算结果（治理子指数）

## 专栏

专栏 6.1 上海国际金融中心建设取得的主要成就（2015—2020 年）
专栏 6.2 人民城市人民建，人民城市为人民
专栏 6.3 上海黄浦滨江生态绿色公共空间建设经验
专栏 6.4 着力提升文化建设品位，塑造上海城市软实力的神韵魅力
专栏 6.5 上海政务"一网通办"的战略定位和新要求
专栏 6.6 上海"一网通办"取得的效果